Carmen Kaminsky | Udo Seelmeyer | Scarlet Siebert |
Petra Werner (Hrsg.)
Digitale Technologien zwischen Lenkung und Selbstermächtigung

Carmen Kaminsky | Udo Seelmeyer |
Scarlet Siebert | Petra Werner (Hrsg.)

Digitale Technologien zwischen Lenkung und Selbstermächtigung

Interdisziplinäre Perspektiven

BELTZ JUVENTA

Dieses Buch ist erhältlich als:
ISBN 978-3-7799-6044-7 Print
ISBN 978-3-7799-5340-1 E-Book (PDF)

MIX
Papier aus verantwortungsvollen Quellen
FSC® C089473

1. Auflage 2020

Herstellung: Ulrike Poppel
Satz: Helmut Rohde, Euskirchen
Druck und Bindung: Beltz Grafische Betriebe, Bad Langensalza
Printed in Germany

Weitere Informationen zu unseren Autor_innen und Titeln finden Sie unter: www.beltz.de

Inhalt

Die App als Muse – zum Spannungsfeld von Lenkung und Selbstermächtigung

Udo Seelmeyer

Apps, die jeden Schritt nachhalten; Apps, die Schulkinder an die Hausaufgaben erinnern und den Eltern zeigen, wie lange ihre Kinder dafür gebraucht haben; Apps, die Menschen mit einer Essstörung zu Mahlzeiten ermahnen; digitale Anwendungen, die Sozialarbeiter*innen und ihren Klient*innen anzeigen, wie weit sie bei der Zielerreichung schon vorangekommen sind; Programme, die die Integration von Geflüchteten unterstützen sollen: Der Einfluss auf unsere persönliche Lebensführung und damit auch auf die Gestaltung unseres sozialen Miteinanders ist bei all den genannten Beispielen nicht nur Nebeneffekt, wie er häufig beim Gebrauch digitaler Medien zu beobachten ist, sondern er ist intendiert und primärer Zweck der Anwendungen – ganz gleich, ob zur Unterstützung individueller Präferenzen, zur Kompensation vermeintlicher Willensschwächen oder aber als verordnetes Instrument, das die Entscheidungsfreiheit des oder der Einzelnen beschneidet.

Viele der hier aufgeführten Beispiele können als digitale Variante von ‚Nudging' verstanden werden. Nudging zielt darauf ab, Nutzer*innen durch gezielte Anreize hin zu einem intendierten Verhalten zu ‚stupsen' und stellt damit eine – häufig gut gemeinte oder gemeinwohlorientierte – Lenkung des Individuums dar. Sie lassen sich zudem unter dem Begriff des ‚Positive Computing' fassen, also der Nutzung digitaler Technologien für positive gesellschaftliche Ziele, wobei oft nicht expliziert wird, vor welchem normativen Hintergrund eine solche Bewertung erfolgt. Die genannten Apps ermöglichen neue Formen der Steuerung – oder um es schwächer zu formulieren: Beeinflussung – gesellschaftlicher Entwicklungen im Sinne einer Prävention von unerwünschten Verhaltensweisen, bzw. anders gewendet: einer Ermöglichung positiver Veränderungen von Individuen. Eine solche Praxis ist zunächst einmal nichts Neues, vielmehr von jeher prägendes Element sozialarbeiterischer oder therapeutischer Ansätze.

Digitale Technologien eröffnen jedoch einen neuen Möglichkeitsraum sowohl für Zwecke der Lenkung als auch für eine Förderung von Autonomie. Sie erlauben unmittelbare und personalisierte Reaktionen auf das Verhalten von Personen, weil immer mehr Aspekte des Verhaltens und sozialer Praxis digital erfasst werden und in Echtzeit mittels avancierter algorithmischer Verfahren verarbeitet werden. Viele Anwendungen basieren auf der ‚Selbstvermessung' von Individuen, die – häufig im Abgleich mit den kollektiv erzeugten Daten von anderen Personen – auf eine Selbstoptimierung zielen (vgl. Duttweiler et al. 2016): angefangen von den weit verbreiteten Fitness-Apps über Ernährungs- und Diät-Apps bis hin zu Apps für die Überwachung und Regulierung des Schlafs oder die Stärkung von Achtsamkeit.

Die meist automatisierte Erfassung unterschiedlichster Lebensäußerungen erfolgt über ausgefeilte Sensortechnologien oder dadurch, dass sich viele Bereiche unseres Lebens bereits im Digitalen abspielen bzw. dort gespiegelt werden. Eine neue Qualität erhalten die in den letzten Jahren entwickelten Apps und Anwendungen insbesondere, wenn sie Big Data Analytics oder Methoden der Künstlichen Intelligenz nutzen, um zu (vermeintlich) guten Zwecken auf unser Verhalten einzuwirken oder uns Spielräume der Selbstbestimmung zu eröffnen. Konnten herkömmliche Programme, sei es im Sinne von Software oder im Sinne von Sozialtechnologien wie standardisierten Erziehungstrainings, nur nach klar vorgegebenen Abläufen und Wenn-Dann-Regeln operieren, so eröffnen maschinelles Lernen und Mustererkennung auf der Basis tiefer neuronaler Netze sowie Verfahren zur Analyse auch unstrukturierter Daten aus heterogenen Datenquellen weitreichende Möglichkeiten der Individualisierung und Personalisierung, die bis dato technischen Systemen verschlossen waren.

Die ‚Musen' in der griechischen Mythologie stellen ein gutes Sinnbild für die Ambivalenzen und Spannungsfelder dar, die mit solchen Apps einhergehen. In der griechischen Mythologie waren die Musen die Schutzgöttinnen der Künste: etwa für die komische, epische, lyrische und tragische Dichtung, für Gesang, Tanz oder Musik. Auch heute noch nutzen wir den Begriff der Muse für jemanden, der einer Künstlerin oder einem Musiker als Inspiration dient und zu kreativen Leistungen anspornt. Zurück geht dieser Sprachgebrauch auf die in der griechischen Mythologie entwickelte Vorstellung, dass das Denken und die Ideen sich nicht von selbst entwickeln, sondern von Göttern (oder eben durch Musen) von außen eingegeben werden (Barth 2009).

‚*muse*' ist auch der Name einer App. Nicht ohne Grund, so ist zu vermuten, hat Vivienne Ming ihre App, die mittels Künstlicher Intelligenz als ‚Co-Pilot' die Erziehung revolutionieren soll, genau so genannt. ‚*muse*' ist eine Muse der besonderen Art: Der museBot schickt täglich eine Frage und Aufgabe aufs Smartphone und lernt aus den Antworten und Rückmeldungen immer mehr über Kind und Eltern, so dass sich die Aufgaben immer besser an das Kind und seine Entwicklung anpassen. Max Biederbeck und Jana Petersen haben die von Ming und ihrer Firma Socos entwickelte App ‚muse' mehrere Monate getestet und die Entwicklerin Vivienne Ming begleitet und interviewt. Im Mai 2017 haben sie in der Zeitschrift ‚WIRED' darüber berichtet (Petersen 2017).

Anders als bei den intelligenten Assistenten von Apple, Amazon, Google, Facebook und Microsoft, den big five des silicon valley, kann man bei Socos nicht unbedingt ein auf massenhafte Datensammlung ausgerichtetes Geschäftsmodell unterstellen: Die Neurowissenschaftlerin Vivienne Ming macht glaubhaft hehre Motive geltend und will mit ihrer App erreichen, dass Kinder sich besser selbstverwirklichen können. Sie selbst habe einen leidvollen Weg hinter sich, seit sie in ihrer Jugend als Junge erkannte, dass sie eigentlich eine Frau ist, es für sie aber keine Möglichkeit gab, das zu leben. Der Erfahrungsbericht von Biederbeck und Petersen veranschaulicht allerdings sehr schön die Ambivalenz, die sich für eine Vielzahl anderer gut gemeinter Anwendungen in ganz ähnlicher Form beschreiben ließe:

> „Ich schicke meinen Viereinhalbjährigen in sein Kinderzimmer unserer Berliner Altbauwohnung, höre ihn kramen, dann kommt er mit einem Willi-Wiberg-Buch zurück. Geschichten über einen Jungen, der im Schweden der 80er-Jahre mit einem alleinerziehenden Vater aufwächst. Wir kuscheln uns in mein Bett. An der Stelle, an der die Hauptfigur nicht mehr weiter weiß, fordert die App, soll ich mein Kind unterbrechen. Willi Wiberg ist verzweifelt. Andere Jungs hänseln ihn, weil er mit Mädchen spielt. ‚Matti', soll ich mein Kind fragen, ‚was würdest du jetzt an Willis Stelle tun?'
> Solche Aufgaben schickt mir Muse täglich, so heißt meine virtuelle Erziehungshelferin. Ihr Algorithmus hat einen Berg an Spielen und Erziehungsansätzen einprogrammiert. Immer wieder stellt sie mir Fragen: ‚Schreibst du Tagebuch?' – ‚Glaubst du an bedingungslose Liebe?' Und: ‚Hilft Matti gern im Haushalt?' Zu dem Zeitpunkt, da ich diese Zeilen schreibe, erziehe ich mein Kind bereits seit einem halben Jahr mit Hilfe von Muse. Mit der Zeit hat das Programm viel über mich gelernt. Immer perfekter passen seine Fragen und Vorschläge zu Matti und mir – nach kurzer Zeit erinnert mich mein Kind sogar von selbst daran, die Aufgaben zu erfüllen.
> [...]
> Will ich das? Weiß ich nicht selbst, was für mich und mein Kind gut ist? Ist diese App nicht einfach nur übergriffig? Diese Fragen stelle ich mir als Mutter. Aber dann kommt ein verregneter Nachmittag und Matti fragt: „Können wir noch ein Spiel aus deinem Telefon machen? Das mit den Schuhen?" Er liebt das Schuhspiel: Man sucht fünf einzelne Schuhe aus, stellt sie nebeneinander, Matti prägt sie sich ein. Dann verlässt er das Zimmer, ich verstecke einen Schuh, Matti kommt zurück und muss herausfinden, welcher Schuh fehlt. Er schafft es immer. Und jubelt, als hätte er gerade eine ferne Galaxie entdeckt. Später an diesem Nachmittag lernt Matti noch Zahlen von 1 bis 20 in die richtige Reihenfolge zu bringen. Und er diskutiert mit mir darüber, warum Menschen essen müssen und wie er neue Freunde gewinnen kann. Ich hake vier Muse-Punkte ab.
> Nachmittage wie dieser erhöhen das Level der beantworteten Push-Mitteilungen in der App enorm. Nach ein paar Wochen merke ich, dass mein Sohn und ich uns anders verhalten. Ich mag keine Spiele mehr, in denen es darum geht, alleine gegen die anderen zu gewinnen. Ich frage Matti, was schöner ist: wenn einer sich freut

und einer traurig ist – oder wenn beide sich freuen? Plötzlich verstehe ich: Für mich funktioniert die App. [...] Alle Informationen, die ich [dem Programm] gebe, dokumentiert es und nutzt es als Feedback. Der Algorithmus sendet mir maßgeschneiderte weitere Inspirationen und Fragen zu – Muse wird immer schlauer. Damit wächst auch der Berg an Daten für Mings Unternehmen Socos heran, sie spricht von Tausenden Nutzern. Ming weiß jeden Tag mehr – auch über meinen Sohn. Sie sagt Sätze wie: ‚Mit unseren Daten können wir herausfinden, welche sexuelle Orientierung ein Kind hat, bevor die Eltern oder ein Kind das selbst wissen.' Sie würde diese Information aber niemals missbrauchen oder den Eltern mitteilen, sagt sie.
Im Prinzip gefällt mir die Idee, auch wenn mir noch immer nicht klar ist, wie genau und aus welchen Daten Ming etwa die Homosexualität eines Kindes deuten will. Aber Muse, so ist mir nach wenigen Wochen klar, erweitert tatsächlich subtil das Bewusstsein von Eltern. Vielleicht ja auch bei den Themen Gender und Sex. Ming plant das genau so: Merkt die App, dass Kinder nicht in ein klassisches Rollenbild passen, soll Muse schon bald mit gezielten Fragen Aufklärung betreiben, ohne etwas zu verraten. [...] Muse, so wurde mir bald klar, ist ganz auf meiner Seite: Es ist nicht so, dass ich als Mutter nicht genüge. Vivienne Ming hat vielmehr eine Software entwickelt, die mir hilft, zu verstehen, wer ich bin, wie ich erziehe, wer mein Kind sein will – und wer es einmal werden könnte." (Petersen 2017)

Greifen wir die antike Vorstellung noch einmal auf, dass Menschen Gedanken und Ideen nicht von selbst entwickeln, sondern dass diese von außen – durch Götter oder durch Musen – eingegeben werden, dann hat Vivienne Ming mit dieser App in der Tat eine moderne Form der Muse geschaffen. Die App ‚*muse*' bringt sehr schön das Spannungsfeld von Lenkung und Selbstermächtigung zum Ausdruck. Nun ist dieses Spannungsfeld keineswegs neu: Es begleitet uns seit Anbeginn der Pädagogik – die sich entsprechend der altgriechischen Wortherkunft als „Technik", „Kunst", „Wissenschaft" der Kindesführung – ja den gleichen Ambivalenzen und Dilemmata ausgesetzt sieht.

Aber dieses Spannungsfeld von Lenkung und Selbstermächtigung stellt sich vor dem Hintergrund technologischer Entwicklungen in neuer Form und vielleicht auch neuer Schärfe. Künstliche Intelligenz, Big Data und das Internet der Dinge ermöglichen nicht nur eine zunehmende Adaptivität und Personalisierung von technischen Anwendungen, sondern damit eben auch die Perfektionierung einer automatisierten Lenkung. Durch die zunehmende Vermessung über Sensoren, immer größere Speicher- und Rechenkapazitäten und lernende Algorithmen braucht es nicht mehr den Menschen, um Lenkung anzupassen an die individuelle Person und an die Situationen und Kontexte, in denen sie sich befindet.

Der hier vorliegende Band will die Nutzung digitaler Technologien zu sozialen Zwecken mit Blick auf das Spannungsfeld von Lenkung und Selbstermächtigung oder auch Hilfe und Kontrolle aus dem Blickwinkel verschiedener

Disziplinen wie bspw. der Informatik, der (Technik-)Soziologie, der Philosophie oder der Sozialen Arbeit reflektieren. Es werden theoretische, analytische und empirische Perspektiven darauf entwickelt und diskutiert, die das Verhältnis von Anpassung, Normalisierung und Lenkung auf der einen und Stärkung von Autonomie, (Selbst-)Bildung und Selbstermächtigung des Individuums auf der anderen Seite ausleuchten. Aus einer pädagogischen Perspektive könnte etwa – auch handlungsorientiert – gefragt werden, wie sich als Gegenbewegung zur Steuerung und Kontrolle des Individuums so etwas wie die Ermächtigung oder Bildung des Selbst befördern ließe. Die Medienpädagogik könnte Antworten darauf geben, wie Nutzungskontexte gestaltet werden sollten und wie Nutzer*innen befähigt werden können, damit sie z. B. Formen der Manipulation erkennen, auch wenn sie sehr subtil sein mögen, und sich informiert und souverän bewusst dafür oder dagegen entscheiden können, sich durch eine App anstupsen zu lassen, um sich für unbequeme Verhaltensänderungen zu motivieren.

Der Band, der auf eine Tagung des Forschungsschwerpunktes ‚Digitale Technologien und Soziales' (DITES) an der TH Köln zurückgeht, stellt solche digitalen Technologien ins Zentrum, die auf soziale Verhaltensänderungen zielen, sei es auf individueller Ebene (Mikro-Perspektive) oder bezogen auf das soziale Miteinander auf gesellschaftlicher Ebene (Makro-Perspektive). Es werden dabei sowohl auf einer sehr konkreten und praktischen Ebene Projekte, Umsetzungen etc. in den Blick genommen als auch einzelne Aspekte und Facetten des Spannungsfeldes Kontrolle und Selbstermächtigung analysiert. Dabei stellen sich vielfältige Fragen:

- Wo und wie zeigen sich in konkreten technischen Umsetzungen Ambivalenzen von ‚Lenkung' und ‚Selbstermächtigung'? Welche spezifischen Architekturen und Gestaltungsprinzipien hängen hiermit ggf. zusammen?
- Wie werden digitale Technologien im beschriebenen Sinne im Kontext von Sozialer Arbeit, Therapie, Sozialpolitik oder weiterer wohlfahrtsstaatlicher Felder genutzt? Welche gesellschaftlichen Gruppen werden dabei adressiert?
- Welche Chancen, Risiken und Gefahren sind damit verbunden? Welche ethischen Fragen, Herausforderungen und möglicherweise auch Dilemmata ergeben sich?
- Welchen Beitrag können oder müssen die verschiedenen wissenschaftlichen Disziplinen für die erforderliche Reflexionskompetenz bei Entwickler*innen und Nutzer*innen leisten? Kann oder müsste dies auch quer zu den disziplinären Zugängen erfolgen?

Die Auseinandersetzung mit diesen Fragen geschieht ganz bewusst in der Verbindung unterschiedlicher disziplinärer und auch interdisziplinärer Perspektiven, weil sich gerade in der Zusammenführung philosophischer, soziologischer, informatischer, erziehungs- und sozialarbeitswissenschaftlicher Zugänge – um nur einige zu nennen – oft erst neue Perspektiven ergeben.

Im ersten Beitrag „*Digitale Dienstbarkeit. Apps und Co. als Stellvertreter und Empowerer*" werden Grundfragen mit Blick auf die thematisierten Spannungsfelder und deren Ausgestaltung im Feld Sozialer Dienste diskutiert. **Peter Biniok** entwickelt das Konzept ‚digitaler Dienstbarkeit' aus einer techniksoziologischen Perspektive ausgehend von dem Befund, dass „Digitaltechnik mehr und mehr in menschliche Interaktionszusammenhänge integriert wird und dabei zunehmend [...] autonom ‚mithandelt'". Solche digitalen Ensembles ließen sich danach unterscheiden, ob digitale Technik stärker lenke, also als Stellvertreter fungiere, oder als Empowerer eher zur Selbstermächtigung beitrage. Das Konzept „digitaler Dienstbarkeit" basiere auf genau dieser Unterscheidung und „spannt einen Raum auf, der es erlaubt, Digitaltechnik anhand von Dienstbarkeitsgraden darin zu verorten".

Wie sich Zugänge zum Selbst in den thematisierten Formen der Digitalisierung gestalten, diskutiert **Gabriele Gramelsberger** im Beitrag „*Aware-IT/Care-IT: Die Folgen des technologisch Unbewussten für unser Subjektverständnis*". Sie beschreibt, wie rasant und einschneidend sich digitale Technologien seit den 1990er Jahren auf die (Kommunikations-)Sphäre des Sozialen und das technologische Selbstverständnis des Individuums auswirken. Bildete zunächst die Vernetzung von Stand-Alone-Geräten eine erste Zäsur medialer Transformation, war die mit dem Aufkommen von Smartphones einhergehende Verschaltung von Individuum und digitaler Welt eine zweite Zäsur, durch die sich das Verständnis des Subjekts als Datensubjekt verschärft hat. Eine dritte Zäsur mit der Bedeutung einer Zeitenwende sieht Gramelsberger mit dem Aufkommen des „Internets der Dinge" gegeben. Weil die damit verbundene Vernetzung von Messinstrumenten und algorithmischen Datenanalysen unterhalb der menschlichen Wahrnehmungsschwelle verbleibt, kommt es zu einem hoch problematischen Unbewusstwerden digitalisierter Medien und Technologien.

Die weiteren Beiträge nehmen verschiedene konkrete Mechanismen oder Formen der digitalisierten Praktiken in den Blick bzw. fragen nach den darin enthaltenen ethischen Fragen und Dilemmata und wie mit diesen umgegangen werden könnte.

Der Beitrag „*Digitalisierung als Chance der Sozialen Arbeit – Ein Beispiel aus der Arbeit mit Menschen mit Behinderung*" von **Robert Lehmann** und **Thomas Voit** setzt sich am Beispiel des Prader-Willi-Syndroms mit der Frage auseinander, welche Bedeutung Gamification-Elemente für App-basierte Interventionen im Kontext Sozialer Arbeit haben könnten und wie sich diese begründen ließen. Als Ausgangspunkt ihrer Argumentation führen sie das sozialarbeitswissenschaftliche Konzept des transformatorischen Dreischritts nach Staub-Bernasconi ein. Dementsprechend nehmen sie aufbauend auf einer Problemanalyse und einer ethischen Bewertung die Entwicklung von Handlungsleitlinien für eine solche Intervention vor. Abschließend beschreiben sie eine geeignete Vorgehensweise für einen iterativen Entwicklungsprozess für eine entsprechende App und stellen heraus, dass der Einbezug sozialarbeitswissenschaftlicher Expertise hierbei von grundlegender Bedeutung ist.

Nadia Kutscher diskutiert „*Ethische Fragen im Kontext der Digitalisierung der Sozialen Arbeit*“ und nimmt fragwürdige Wirkungen der Digitalisierung auf die Profession Soziale Arbeit in den Blick. An den Beispielen der digitalen Gamification, der Aggregation von persönlichen Daten und der Nutzung von Social Media zeigt sie auf, inwieweit algorithmische Strukturen und mittlerweile üblich gewordene digitale Kommunikationen bedeutsamen Zielen professionellen sozialberuflichen Handelns zugleich entsprechen und widersprechen können. Die Soziale Arbeit ist demnach herausgefordert, ein durch Digitalisierung entstandenes Dilemma zu bewältigen. Damit dies gelingt, empfiehlt Kutscher, sich an den klassischen ethischen Anforderungen der Profession Soziale Arbeit zu orientieren.

Daniela Schlindwein, **Michél Nitschke**, **Sigrun Goll** und **Holger Hagen** analysieren ausgehend von empirischem Material aus geförderten Projekten im Kontext von Assistenztechnologien für ältere Menschen die in diesem Feld eingelagerten Normen und Orientierungen und verorten – so ihr Titel – „*Technikberatung zwischen Autonomieförderung und Lenkung*“. Es wird herausgearbeitet, wie bestimmte Alters-Bilder (re-)produziert werden, Responsibilisierungen von alten Menschen im Sinne neoliberaler Regierungstechnologien erfolgen und inwiefern ungeachtet tatsächlicher Probleme und Bedarfe im Diskurs technische Assistenzsysteme vielfach bereits a priori als Lösungsansatz gesetzt sind. Davon ausgehend werden Widersprüche der Technikberatung diskutiert, die unter solchen Prämissen den Anspruch an eine ergebnisoffene Ausrichtung an den individuellen Problemen der Lebensführung mit dem Ziel der Autonomiesteigerung zu verfehlen droht.

Dass für einen verantwortlichen Umgang mit den hier fokussierten Spannungsfeldern interdisziplinäre Ansätze eine wichtige Rolle spielen, verdeutlicht **Philipp Schaer** in seinem Beitrag „*Licht und Schatten bei Online-Experimenten – Living Labs aus Sicht eines Forschenden*“. Er beleuchtet aus forschungsethischer Perspektive die Durchführung von kontrollierten Experimenten auf Online-Plattformen. Diese Experimente würden bspw. häufig ohne explizite Einwilligung der Nutzer*innen durchgeführt („informed consent“), darüber hinaus sei das hinter der Lenkung stehende Interesse der Plattformen problematisch. Es eröffneten sich aber auch – quasi als Gegenbewegung zum beschriebenen bzw. kritisierten Vorgehen – Chancen im Sinne einer Selbstermächtigung der Nutzer*innen: bspw. durch Plattform-Betreibende, die offen zur Teilnahme an ihren Online-Experimenten einladen und um „Datenspenden“ zu Forschungszwecken bitten. So lasse sich „eine gewisse Transparenz und Nachvollziehbarkeit zuvor verborgener Mechanismen und Systeme" herstellen.

Wie voraussetzungsvoll die erfolgreiche Realisierung interdisziplinären Arbeitens ist, verdeutlicht der Beitrag *„Soziale Arbeit im Dialog mit der Entwicklung: Soziotechnik aus interdisziplinärer Perspektive"* von **Annemarie Matthies**, die nach der Bedeutung der in Hochschulen und Unternehmen vermittelten und praktizierten Rationalitäten für die Entstehung sozio-technischer Produkte fragt. Unter Rekurs auf die Hochschul(-sozialisations-)forschung arbeitet sie die Differenzen von Fach und Disziplin heraus und bestimmt das Curriculum als Objektivation der kognitiven Dimension der Ausbildungsziele und als zentrale Referenz für die Herausbildung von beruflich wirksamen Handlungsrationalitäten, die sie für die Wirtschaftsinformatik und die Soziale Arbeit vergleichend untersucht. Während in der Wirtschaftsinformatik trotz der Relevanzsetzung von gestalterischem Handeln die Topoi der Reflexivität und Verantwortung und die Perspektive der Nutzer*innen (als Person) kaum eine Rolle spielten, hätten diese in der Sozialen Arbeit geradezu konstitutiven Charakter. Die Entwicklung und Nutzung soziotechnischer Systeme, wie sie sich auch in Kontexten der stellvertretenden Krisenbewältigung von Klient*innen zunehmend abzeichnet, könne dann angemessen gelingen, wenn mit Blick auf die genannten zentralen Topoi eine interdisziplinäre Verständigung erfolge, die erfolgreich Übersetzungsleistungen erbringe.

Holger Hagen, **Michél Nitschke** und **Petra Gaugisch** diskutieren abschließend in ihrem Beitrag *„Die Lenkung des forschenden Blicks: Zur Funktion von Sozialwissenschaften und Philosophie in der Technikentwicklung"* sehr grundsätzlich den Charakter von Forschung zu den ‚Ethical, Legal and Social Implications' (ELSI) von Technologien, die auf Unterstützung und Assistenz zielen: Entstanden als klassische Begleitforschung zu naturwissenschaftlich-technologischen Forschungsprojekten, sei sie zu oft vom eigentlichen Forschungsgeschehen abgekoppelt und auch finanziell zu stark von diesem abhängig, um es überhaupt kritisch hinterfragen zu können. Heute werde ELSI-Forschung daher häufig als „Integrierte Forschung" interpretiert. Fraglich ist jedoch aus Sicht der Autor*innen, ob in dieser Weiterentwicklung bzw. Umgestaltung von ELSI- zur Post-ELSI-Forschung zentraler Kritik wie der oben genannten adäquat begegnet werden kann: Auch Post-ELSI-Forschung sei durch das „Akzeptanzparadigma" geprägt. Wie diese Akzeptanzorientierung den forschenden Blick lenkt, versuchen die Autor*innen entlang wissenschaftsgeschichtlich bekannter Positionen theoretisch zu fassen. Vor dieser Folie formulieren sie das Desiderat einer „(selbst-)reflexiven (Post-)ELSI-Forschung" – diese müsse gesellschaftliche Reflexivität in den Projekten fördern, die sich „sowohl auf die Prämissen der Forschungsprojekte als auch deren sozialen Kontext erstreck[t] und die Implikationen für sie selbst einschließ[t]".

Literatur

Bart, Rolfe (2009): Die Mutter der Muse. Von Wissen und Erinnerung zu Form und Oberfläche. In: Neuwerk-Zeitschrift für Designwissenschaft 1, 25–29.

Duttweiler, Stefanie; Gugutzer, Robert; Passoth, Jan-Hendrik; Strübing, Jörg (Hrsg.) (2016): Leben nach Zahlen. Self-Tracking als Optimierungsprojekt? 1., Aufl. Bielefeld: transcript (Digitale Gesellschaft, 10).

Petersen, Jana (2017): Wohlerzogen dank Künstlicher Intelligenz? Wired Mai 2017, online verfügbar unter: https://www.gq-magazin.de/auto-technik/articles/muse-app-test-kindererziehung-ki-vivienne-ming-portraet.

Digitale Dienstbarkeit. Apps und Co. als Stellvertreter und Empowerer

Peter Biniok

1 Einleitung: Soziale Dienste und Digitalisierung

Gesellschaften sind immer auch durch assistive Interaktions- und Kooperationsbeziehungen und Unterstützungssysteme gekennzeichnet (vgl. Biniok/Lettkemann 2017[1]). Dabei reichen die Assistenzen von Blindenhunden, Babysittern und Hauspersonal über Fahrunterstützung und Smarthome-Gadgets bis hin zu computerassistierter Chirurgie. Ziel des Einsatzes von Assistenzen ist es, spezifische Beeinträchtigungen und Beschränkungen von Individuen auszugleichen. *Soziale Dienste* sind davon ein besonderer Teilbereich, in dem die Auseinandersetzung mit und Bearbeitung von sozialen Problemen erfolgt. Dieser Bereich zeichnet sich vordergründig durch personenbezogene bzw. persönliche Dienstleistungen aus, also dadurch, dass die Dienstleistung in unmittelbarer Interaktion zwischen Dienstleistungsanbieter*in und -konsument*in produziert wird (vgl. Evers/Heinze/Olk 2011). Zugleich bilden Professionalität und Gehälter Abgrenzungskriterien zu Formen privater und informeller Unterstützungsleistungen: „Soweit die mit der Bewältigung der sozialen Risiken und Probleme verbundenen personenbezogenen Leistungen professionell und entgeltlich erbracht werden, bezeichnet man sie als soziale Dienste oder soziale Dienstleistungen." (Bäcker et al. 2010, 507)

Das Spezifikum *sozialer* Dienste in der Gesamtheit möglicher, im weiten Sinne unterstützender Dienstleistungen wird unterschiedlich begründet. Für diesen Beitrag ist zentral, dass die zu erbringenden Dienstleistungen von öffentlichem Interesse sind. Unter sozialen Diensten ist damit nicht nur soziale Arbeit zu verstehen, sondern neben sozialpädagogischen und bildungsbezogenen gehören bspw. auch gesundheitliche, karitative und arbeitsmarktintegrative

1 Der hier zitierte Band weist (unintendiert) einen Fokus auf technikbezogene Assistenzen auf. Wünschenswert ist eine noch breitere Sammlung an Studien, etwa historische Nachzeichnungen von Assistenz (Dienlichkeit und Dienstbarkeit), ethisch-rechtliche Auseinandersetzungen, Praxiserfahrungen aus den Bereichen sozialer Dienste und assistiver Sterbehilfe usw.

Dienste dazu. Eine Herausforderung personenbezogener Dienstleistungen besteht darin, die mehr oder weniger allgemein formulierte Assistenz an individuelle Gegebenheiten und Bedarfslagen anzupassen.

> „Persönliche Dienstleistungen gelten in der Regel als nicht – oder kaum – standardisierbar und der hohe Grad der Unbestimmtheit der Nachfrage macht es erforderlich, persönliche Dienste in der Dienstleistungsbeziehung ‚passgenau' auszugestalten." (Evers/Heinze/Olk 2011, 11)

Diese Passgenauigkeit sicherzustellen wird aufgrund der Technisierung und Digitalisierung von sozialen Diensten immer wichtiger. Und gleichzeitig ist damit das Dilemma verbunden, die technischen Mittel so zu gestalten, dass sie für möglichst viele Personen nutzbar und dennoch auf das Individuum zugschnitten sind. Die Bereitstellung von Assistenz wird an anderer Stelle als die Konstitution eines *Ensembles* beschrieben (vgl. Selke/Biniok 2015). In Bezug auf die Leistungserbringer*innen eines unterstützenden Dienstes ist dabei die Unterscheidung zwischen personalen, technischen und soziotechnischen Assistenzensembles möglich. Das Ensemble-Konzept bietet eine Zugriffsmöglichkeit auf die Beziehungen, Interaktionen, Wechselwirkungen und Abhängigkeiten innerhalb von Assistenzkonfigurationen. Unabhängig davon, ob eine Unterstützung technikunterstützt oder -vermittelt stattfindet oder nicht, tritt stets die Frage in den Vordergrund, inwiefern die angebotene Hilfe zu einem eigenständigen Leben verhilft und/oder in eine Kontrolle der Assistenznehmerin oder des Assistenznehmers umzuschlagen vermag, kurz: wie sich die Machtverhältnisse in Ensembles ausprägen (vgl. Richter/Mojescik 2017).

Durch die Digitalisierung von sozialen Diensten ergibt sich ein *Spannungsverhältnis* im Bereich persönlicher Dienstleistungen zwischen technischer Standardisierung, genuin für Technisierung, auf der einen Seite und der individuellen Ausgestaltung der Unterstützung auf der anderen Seite. Diese Ambiguität spiegelt sich auch in der Frage nach Lenkung und Selbstermächtigung wider: Wie kann eine Technik universell einsetzbar sein und trotzdem den spezifischen Anforderungen einer Nutzungssituation gerecht werden? Mit anderen Worten: Inwiefern werden die Bedürfnisse und Wünsche von potenziellen Nutzer*innen in der Entwicklung und Umsetzung von Apps und Co. in sozialen Diensten berücksichtigt? Apps und Co. stehen im Folgenden nicht nur für Applikationssoftware – heutzutage mehrheitlich mit mobilen Programmen assoziiert – und browserbasierte Dienste, sondern stellvertretend für die Gesamtheit digitaler Technologien bzw. Digitaltechniken.[2]

2 Zwei Anmerkungen zu den verwendeten Begrifflichkeiten: (1) Im Forschungsschwerpunkt DITES wird hauptsächlich die Bezeichnung „digitale Technologien" genutzt. Unter Verweis

Um sich mit den aufgeworfenen Fragen auseinandersetzen zu können, wird im Folgenden aus *techniksoziologischer* Perspektive ein konzeptioneller Vorschlag entwickelt, der zum Verständnis unterschiedlicher Softwareprogramme in sozialen Diensten beitragen soll.[3] Dieses Konzept wird auch als Möglichkeit verstanden, über Disziplingrenzen hinweg kommunizieren zu können, und in Diskussion zu treten über Digitaltechniken und deren Zweckdienlichkeit in sozialen Diensten.

Zunächst wird diskutiert, inwiefern Digitaltechniken mehr und mehr in menschliche Interaktionszusammenhänge integriert werden und dabei zunehmend (inter)aktiv und autonom „mithandeln" (vgl. Kapitel 2). In solchen digitalen Ensembles, die entsprechend den Unterstützungssituationen ausgestaltet sind, werden Fragen von Bedarf und Akzeptanz von Apps und Co. in sozialen Diensten ausgehandelt. Das bedeutet, dass in Ensembles der Grundstein dafür gelegt wird, ob Digitaltechniken stärker lenken, also Stellvertreter sind, oder eher zur Selbstermächtigung beitragen, d. h. als Empowerer in Erscheinung treten (vgl. Kapitel 3). Die bis zu diesem Punkt erarbeiteten Ergebnisse werden zum Konzept „Digitaler Dienstbarkeit" zusammengeführt (vgl. Kapitel 4). Dieses Konzept basiert auf der Unterscheidung von Apps und anderer Software als Stellvertreter oder Empowerer und spannt einen Raum auf, der es erlaubt, Digitaltechnik anhand von Dienstbarkeitsgraden darin zu verorten. Zugleich weist das Konzept auf Gestaltungsmöglichkeiten digitaler Ensembles hin, um diese passgerecht in sozialen Diensten einzusetzen. Und letztlich möchte der Beitrag mit der vorgestellten Idee daran erinnern, soziale Probleme immer auch grenzüberschreitend zu diskutieren und zu bearbeiten (vgl. Kapitel 5).

2 Handelnde Technik, Apps und digitale Ensembles

Im Zuge des gesellschaftlichen Wandels treten zunehmend technische Geräte in die interaktive Dienstleistungserbringung ein, sei es als Mediator im Rahmen digitaler Kommunikation, als (inter)aktiver Ratgeber oder gar als autonome (robotische) Instanz im Produktionsprozess einer Assistenzleistung (vgl. Karafillidis/Weidner 2018). Digitalisierung bedeutet für soziale Dienste zweierlei. Einerseits werden zusätzliche Formen von sozialen Diensten nötig, um neuen Phänomenen im Zusammenhang mit Computer und Internet zu begegnen.

---

auf die techniksoziologische Diskussion hebe ich in diesem Beitrag mit dem Terminus „Digitaltechnik" den handlungsrelevanten Beitrag derselben hervor. (2) Die Tagung, aus der dieser Beitrag hervorgeht, hatte dezidiert Apps und Co. zum Gegenstand, weshalb diese Begrifflichkeiten im Folgenden immer wieder Verwendung finden.

3 Ich danke dem Herausgeber*innenteam für hilfreiche Rückmeldungen zu einer früheren Version dieses Beitrags.

Schulsozialarbeit hat sich bspw. immer wieder mit Onlinemobbing, exzessiver Mediennutzung und Sexting auseinanderzusetzen. Andererseits bietet Digitalisierung neue Möglichkeiten zur Ausgestaltung der Praxis sozialer Dienste und zwar in diversen Anwendungs- und Einsatzfeldern, bspw. Teilhabesteigerung von alten und älteren Menschen, Gesundheitsprävention oder Unterstützung von Geflüchteten.

Diese neuen Praktiken basieren immer mehr auf der Handlungsträgerschaft von Technik, also auf der zunehmenden Autonomie und Interaktivität von Apps und anderen Computertechnologien (vgl. 2.1). Apps und Co. entfalten ihre Wirkung und Funktionalität allerdings nicht losgelöst von menschlichen Beziehungen und Handlungen, sondern sind Teil der Interaktionsgeflechte und Komponenten von sozialen Dienstleistungs-Apps (vgl. 2.2). Innerhalb dieser Ensembles wird diskutiert und entschieden, welche Formen der Unterstützung generiert werden und wie sich Apps und Co. schließlich im alltäglichen Gebrauch einsetzen lassen (vgl. 2.3).

2.1 Handlungsträgerschaft von (Digital-)Technik

Jeglicher Einsatz von Technik entfaltet eine *Wirkung*.[4] Diese Wirkung reicht von der einfachen Handlungsunterstützung beim Hämmern über die interaktive Hilfe bei der Bedienung von Automaten und Maschinen bis hin zur Wahrnehmung von Technik als vollwertigem Subjekt, d. h. als Handlungs- und Interaktionspartner, wie im Falle eines PCs.[5] Schon die Betrachtung von Objekten und technischen Artefakten ruft im Menschen eine Reaktion hervor, selbst wenn dieser (noch) gar nicht aktiv wird (vgl. Mead 1983). Federn werden vom Körper als leicht wahrgenommen und der Anblick von Steinen wirkt im Körper schwer. Stühle laden die Menschen zum Sitzen ein und vor einem Süßigkeitenautomaten spielt die hungrige Person den Ablauf des Einkaufs, also nichts anderes als die Funktionsweise des Automaten, bereits im Kopf durch. Die Wirkung von Technik nimmt neben solch kognitiv-affektuellen Effekten noch weitere Formen an.

In der Techniksoziologie besteht grundsätzlich Einigkeit darüber, dass Technik eine Art *Handlungsträgerschaft* besitzt – Gegenstand vieler Diskurse ist hingegen, wie diese konkret aufzufassen ist.[6] Ein möglicher Ansatz ist es, Hand-

---

4 Die Frage „Was ist Technik?“ wird in diesem Beitrag ausgeblendet. Hierzu sei auf bspw. Degele (2002) oder Rammert (2007) verwiesen.

5 Solche Anthropomorphisierungen finden sich bspw. auch in Bezug auf Babys und Tiere, besonders jedoch bei intelligent erscheinenden Computertechniken oder menschenähnlichen Robotern (vgl. Geser 1989; Fink/Weyer 2011).

6 Auch die Science and Technology Studies (STS) beschäftigen sich eingehend mit diesen Fragen und nehmen der Techniksoziologie ähnliche Positionen ein.

lungsträgerschaft in drei verschiedene Grade zu unterschieden (vgl. Rammert/ Schulz-Schaeffer 2002, auch zu den folgenden Ausführungen).[7] Handlungsträgerschaft von Technik ist dabei verschieden von menschlicher Handlungsträgerschaft und meint sehr vereinfacht das Potenzial einer Technik, bei einem Menschen eine Reaktion auszulösen. Diese Eigenschaft basiert auf den im Entwicklungsprozess der Technik eingeschriebenen Handlungsprogrammen, den sog. Skripten (vgl. Akrich 1992). Die Art des Skripts bedingt die Wechselwirkung von Technik mit den Nutzer*innen. Auf einer niedrigen Ebene bewirken Techniken etwas im Sinne einer Kausalbeziehung. Eine Bodenschwelle in einer Spielstraße hat einen geringen Grad an Handlungsträgerschaft und führt dazu, dass Autofahrer*innen langsamer fahren. Und mit einer Bohrmaschine wird ein Loch in der Wand verursacht. Die Beispiele deuten an, dass es sich bei Handlungsträgerschaft als *Kausalität* oftmals um einfache Artefakte und Techniken handelt. Je aktiver und autonomer Techniken funktionieren, umso mehr Handlungsträgerschaft wird ihnen zugestanden. Auf einer mittleren Ebene des Niveaus von Handlungsträgerschaft sind Techniken in der Lage, das Handeln und die Interaktionen mit den Menschen *kontingent* und in Abhängigkeit von Kontextvariablen zu gestalten. Geldautomaten geben unterschiedliche Währungen heraus, Suchanfragen im World Wide Web sind personalisiert und Autositze passen sich den Fahrer*innen an. Techniken können in diesen Fällen auch anders handeln. Auf einer hohen Ebene wird Techniken *Intentionalität* zugeschrieben. Techniken agieren mit einem umfangreichen Grad an Handlungsträgerschaft anhand spezifischer, ihnen eigener Parameter. Beispiele hierfür finden sich insbesondere im Bereich digitaler Techniken, seien dies nun Schachcomputer oder neuronale Netze.

Techniken „handeln" mit – nur nicht in derselben Art und Weise, wie Menschen handeln und interagieren. Neben der Eigenschaft, eigenständig aktiv werden zu können, wird für die nachfolgende Argumentation ein weiteres Charakteristikum von Technik relevant. Maschinen, Automaten und erst recht Computertechniken, insb. Software, sind für die Nutzer*innen und Anwender*innen in der Regel sog. *Blackboxes* (vgl. Latour 1999). Das bedeutet, dass der Aufbau, die konkrete Funktionsweise und die Zielsetzung der Techniken nicht transparent sind. Die eingeschriebenen Handlungsprogramme sind prinzipiell nur für Techniker*innen und Ingenieur*innen einseh- und rekonstruierbar. Die Annahme liegt nahe, dass je komplexer und digitaler eine Technik ist, desto weniger Wissen die Nutzer*innen darüber besitzen. Der Motor eines Autos wird heute kaum noch selbständig von „Bastler*innen" repariert und

---

7 Vertreter*innen der Akteur-Netzwerk-Theorie konstatieren hingegen die *Symmetrie* von Mensch und Technik und sprechen beiden Instanzen die gleichen Potentiale an Handlungsträgerschaft zu (vgl. Bellinger/Krieger 2006).

Algorithmen in Form von Programmcode entziehen sich völlig dem Verständnis der meisten Internetnutzer*innen. Gemeinhin ist es auch nicht notwendig, dass Anwender*innen dieses Wissen besitzen, solange die Techniken funktionieren und keine Nebenfolgen verursachen, die potenziellen Nutzer*innen schaden. Dass mit jeder neuen Technik unerwünschte Effekte und unbeabsichtigte *(Neben-)Folgen* verbunden sind, kann kaum bestritten werden (vgl. Beck 1986). Verbrennungsmotoren ermöglichen Mobilität und führen zu erhöhter Luftverschmutzung. E-Mails ermöglichen die zeitnahe asynchrone Kommunikation und ziehen den potenzierten Austausch von Nachrichten und Spam nach sich. Die Selbstvermessung der Versicherten von Krankenkassen ermöglicht preisgünstigere Tarife und mag gleichzeitig neue Kontrollmechanismen durch die Kassen erzeugen.

Es ist also notwendig, einerseits im Konstruktionsprozess entsprechende Folgenabschätzungen durchzuführen, um Techniken (noch) entsprechend zu modifizieren.[8] Andererseits erscheint es sinnvoll, dass Nutzer*innen und Anwender*innen über ein Mindestmaß an Wissen über die Techniken und die Nutzungshintergründe verfügen, so dass bspw. ein selbstbestimmter Umgang mit Computertechnik gewährleistet ist (vgl. Biniok 2017). Genau diese beiden Aspekte von Technisierung und Digitalisierung sind es, die darüber entscheiden, ob eine App tendenziell lenkt oder Selbstermächtigung unterstützt. Prominent ist die Diskussion um die Folgen des Einsatzes von Algorithmen und Entscheidungssystemen, die auf neuronalen Netzen beruhen.[9] Auch hier wird eine ethische Verantwortung seitens der Programmierer*innen verlangt, während zugleich die Souveränität der Verbraucher*innen erhöht werden soll.

2.2 Apps in Sozialen Diensten – ein Blitzlicht

Der konkrete Einsatz von Digitaltechniken im Arbeitsalltag der Sozialen Dienste und die daraus resultierenden Wechselwirkungen zwischen Digitalisierung und sozialer Praxis scheinen bislang kaum thematisiert worden zu sein (vgl. bspw. Stadler 2018). Studien zeigen zudem, dass die umfangreichen Potenziale von Digitaltechnik (noch) nicht genutzt werden (vgl. bspw. Ley/Seelmeyer 2017).[10] Die Prominenz von Apps, die auf mobilen Endgeräten genutzt werden,

8 *Technikfolgenabschätzung* ist ein eigenständiger Bereich der Techniksoziologie und weist ein spezifisches Repertoire an Konzepten und Methoden auf.

9 Forschung hierzu findet bspw. unter dem Stichwort „Algorithmenethik" bei der Bertelsmann Stiftung (vgl. Krüger/Lischka 2018) und bei der Initiative D21 in der AG Ethik statt (vgl. https://initiatived21.de/arbeitsgruppen/ag-ethik, 10.01.2019).

10 Die Autoren stellen fest, dass Digitaltechniken vor allem zur Steuerung von Hilfesystemen und zur Vernetzung von Akteur*innen eingesetzt werden und weniger zur Unterstützung

spricht zwar für deren grundsätzliche Potenziale in der Erleichterung der Lebensführung und im Verrichten von Arbeitstätigkeiten in Sozialen Diensten. Sie darf jedoch nicht darüber hinwegtäuschen, dass es sich um kommerzielle Produkte handelt, die vorrangig zur Erwirtschaftung von Gewinnen und nicht zwingend für das Lösen sozialer Probleme entwickelt wurden.[11] Gerade wenn Apps kostenfrei genutzt werden können, sind damit bspw. Werbestrategien, Vertriebsoptimierungen oder Kaufanreize verbunden. Beim Einsatz von Apps ist also dringend darauf zu achten, welche Firmen oder Organisationen die Software entwickelt oder in Auftrag gegeben haben. Eine Evaluation der Apps mit Blick auf Qualität, Reliabilität und Validität im Nutzungsalltag kann selten vorausgesetzt werden. Stattdessen sollen Bewertungen der Nutzer*innen Aufschluss über die Güte der Software geben.

Die Liste angebotener und eingesetzter Digitaltechnik in Sozialen Diensten ist weitgehend unüberschaubar und schwer zu beurteilen. In einer groben Klassifikation lassen sich Apps zur Informationsvermittlung, zur interaktiven Anleitung und zur Kommunikation und Vernetzung unterscheiden. Das folgende „Blitzlicht" gibt einen kurzen Einblick in die Bandbreite von Apps in Sozialen Diensten und bildet die illustrative Grundlage für die Überlegungen zu digitalen Ensembles im anschließenden Abschnitt.

Ein prominenter Bereich Sozialer Dienste ist die *Pflege* – nicht zuletzt begünstigt durch diverse staatliche Fördermaßnahmen.[12] Dabei stehen einerseits Apps für Pflegekräfte und Verbraucher*innen zur Verfügung, die bspw. über Arzneimittelzusammenstellungen („Arznei aktuell") oder Routinelaborparameter („Laborwerte pro" bzw. „Blutwerte PRO") Auskunft geben. Andererseits wird seit Jahren verstärkt dazu geforscht, wie zu Pflegende und deren Angehörige im Alltag unterstützt werden können. Die Software hierzu reicht von Trinkerinnerungen bei Demenzerkrankten, interaktiven Karten für Rollstuhlfahrer*innen und Text-to-Speech-Apps, über Schulungs-Apps für Pflegende („Kinaesthetic Care") bis hin zum Monitoring von Aktivitäten der zu Pflegenden („easierLife") und virtuellen Plattformen mit dem Ziel, an Pflege beteiligte Akteur*innen zu vernetzen („SONIA"). Ein angrenzender Bereich, in dem Apps zum Einsatz kommen, ist der *Gesundheitssektor*. Neben Lifelogging-Software für die individuelle Vermessung und Beobachtung von Vitalparametern bieten Krankenkassen und ähnliche Institutionen Gesundheitspräventions-

---

von Fallarbeit oder zur Einbindung von Bürger*innen bzw. Adressat*innen der Dienstleistungen.

11 So sind im Forschungsgebiet *Ambient Assisted Living* zwar zahlreiche Forschungsaktivitäten zu beobachten – diese werden jedoch nur in wenigen Fällen in Geschäftsmodelle umgewandelt und bringen markttaugliche Lösungen hervor.

12 Vgl. bspw. den Cluster „Zukunft der Pflege" (https://www.bmbf.de/de/pflege-erleichtern-5479.html, 10.01.2019).

Apps und Notfall-Apps an („SOS-NotfallHilfe-App" von Basler Versicherungen oder „Kindernotfall-App" der „Barmer"). Das Deutsche Rote Kreuz ergänzt das Angebot mit „Erste Hilfe", einer interaktiven Begleitung in Notfallsituationen. Das Bundesamt für Bevölkerungsschutz und Katastrophenhilfe stellt mit „NINA" eine kostenlose Warn-App zur Verfügung. Und Apps wie „Geh Deinen Weg" (Ratgeber für Betroffene und Arbeitshilfe für die Profession) oder das webbasierte Training zum Abbau von Hass und Gewalt („OHA – Online Hass Abbauen") zeigen die Bemühungen, spezifische Therapieprogramme der *Sozialarbeit und Jugendhilfe* durch Apps zu begleiten. Darüber hinaus werden durch Apps auch neuere soziale Phänomene adressiert. So finden Migrant*innen und Geflüchtete in Deutschland die von diversen Institutionen angebotenen *Orientierungs- und Integrationshilfen* als Apps, wie etwa die „Welcome App Germany".

2.3 Digitale Ensembles

Gesellschaften sind in weiten Teilen dadurch gekennzeichnet, dass Bevölkerungsschichten, die in weniger lebensdienlichen Verhältnissen leben, durch andere Mitglieder unterstützt werden (Stichworte: Solidarität, Fürsorge, Sozialraumpastoral). In diesen unterschiedlich ausgeprägten, assistiven Beziehungen und Beziehungsgeflechten werden, wie soeben dargestellt, vermehrt technische Mittel eingesetzt. Digitaltechnik in Form von Apps und Co. verändert diese gesellschaftlichen Strukturen – ohne dass abschließend beurteilt werden kann, ob Chancen oder Herausforderungen überwiegen. Dabei sind solche Fragen von Bedeutung, die thematisieren, welche Ideen guten Lebens operationalisiert und implementiert werden, welche Lösungen sozialer Probleme Technik übernimmt und inwiefern dies zu fürsorglichen Formen digitaler Überwachung und/oder Totalitarismus führen könnte (vgl. etwa Baumann/Lyon 2013; Schirrmacher 2015).[13] Immer öfter sind im Lebens- und Berufsalltag Konfigurationen von Mensch und Technik zu beobachten, die zum Ziel haben, spezifische Problemlagen und Problemstellungen zu bearbeiten: Computerassistierte Chirurgie, Hebehilfen in der Pflege und Navigationsprogramme sind einige einfache Beispiele für solche *Assistenzensembles* (vgl. Selke/Biniok 2015). Die Bezeichnung Assistenzensemble geht auf die Idee soziotechnischer Ensembles

---

13 Vgl. diesbezüglich auch Biniok/Hülsmann (2016, 101) zu *Lifelogging*: „We have argued that lifelogging-technologies may have several effects on society and highlighted possible tensions and dangers resulting from the deployment of smart devices. Firstly, people adapt to smart devices and let them discipline them. Secondly, people trust in smart devices for numerous, albeit vague reasons. Thirdly, people are becoming increasingly entrenched in technologically mediated relations with the environment, which may have a corrosive effect on social relations."

zurück und verweist im weitesten Sinn auf Wirkzusammenhänge, an denen Menschen und Techniken beteiligt sind (vgl. Bijker 1995; Schubert 2006). Die Besonderheit des Assistenzensemble-Ansatzes liegt in der Fokussierung von Assistenz als Aushandlungsgegenstand von der ersten Ideengenerierung über Entwicklung und Design bis hin zur Nutzung von Technik. Unterstützende Technik wird nicht losgelöst vom Nutzungskontext entwickelt und nicht unabhängig vom Entstehungskontext eingesetzt.

Digitale Ensembles sind eine Form von Assistenzensembles und zeichnen sich durch den dezidierten Rückgriff auf digitale Techniken zur Lösung sozialer Probleme aus. Der Ensemblebegriff bietet sich deshalb an, weil es sich bei Apps und Co. in Sozialen Diensten um planvolle Zusammenstellungen von Mensch und Technik handelt, um spezifische Zwecke zu erfüllen. Den Ensembles sind neben Mensch und Technik auch Entwürfe von Technik, Konstruktionsmaterial, Paradigmen usw. zuzurechnen – auch wenn dies im Folgenden weniger expliziert wird. Über die Zusammensetzung, Handlungsverteilung und Wirkweise digitaler Ensembles wird nicht erst im Rahmen der Nutzung der Software, sondern im gesamten „Lebenszyklus" der App entschieden.[14] Wer für die konkrete Zusammenstellung eines Ensembles verantwortlich ist, hängt von der Dienstleistungsfunktion ab. Es können Firmen sein („Cora Health"), politische Gremien und staatliche Institutionen („Bundesamt für Migration und Flüchtlinge"), selbst Teile der Zivilgesellschaft sind als Initiatoren denkbar („nebenan.de"). Die Zusammenstellung digitaler Ensembles und die Entscheidungen bzgl. des Bedarfs und der Akzeptanz von (Digital-)Technik unterliegen komplexen Aushandlungsprozessen (vgl. Biniok 2018[15]).

Ein Ensemble entsteht mit der ersten Idee und durchläuft *Phasen* der Konstruktion und Nutzung von Technik. Dabei sind Veränderungen in den Akteurskonstellationen unumgänglich, ebenso wie Modifikationen in der Sinnbelegung der Technik. Während der Ideengenerierung, Entwicklung und Implementierung treffen Akteur*innen Entscheidungen über die spätere Verwendung und schreiben Handlungsprogramme in die Technik ein. Es werden damit auch Bedingungen für Nutzungskontexte festgelegt und Kompetenzen und Fähigkeiten der Bedienung vorausgesetzt, wobei Nicht-Nutzung und abweichende Einsatzmöglichkeiten nicht ausgeschlossen werden können. In solch einem Konstruktionsprozess werden Ensembles vor allem von Ingenieur*innen und Techniker*innen und forschungspolitischen Akteur*innen und Investor*innen geprägt und beinhalten womöglich mehrere Designideen und/oder

---

14 Vgl. auch die Konzepte der „Innovationsbiographie" (vgl. Butzin/Rehfeld/Widmaier 2012) und „Innovation Journey" (vgl. van de Ven/Polley/Garud/Venkataraman 1999).

15 Dieser Beitrag ist die englische Version eines *ausführlicheren* Konferenzbeitrags aus dem Jahr 2016.

Prototypen. Im späteren Einsatz der Technik ziehen sich diese Akteur*innen zurück und vor allem Anwender*innen formen das Ensemble. Technik hat nun ein stabiles Design und wird zur Blackbox. Das Ensemble kann über die konkrete Nutzungssituation von Apps hinausgehen, wenn nämlich neben Primärnutzer*innen auch Sekundärnutzer*innen und/oder weitere Dienstleister*innen in die Unterstützungsprozesse eingebunden sind. Denkbar sind hier etwa Pflegestationen als Management-Instanz oder Cloud-Dienste, mittels derer Nutzungsdaten gespeichert werden.

Für eine bestmögliche *Passung* von Alltagswelt und Digitaltechnik wäre es wünschenswert, wenn alle relevanten Akteur*innen, also auch Nutzer*innen in partizipativen Prozessen an der Entwicklung beteiligt werden (vgl. Cieslik/Klein/Compagna/Shire 2012; Compagna 2018). Ebenso ist es jedoch denkbar, dass bspw. eine eigens und unabhängig entwickelte App von Krankenkassen zur Nutzung vorgeschrieben wird. Bestenfalls orientieren sich die Technikentwickler*innen an den konkreten Bedürfnissen der Nutzer*innen. Aber auch Technikvisionen von Informatiker*innen und Ingenieur*innen, wissenschaftspolitische Vorgaben und/oder Marktrationalitäten bedingen, wer wie welche Digitaltechnik in Sozialen Diensten einsetzt. Mitunter müssen also sehr divergente Ziele in Einklang gebracht werden. Was also als Assistenz bzw. soziale Dienstleistung gilt und wie sich diese performativ im digitalen Ensemble umsetzt, entscheidet sich in der Praxis – angefangen von der Artikulation des Bedarfs bis hin zur täglichen Nutzung von Apps und Co.

Technik für sich zu betrachten ist für die Fragen von Lenkung und Selbstermächtigung wenig fruchtbar. Technik wird in der Konstruktion mit Sinn belegt und in der Praxis zeigen sich die Wirkungen der Technik. Es existieren stets komplexe Interaktionsgeflechte zwischen Mensch und Technik mit verteilten Handlungen. Erst in der Kombination wird eine Art *Leistungsaggregation* erreicht, die die Erfüllung der Zielsetzung ermöglicht. Neben den gewünschten Funktionalitäten können auch „Nebenwirkungen" durch Apps und Co. entstehen, und was als Selbstermächtigung gedacht war, diszipliniert und/oder lenkt die Anwender*innen. Eine App, die Familienmitglieder über die Aktivitäten einer älteren Person zuhause informiert, ermöglicht dieser das Leben in der eigenen Wohnung. Abweichungen vom „üblichen" Tagesrhythmus, bspw. einen Abend mal ein Bier trinken gehen, könnten jedoch als Krisenfall interpretiert werden. In der Folge mag dies zu Verhaltensanpassungen führen und die ältere Person bleibt abends immer zu Hause. Möglicherweise ist ein Ensemble auch schlecht geplant und es fehlen Akteur*innen oder Techniken zur Leistungserbringung. So kann durch präventive Maßnahmen in der Medizin, etwa digitale Selbstvermessung, ein „besseres" Bild von (und für) Nutzer*innen entstehen. Die datenbasierten Mitteilungen und Entscheidungen müssen jedoch richtig verstanden und interpretiert werden, sonst könnten unnötige Ängste und/oder falsche Maßnahmen die Folge sein.

3 Apps und Co.: Stellvertreter und Empowerer in Sozialen Diensten

Der Einsatz von Digitaltechnik in Sozialen Diensten ist mit Ambivalenzen verbunden. Das liegt einerseits am unübersichtlichen und oft ungeprüften Angebot von Apps und Co. Andererseits ist Technisierung nicht immer mit einer adäquaten Beteiligung relevanter Gruppen verbunden. Soziale Fürsorge und Assistenz sind daher geprägt von einem erweiterten Angebot digitaler bzw. soziotechnischer Betreuungs- und Unterstützungsmaßnahmen. Gleichzeitig bieten sich Möglichkeiten einer erleichterten Verhaltenskontrolle und Einschränkung der individuellen Selbstbestimmung der Empfänger*innen solcher Dienstleistungen. An die folgende Diskussion um die Terminologien „Lenkung“ und „Selbstermächtigung“ (vgl. 3.1) schließen sich Überlegungen an, in welchen Fällen Apps eher lenken, also Stellvertreter für beaufsichtigende Akteur*innen sind (vgl. 3.2.) und inwiefern Apps als Empowerer zur Erhöhung von Selbstermächtigung beitragen (vgl. 3.3).

3.1 Lenkung und/oder Selbstermächtigung

Lenkung und Selbstermächtigung stehen sich im ersten Impuls werthaltig gegenüber. Der Begriff „Lenkung“ deutet auf die Vorgabe von Handlungsschritten hin und demzufolge die fehlende Möglichkeit, (aus)zuwählen oder selbst zu entscheiden. „Selbstermächtigung“ als Terminus impliziert eben diese freie Wahl, also die Möglichkeit, eine situativ angemessene Entscheidung treffen zu können. Allerdings ist *Lenkung* nicht per se negativ konnotiert. Menschen benötigen Lenkung, Anweisungen und Vorgaben. Die Komplexität sowohl des Alltags als auch von Arbeitszusammenhängen, bspw. in Organisationen, würde die Individuen mit ständigen Handlungsentscheidungen überfordern. Hierarchien, Routinen und Simplifikationen durch Technik entlasten von ständigen Überlegungen und schwierigen Entschlüssen und halten den Handlungsfluss aufrecht (vgl. etwa Weber 1922; Luhmann 1991). Gleichzeitig sind vor allem die Simplifikationen durch Technik (Blackboxes) transparent und nachvollziehbar zu machen, um Handlungsgrundlagen zu legitimieren und freies Handeln zu ermöglichen. *Selbstermächtigung* ist, analog zu Lenkung, wiederum nicht durchweg positiv zu bewerten. Zunächst bedeutet sie die Aneignung bzw. den Zugewinn an Fähigkeiten und Kompetenzen – auch durch Technik. Sie kann jedoch ad absurdum geführt werden, wenn der Zwang zur individuellen Selbstgestaltung nicht mit entsprechenden unterstützenden Maßnahmen flankiert wird und die Eigenverantwortung der Individuen unter dem Paradigma des Neoliberalismus überstrapaziert wird. Ständige Selbstvermarktung und Selbsterfindung belasten dann eventuell den Lebensalltag und führen zu psychosomatischen Krankheiten.

Sowohl Lenkung als auch Selbstermächtigung sind keine konträren, sondern graduelle Konzepte, die sich in manchen Bereichen überlagern.[16] *Lenkung* kann sehr direkt erfolgen durch Befehle, Absperrungen, Warnschilder. Das Befolgen der Vorgaben ist dabei vor allem extrinsisch motiviert bzw. dient der Vermeidung von Strafen. Lenkung geschieht jedoch auch unauffällig und entzieht sich der direkten Wahrnehmung, wie die Diskussion um „Nudging" zeigt.[17] Geschickt angelegte Handlungsaufforderungen führen zu bestimmten Aktionen und Interaktionen, ohne dass der äußere Impetus wahrgenommen und im besten Fall sogar als intrinsische Motivation ausgelegt wird.[18] Ähnlich kann *Selbstermächtigung* unterschiedliche Intensitäten aufweisen. Sie kann vom Erlernen einfacher Handlungen (Lebenslauf verfassen etc.) bis hin zu meditativer Transformation (autogenes Training u. ä.) reichen. Eine Überlagerung beider Prozesse findet bspw. dann statt, wenn eine wohlmeinende Lenkung in der Kindererziehung durchaus zur Selbstermächtigung des Individuums beiträgt. Und Empowerment etwa wird als Förderung von Selbstbestimmung durch gezielte, also lenkende, Unterstützung gefasst (vgl. Herriger 2014). Es handelt sich dann um eine professionelle soziale Praxis mit dem Handlungsziel, bestimmte Lebensaufgaben selbstständig und autonom zu bewältigen.

Aufgrund der vorstehenden Überlegungen werden die Begriffe „Lenkung" und „Selbstermächtigung" nachfolgend durch andere Terminologien adaptiert und konkretisiert. Die neuen Begrifflichkeiten „Stellvertreter" und „Empowerer" weisen zum einen auf die Handlungsträgerschaft von Digitaltechnik hin. Diese semantische Subjektivierung zielt darauf ab, den eigeninitiativen und aktiven Charakter von Digitaltechnik einzufangen. Als Stellvertreter vertritt Technik in einem digitalen Ensemble eine spezifische lenkende Idee oder Person. Als Empowerer fügt sich Technik in ein Ensemble als selbstermächtigende Person oder Paradigma ein. Durch die neuen Begriffe wird zum anderen versucht, „Lenkung" und „Selbstermächtigung" als Terminologien zu schärfen. Stellvertreter oder Empowerer sind zwei unterschiedliche prototypische Funktionen von Technik in digitalen Ensembles, die gegenüberliegende Pole eines Kontinuums (der Dienstbarkeit, vgl. 4.2) bilden.[19]

---

16 In ähnlicher Stoßrichtung vertritt Schürer (2017) die Auffassung, dass Ambient Intelligence-Technologien nicht als dominant *oder* dienlich bezeichnet werden. Stattdessen gehen Dominanz und Dienlichkeit in sog. „Kippmomenten" ineinander über.

17 *Nudging* ist eine bis in den öffentlichen Diskurs prominente Methode bzw. Strategie, bei der Verhalten beeinflusst wird durch „sanftes Anstupsen" in Form von Produktplatzierungen im Supermarkt, Fliegenmotive in Urinalen, Default-Einstellungen, usw.

18 Vgl. die Diskussion zu Formen informellen Zwangs innerhalb der Psychiatrie-Ethik (vgl. Szmukler/Appelbaum 2008).

19 Da es sich um Idealtypen handelt, sind die Beschreibungen in den Abschnitten 3.2 und 3.3 konsequenterweise überzeichnet.

Die spezifischen Funktionen und Unterschiede von Digitaltechniken als Stellvertreter und Empowerer werden anhand dreier Aspekte erläutert (vgl. 3.1 und 3.2): *Funktionsausrichtung*, *Technikstatus* und *Feedback*. Funktionsausrichtung bezieht sich auf die Art und Weise, wie die Funktion von Digitaltechniken bzw. der Ensembles definiert wurde. Technikstatus verweist auf die konkrete Aufgabe der technischen Instanz innerhalb des Ensembles. Und Feedback gibt Aufschluss darüber, wie sich Kommunikation und Interaktion innerhalb des Ensembles vollziehen.

3.2 Apps und Co. als Stellvertreter

Im Falle des Typs „Digitaltechnik als Stellvertreter" zeichnen sich Apps und Co. durch eine rigide Handlungslenkung und starre Interaktionen aus. Derartige Ensembles haben die Funktion, einen selektiven Ausschnitt sozialen Lebens bzw. Sozialer Dienste zu unterstützen.

Bezüglich der *Funktionsausrichtung* weisen die Apps einen starken Entwickler-Bias auf und sind auf einzelne isolierte Funktionen beschränkt. Die Unterstützung von älteren und pflegebedürftigen Menschen anhand von Trinkerinnerungen oder Sturzmeldern sind hierfür Beispiele. Sturzmatten und Hausnotrufsysteme werden in den Laboren von Wissenschaftler*innen entwickelt und dann in die reale Wohnpraxis von Senior*innen übertragen. Die Ausgestaltung der Technik richtet sich primär nach funktionalen Aspekten und bezieht, wenn überhaupt, erst später ästhetische und andere Aspekte ein. Die Zielsetzung der Technik steht von Anfang an fest und kann von den zukünftigen Nutzer*innen ebenso wenig beeinflusst und geändert werden wie der Betrieb derselben. Die Technik als Stellvertreter für eine*n Betreuer*in o. ä. erwirkt Handlungen und/oder initiiert Handlungsketten. Ähnlich wie bei einer App, die zum Bewegen auffordert, weil noch keine bestimmte Anzahl von Schritten am Tag gelaufen wurden, erfolgt ein „blindes" Befolgen der Anweisungen ohne Reflexion – auch, weil in den beschriebenen Fällen keine Handlungsalternativen existieren. Natürlich kann auch stets nicht reagiert werden. Allerdings ist dann mit Sanktionen zu rechnen bzw. wird Rechtfertigungsdruck erzeugt.

Im digitalen Ensemble folgen die Nutzer*innen den Handlungsanweisungen der App strikt. Der *Technikstatus* ist der eines dominanten Akteurs. Digitaltechnik ersetzt bspw. Betreuer*innen durch eine unermüdliche, objektiv wirkende Disziplinierungsinstanz. Gleichzeitig transportiert die App die Ideologie und Paradigmen der Entwicklungsfirma. So kann ein Lehrprogramm zur Verkehrserziehung für Kinder auf detailliert dargestellten Schreckszenen beruhen oder Symbole und Kurznachrichten zur Situationsbeschreibung einblenden. Solche Skripte sind zwar die Einschreibungen von Handlungsprogrammen in die Technik durch Menschen. Letztendlich wird dies in der Nutzung jedoch

i. d. R. ausgeblendet und Technik als die eigentliche Handlungsinstanz angesehen.

Die Zuschreibung von Kontrolle und Verantwortung erfolgt daher vordergründig an die Technik, deren Anweisungen geglaubt und gefolgt wird. Die Nachrichten und das *Feedback* der Technik bestehen aus Anordnungen und rein quantitativen Meldungen als Resultat der Prozessierung standardisierter Vorgaben. Wie diese Ergebnisse zustande kommen, wissen die Nutzer*innen nicht. Die Glaubwürdigkeit der Technik ist dennoch hoch, denn das Feedback erfolgt numerisch und damit rational-logisch. Zahlen besitzen eine inhärente Objektivität, auch wenn sie aus sehr subjektiv geprägten Entstehungszusammenhängen hervorgehen.

Die Lenkung durch einen Stellvertreter setzt wie im Falle von Lifelogging auf der individuellen Ebene an. Menschen erhalten vom Armband die Aufforderung, sich in Bewegung zu setzen und zu laufen. Lenkung kann sich jedoch auch auf *Kollektive* beziehen, etwa wenn Pflegekräfte einer Station den restriktiven Vorgaben von Technik folgen müssen und so die gesamte Arbeit an Patient*innen reguliert wird (vgl. Hergesell 2017). Wie bereits erwähnt, besteht die Möglichkeit, dass Apps als Stellvertreter und deren Handlungsaufforderungen ignoriert werden. In solchen Fällen ist anzunehmen, dass die Disziplinierung (Strafe, Belohnung) zu schwach angesetzt ist und/oder die Motivation grundsätzlich auf den falschen Anreizstrukturen basiert.

3.3 Apps und Co. als Empowerer

Der Typus „Digitaltechnik als Empowerer" ist dadurch gekennzeichnet, dass Apps und Co. Teil einer umfassenderen Maßnahme (inkl. Betreuung und Reflexion) sind. Das Ensemble hat zum Ziel, die Lebensführung und Lebensqualität insgesamt zu verbessern.

In Bezug auf die *Funktionsausrichtung* besteht bei der Konzeption und Realisierung des digitalen Ensembles eine dezidierte Nutzer*innen- bzw. Subjektorientierung. Funktionalität und Einsatzrahmen der Digitaltechnik ist mit allen beteiligten Akteur*innen, bspw. in Form einer Bedarfsanalyse, abgestimmt. Senior*innen werden zu ihren Lebensumständen befragt, bevor Themen für eine virtuelle Plattform festgelegt werden, oder Kinder zeichnen auf, wie sie sich Szenarien im Straßenverkehr vorstellen. Auch können (darauf aufbauend) spätere Konfigurationen der Technik im Nutzungsprozess durch die Anwender*innen individuell vorgenommen und an die Bedürfnisse der jeweiligen Person angepasst werden. Zu denken wäre hier an Privatsphäre-Einstellungen, die in Abhängigkeit von der Kompetenz der Anwender*innen reguliert werden, oder an Zielparameter, die den Wünschen der Nutzer*innen entsprechen. Der Implementationsprozess wird also von diversen dialogischen und partizipativen Prozessen begleitet (vgl. von Unger 2014).

Digitale Ensembles sind in diesen Fällen durch ein Geflecht verteilter Handlungen zwischen Mensch und Technik gekennzeichnet. Der *Technikstatus* ist dadurch gekennzeichnet, dass Technik einen Beitrag zur Zielerreichung leistet und zwar in Abhängigkeit von den menschlichen Aktionen und Interaktionen. Dominante Akteur*innen sind die Nutzer*innen, die die Handlungsvorgaben machen und durch Technik in die Lage versetzt werden, souverän und im Sinne des Sozialen Dienstes zu handeln. Mitunter ist die Mitarbeit einer betreuenden Person nötig, die ebenso Zugriff auf die Technik hat. Auch dieses Verhältnis ist vorab in Bezug auf Zugriffsrechte, Weisungsprinzipien usw. abzustimmen.

Diese dritte Person nimmt vor allem beim *Feedback* eine wichtige Rolle ein. Denn die Informationen und Benachrichtigungen von Apps und Co. sprechen nicht grundsätzlich und stets für sich, sondern werden diskursiv ausgewertet. Die Bewertung des Erfolgs der Maßnahme erfolgt qualitativ und unter Einzelfallbezug. Durch dieses Vorgehen ist die Nachvollziehbarkeit des Technikeinsatzes und der Weiterverwendung der Resultate gegeben. Glaubwürdigkeit von Technik und Leistungserfüllung entfaltet sich gegenüber den Nutzer*innen während des kompletten Nutzungsprozesses.

Ebenso wie im Fall von Lenkung können nicht nur Individuen, sondern auch Kollektive ermächtigt werden. Vorstellbar ist diesbezüglich eine Gruppe von Senior*innen im Quartier oder in einer Kleinstadt, die sich eine virtuelle Kommunikationsplattform aneignet und einsetzt und so neue Handlungsoptionen entwickelt (vgl. Biniok/Menke/Selke 2016). Der Erfolg von Apps und Co. als Empowerer hängt stark von der Kooperation der beteiligten Akteur*innen ab, d. h. nicht nur technische, sondern auch betreuende menschliche Instanzen können Schwachstellen im Dienstleistungsprozess sein.

4 Digitale Dienstbarkeit – oder: Gestaltung digitaler Ensembles

Der Begriff „Dienstbarkeit“ ist aus seiner historischen Entwicklung heraus (spätestens seit der Feudalgesellschaft) im Sinne von Unterwerfung und Untertänigkeit negativ konnotiert. In diesem Beitrag soll diese Terminologie dennoch verwendet werden und in einem positiven Sinn ausdrücken, dass Digitaltechniken einen Nutzen für die Anwender*innen haben und deren Lebensqualität nachhaltig erhöhen (vgl. ähnlich Neubert 2017).[20] Sie sind dienstbar als technische Mittel zur Steigerung von Handlungsoptionen, zur Erweiterung von

20 Dies scheint folgerichtig, denn der Beitrag behandelt Soziale Dienste und diese Formen der Pflege, Fürsorge und/oder Versorgung weisen ein karitatives Moment auf, das in der Terminologie von Assistenz bspw. nicht enthalten ist.

Möglichkeitsräumen und zur Emanzipation der Individuen. Als Instanzen digitaler Ensembles sind Apps und Co. Bestandteile moderner Dienstbarkeitsarchitekturen (4.1), die in ihren Formen und Formationen das Kontinuum digitaler Dienstbarkeit abbilden (4.2) und spezifische Gestaltungskriterien nahe legen (4.3).

4.1 Dienstbarkeitsarchitekturen

Mit Dienstbarkeit ist stets der Dienst durch Personen, also Bedienstete, assoziiert. Herrschaft stützt sich in weiten Teilen auf diese „unsichtbare" Arbeit von Sklav*innen, Diener*innen und Hausangestellten. Jede Herrschaft ist mit Dienerschaft und jede Herrschaftsarchitektur mit *Dienerschaftsarchitektur* verbunden (vgl. Krajewski/Meerhof/Trüby 2017). Während die Herrschaft auf der „Vorderbühne" (vgl. Goffman 1983) performiert wird, halten sich die Diener*innen im Hintergrund. Sie beleben die „Hinterbühne", die sich durch spezifische, kaum sichtbare Strukturen und Architekturen auszeichnet (etwa Tapetentüren und Dienstboteneingänge), so dass die assistiven Funktionen unauffällig und im Geheimen vollbracht werden können. So lange diese dualen Herrschafts- und Architektursysteme bereits bestehen, so lange existiert die Frage nach der realen Herrschaft. Denn je privater und/oder lebensdienlicher die Unterstützungsarbeit ist, desto mehr wächst die Abhängigkeit von der Dienerschaft und umso mehr Macht kommt dieser zu. Zunehmende Technisierung und die Einrichtung zahlreicher digitaler Blackboxes verschärft diese Frage und macht zugleich deutlich, wie wichtig Wissen über Dienerschafts- oder besser: Dienstbarkeitsarchitekturen ist. „Das Wissen um die Macht der Dienstbarkeitsarchitektur ist heute entscheidend, wenn wir die Bedeutung der verborgenen elektronischen Gehilfen für die Informationsgesellschaft oder der logistischen Landschaft für die Dienstleistungsgesellschaft verstehen wollen." (Krajewski 2012, 20)

Die lebendigen Bediensteten werden mehr und mehr durch „stumme" Diener*innen, also jene Objekte und materialisierte*n Assistent*innen substituiert, die bspw. als Kleiderständer starr und widerstandslos ihre Aufgaben erfüllen. Die beabsichtigte Minimierung der Interaktion mit den Bediensteten wird so perfektioniert. Paradoxerweise führt die zunehmende Mechanisierung und vor allem Digitalisierung dazu, dass sich die Herrschenden von ihren technischen Dienern abhängig machen bzw. sich deren Handlungsprogrammen unterordnen. Der *Servant* wird an dem Punkt zum *Server*, wenn digitale Kommunikation und Interaktion über Internetknotenpunkte und zentrale Services gesteuert und zugänglich ist. Dienstleistungen und Soziale Dienste werden (auch) von technischen Instanzen übernommen und/oder liefern einen Beitrag dazu. Diese Instanzen sind die Blackboxes in digitalen Ensembles, die über einfache

Schnittstellen bedient werden und deren eigentliche Arbeit im Verborgenen bleibt.

> „Wie seine historischen Vorläufer operiert der Server in professioneller Unsichtbarkeit. Der Benutzer muss sich daher weder um die Hardware [...] noch um die Software [...] kümmern. In einer derart auf Arbeitsteilung basierten Umgebung ist alles darauf angelegt, dass dem Kommandogeber systematisch entgeht, welcher der Diener die jeweiligen Befehle tatsächlich ausführt, solange ihm der oberste in der Dienstbotenhierarchie irgendwann Vollzug meldet." (Krajewski 2012, 25)

Heutzutage steht nicht Dienstbarkeit, sondern der Dienst im Mittelpunkt. Der Fokus verschiebt sich von der Person, die einen Dienst ausführt, hin zur Person, die einen Dienst in Anspruch nimmt (vgl. Fraisse 2016). Da das Dienstleistungsverhältnis prominent diskutiert wird, treten die Abhängigkeitsverhältnisse in den Hintergrund.[21] *Care* als zeitgenössischer Diskurs setzt an den Paradigmen der Fürsorge und Solidarität an und blendet die Machtverhältnisse aus (vgl. Ostner 2011). Auch Dienst als private Interaktion wird zum (verpflichtenden) gesellschaftlichen Moment, wie die Diskussionen zum „unabdingbaren" Ehrenamt und zur „Freiwilligengesellschaft" vermuten lassen (vgl. Notz 2012; Pinl 2013). Care wird immer stärker im forschungspolitischen Raum positioniert und manifestiert sich in diversen Programmen der Wissenschaftspolitik, die insbesondere die Technisierung von Assistenz vorantreiben.[22]

Die beworbenen Vorteile technischer Dienstleister*innen versperren mitunter den Blick auf die damit verbundenen Mängel. Denn die Fragen nach dem eigentlichen Besitz von Macht stellen sich heutzutage ebenso, wie zur damaligen Zeit – nur unter den veränderten Voraussetzungen digitaler Dienstbarkeitsarchitekturen. Da immer mehr Artefakte und Technik in die Care-Arbeit integriert sind (vgl. Mol/Moser/Pols 2010), sind auch deren Handlungsträgerschaft und die damit verbunden Fragen von Stellvertretung und Empowerment durch Digitaltechniken zu berücksichtigen.

4.2 Kontinuum der digitalen Dienstbarkeit

Digitale Dienstbarkeit bezeichnet die Eigenschaft von Digitaltechnik einen Nutzen zu erbringen. Dieser Nutzen fällt in Abhängigkeit von der Konfiguration eines digitalen Ensembles sehr unterschiedlich aus. Entsprechend der bis-

21 Fraisse fragt stets: „Wie gehen Dienstleistung und Demokratie, häusliche Hierarchie und soziale Gleichberechtigung zusammen?" (https://monde-diplomatique.de/artikel/!245370, 20.12.2018)

22 Vgl. etwa das Forschungsprogramm „Technik zum Menschen bringen" (https://www.bmbf.de/de/technik-zum-menschen-bringen-149.html, 10.01.2019).

herigen Ausführungen ist die Dienstbarkeit bei Apps als Stellvertretern sehr gering. Es handelt sich um Arten einfacher Dienstbarkeit. Bei Apps als Empowerern fällt die Dienstbarkeit hingegen sehr hoch aus und könnte als umfassende(re) Dienstbarkeit verstanden werden. Dies sind die Pole, die das *Kontinuum der Dienstbarkeit* aufspannen, in dem sich bspw. Apps mit eingeschränkter Dienstbarkeit einordnen lassen.[23] Der Grad der Dienstbarkeit ist nicht zu verwechseln mit einer normativen Wertigkeit, denn auch Techniken mit einfacher Dienstbarkeit können Leben retten, sind also wertvoll. Die Bewertung von Stellvertretung und Empowerment ist variabel und Technologien müssen immer im Kontext ihres Einsatzes (und mit Blick auf deren Entstehung) betrachtet werden. Ebenso bedeutet eine hohe Anzahl an integrierten Funktionen nicht gleichzeitig einen höheren Nutzen. Dienstbarkeit ist nicht gleichzusetzen mit Funktionsumfang.

Das Kontinuum der Dienstbarkeit kann an dieser Stelle kaum erschöpfend mit konkreten Fällen von Apps und Co. veranschaulicht werden. Abgesehen davon, dass es nicht Ziel des Beitrags ist, existieren kaum publizierte Studien über Digitaltechnik in Sozialen Diensten, die zugrunde gelegt werden könnten. Vieles befindet sich im Einsatz, ist jedoch nicht evaluiert im Sinne einer Analyse der jeweiligen sozialdienlichen (etwa pädagogischen, therapeutischen oder pflegerischen) Potenziale. Und vieles befindet sich noch im Forschungsstadium.

Dennoch sollen die folgenden drei Beispielskizzen deutlich machen, wie sich Apps innerhalb des und in Bezug auf das Kontinuum/s verorten und einordnen lassen. Apps zur Sicherheitserziehung von (Vorschul-)Kindern (im vorliegenden Fall „Sicher unterwegs“, „Ampelini“, „Children Basic Rule for Safety“, „Basic Safety Rules for Children“, „Safety for Kid“ und „Cruz Roja“) variieren sehr stark in der Vermittlung von Ratschlägen zur Prävention und zum Verhalten bei schon eingetretenen Unfällen.[24] Ein Unterschied besteht u. a. darin, ob Kinder potenzielle Gefahrensituationen in einem Bild selber entdecken können oder lediglich die Möglichkeit haben, eingespielte Elemente anzu-

23 Einfache, eingeschränkte und umfassende Dienstbarkeit sind drei grobe Kategorisierungen. Je nach Bedarf sind viel feinere Differenzierungen denkbar. Ganz ähnlich beschreiben Remi Maier Rigaud und Sarah-Lena Böning ein Kontinuum von Selbst- und Fremdkontrolle (unterteilt in Selbstermächtigung, Aktivierung und Beeinflussung) in ihrer Präsentation „Gesundheits-Apps zwischen Selbstermächtigung und sozialstaatlicher Aktivierung“ bei der DiTeS-Tagung „Apps und Co. zwischen Lenkung und Selbstermächtigung“ 2017 (https://dites.web.th-koeln.de/new/wp-content/uploads/2018/10/tagung2017_boening_maier-rigaud.pdf, 24.03.2020).

24 Vgl. Präsentation „Potenziale frühkindlicher digitaler Sicherheitserziehung“ von Fabian Hemmerich bei der DiTeS-Tagung „Apps und Co. zwischen Lenkung und Selbstermächtigung“ 2017 (https://dites.web.th-koeln.de/dites-veranstaltungen/dites-tagung-2017-apps-co-zwischen-lenkung-und-selbstermaechtigung/potenziale-fruehkindlicher-digitaler-sicherheitserziehung/, 24.03.2020).

tippen. Apps, die eine hohe Eigenaktivität mit der Option eigener Auswahlen und Entscheidungen begünstigen, könnten im Sinne der Lernförderlichkeit im Kontinuumsbereich Empowerment eingeordnet werden. Apps hingegen, die vornehmlich auf starren Wegleitungen durch vorgegebene Bildsituationen und Bildstationen basieren, wären viel eher Stellvertretung. Welcher Vermittlungsansatz implementiert wird, hängt vom digitalen Ensemble ab, das im Entwurfs- und Konstruktionsprozess gebildet wurde, d. h. von den involvierten menschlichen Akteur*innen (Informatiker*innen, Institutionen der Verkehrssicherheit, Pädagog*innen, Kinder, Eltern u. a.) und technischen Instanzen und Artefakten (z. B. App-Ideen, Designkonzepten und Prototypen).

Von solchen digitalen Ensembles, die in den Frühphasen der Digitalisierung existieren, hängt auch der spätere Einsatz ab. So sind bspw. Design-Workshops mit potenziellen Primärnutzer*innen essentiell, um bspw. die Akzeptanz von Apps zu erreichen. Erst solche partizipativen Methoden haben bei der Entwicklung einer Smartphone-App gegen Schulversagen („SELBST!“) die Nutzung gewährleistet.[25] Der gewählte Ansatz „Design for Behaviour Change“ kann verschiedene Formen der Verhaltensänderung adressieren und im Entwurf berücksichtigen: beeinflussen, verführen, nötigen, zwingen. Dienstbarkeit bedeutet bei der vorliegenden App zunächst Unterstützung eines Therapieprogramms. Anhand der Schilderungen ist zu vermuten, dass die App als Stellvertreter modelliert ist. Denn aufgrund eines Münzsystems als Belohnung erfolgt die Nutzung aus einer extrinsischen Motivation heraus und die Bearbeitung notwendiger Aufgaben wird mehrheitlich durch die App initiiert. Dieses Beispiel zeigt allerdings auch, dass bereits einfache Dienstbarkeit einen positiven Effekt haben kann.

Die Einordnung einer App im Dienstbarkeitskontinuum hängt stets vom Einsatzzweck und dem zugehörigen digitalen Ensemble ab. Die Diskussion um Apps beim freiwilligen Engagement im Krisen- und Katastrophenschutz zeigt das besonders anschaulich.[26] Apps können hier zweierlei Funktion erfüllen. Einerseits kann durch die Technik verhindert werden, dass unnötig viele Personen an einem Krisen- oder Katastrophenort zusammen kommen. Andererseits ermöglicht die Technik eine verbesserte Kooperation zwischen professionellen Einsatzkräften und Freiwilligen. Entsprechend dieser Ambivalenz sind

---

25 Siehe dazu die Forschungsaktivitäten von Christian Kohls und die Projektinformation unter https://www.rheinenergiestiftung.de/de/jbw/aktuelles_2/index_1282.php (24.03.2020).

26 Vgl. die Präsentation „Digitale Technologien und freiwilliges Engagement im Krisen- und Katastrophenschutz“ von Jens Hälterlein und Linda Madsen bei der DiTeS-Tagung „Apps und Co. zwischen Lenkung und Selbstermächtigung“ 2017 (https://dites.web.th-koeln.de/dites-tagung-2017/dites-tagung-2017-digitale-technologien-und-freiwilliges-engagement-im-krisen-und-katastrophenschutz, 09.01.2019) sowie die Projektwebseite: https://www.resibes.de (09.01.2019).

Apps und Co. sowohl Stellvertreter, die Menschenströme lenken, als auch Empowerer, die freiwillige Arbeit ermöglichen bzw. unterstützen.

4.3 Gestaltung digitaler Ensembles

Technisierung und *Dienstleistungsarbeit* werden in der Literatur zu Sozialen Diensten als eine Art Gegensatzpaar erachtet, da Technik eindeutig und kausal funktioniert und Dienstleistungen kontingent und situativ erbracht werden. Die Rationalität der Dienstleistung ist von einer steten Ungewissheit gekennzeichnet, die sich aus dem Prozess- und Kommunikationscharakter zwischen Dienstleistungserbringer*in und Dienstleistungsempfänger*in ergibt. In situ finden Aushandlungen statt und werden Entscheidungen getroffen, wie die Leistung produziert und übergeben wird. Zusätzlich besitzen Dienstleistende ein Mandat gegenüber Gesellschaft und Person, das in spezifischen Fällen zu Konflikten führen kann: entweder wenn eine erbrachte Leistung einer Person sehr nützlich ist, jedoch nicht den gesellschaftlichen Forderungen entspricht, oder wenn eine gesellschaftlich normierte Leistung kaum einen individuellen Nutzen hat.

Wie können Apps und Co. gestaltet werden, um bei diesen Unsicherheiten dennoch funktional eingesetzt werden zu können? Damit ist auch die anfängliche Überlegung verbunden, wie Digitaltechnik zwar für viele Personen mit dem gleichen sozialen Problem, aber mit jeweils anderen individuellen Anforderungen konzipiert und implementiert werden kann. Ohne hierauf hinreichende Antworten geben zu können, sei darauf verwiesen, dass die Ausgestaltung der drei Aspekte von digitalen Ensembles (Funktionsausrichtung, Technikstatus und Feedback) den Ausschlag dafür gibt, ob nutzerspezifische Konfigurationen, situative Modifikationen und diskursive Evaluationen während der Nutzung möglich sind oder nicht. Digitale Ensembles mit höherer Dienstbarkeit werden diese Möglichkeiten eher enthalten als Ensembles, die eine einfache Dienstbarkeit aufweisen. Die Verortung von Apps und Co. im Kontinuum digitaler Dienstbarkeit hängt von der Konfiguration des jeweiligen digitalen Ensembles ab. Grundsätzlich lässt sich die These formulieren: Je umfassender die Dienstbarkeit, desto komplexer werden die digitalen Ensembles und desto umfangreicher werden die Gestaltungsprozesse und Einbettungsleistungen.

Unter Rekurs auf die obige Diskussion von Dienst und Dienstbarkeit könnte eine Zielsetzung sein, die digitalen Ensembles im Sinne *emanzipierender Dienstbarkeitsarchitekturen* zu gestalten (vgl. emanzipierende Infrastrukturen in Biniok 2017). Dazu gehören Gestaltungsprozesse auf drei Ebenen. *Erstens* sind digitale Ensembles in Bezug auf zielgruppenspezifische Zwecke und den zukünftigen Einsatz auszuarbeiten (Funktionsausrichtung). Eine solche Kontextualisierung erfordert Aushandlungen zwischen heterogenen Akteur*innen und bildet sich in der soziotechnischen Infrastruktur ab. *Zweitens* sollte Technik im alltäglichen Tun angeeignet werden (Technikstatus). Hard- und Software müssten in ihrer Bedienung und Nutzung beherrschbar und als kompetente Praktiken anwendbar sein. *Drittens* besteht die Notwendigkeit, die mit den technischen Operationen verbundenen Hintergrundprozesse zu verstehen, also die Blackboxes etwas zu öffnen (Feedback). Transparenz über bspw. die Verwendung von Daten oder den Einsatz von Algorithmen ermöglichen eine souveräne Nutzung. Es gilt, sich die bestehenden und zukünftigen Dienstbarkeitsarchitekturen zu vergegenwärtigen, anstatt „blind" auf deren Wirkungsweise zu vertrauen. Pathetisch formuliert, besteht sonst die Gefahr, dass die digitalen Diener*innen die Macht über die menschlichen Akteur*innen erlangen.

5 Fazit: Digitale Dienstbarkeit als Diskursimpuls

Digitaltechnik in Form von Apps und Co. kann nicht für sich betrachtet und analysiert werden. Sowohl im Konstruktions- als auch im Nutzungsprozess sind Apps und Co. stets Bestandteil umfassenderer Interaktions- und Kommunikationszusammenhänge. In Sozialen Diensten werden entsprechend sozialer Problemlagen unterschiedliche Konfigurationen von Mensch und Technik planvoll zusammengestellt, um eine Problemlösung zu erreichen. In diesen digitalen Ensembles finden Aushandlungen zu Bedarf und Akzeptanz von Digitaltechnik statt und es werden Entscheidungen über Funktionalität und Einsatz von Apps und Co. getroffen. Durch die Zusammensetzung der Ensembles und die Ergebnisse der Aushandlungen bestimmt sich eine spezifische Form der Dienstbarkeit von Apps und Co. Das hierzu vorgestellte Konzept digitale Dienstbarkeit besitzt drei Potenziale.

Erstens wird dadurch ein Framework bereitgestellt, das die Einordnung von Apps und Co. nach Dienstbarkeitsmerkmalen erlaubt. Techniken werden so einer ersten Überprüfung hinsichtlich ihrer sozialen Leistung unterzogen, ob diese Wirkung nun offensichtlich (konkrete Anweisung) oder unauffällig (Nudging) generiert wird. Dabei wird ebenfalls relevant, wie Dienstbarkeit erhöht werden kann, wie also weniger Lenkung und mehr Selbstermächtigung möglich wird. Ebenso kann es sinnvoll sein, zu überlegen, in welchen Fällen ein Mehr an Lenkung gewinnbringend ist. Je nach Zielsetzung und Akteurskonstellationen sind hier andere Ergebnisse zu erwarten.

Zweitens weist das Konzept nämlich darauf hin, dass – und das gilt nicht nur für den Bereich Soziale Dienste – Technik für sich betrachtet keine Aussagen über deren Wirkung und „Nebenwirkungen" zulässt. Stattdessen ist die Eingebundenheit der Technik in Konstruktions- und Nutzungszusammenhänge bedeutsam, insbesondere wenn Technik als Akteur (mit Handlungsträgerschaft) verstanden wird. Die Kombination der Ansätze digitaler Ensembles und gradueller Handlungsträgerschaft bietet Potenziale, die verteilten Interaktionsbeziehungen und die Wechselwirkungen von Mensch und Technik stärker zu konkretisieren. Dazu gehört es auch, die Problem- und Bedarfslagen partizipativ und multidisziplinärer zu bestimmen.

Drittens bietet das Konzept in diesem Sinn als „boundary object" (Star 2017) die Chance, sich transversal über Apps und Co. auszutauschen. Das bedeutet nichts anderes als grenzüberschreitende Zusammenarbeit. Denn es fällt auf, dass – nicht nur, aber auch – in Bezug auf Soziale Dienste jedes Fach und jede Community primär die Studien und Ergebnisse der eigenen Kolleg*innen wahrnimmt und es mitunter versäumt, einen Wissenszuwachs durch den „Blick über den Tellerrand" zu erhalten und/oder einen Synergieeffekt zu erzielen durch die Kombination existierender Wissensbestände. Das bedeutet die Erhöhung der Sichtbarkeit von Fach-/Forschungsgebieten, die ähnliche Fragestellungen bearbeiten, und einen gemeinsamen Dialog, um effektiv neues Wissen zu generieren.[27]

Literatur

Akrich, Madeleine (1992): The de-scription of technical objects. In: Bijker, Wiebe E./Law, John (Hrsg.): Shaping technology/building society: Studies in sociotechnical change. Cambridge: MIT Press, 205–224.

Bäcker, Gerhard/Naegele, Gerhard/Bispinck, Reinhard/Hofemann, Klaus/Neubauer, Jennifer (2010): Soziale Dienste. In: Dies. (Hrsg.): Sozialpolitik und soziale Lage in Deutschland. Band 2: Gesundheit, Familie, Alter und Soziale Dienste. Wiesbaden: VS, 505–604.

Bartmann, Christoph (2016): Die Rückkehr der Diener. München: Carl Hanser.

Baumann, Zygmunt/Lyon, David (2013): Daten, Drohnen, Disziplin: Ein Gespräch über flüchtige Überwachung. Berlin: Suhrkamp.

Beck, Ulrich (1986): Risikogesellschaft. Frankfurt/Main: Suhrkamp.

Belliger, Andréa/Krieger, David J. (Hrsg.) (2006): ANThology. Ein einführendes Handbuch zur Akteur-Netzwerk-Theorie. Bielefeld: transcript.

Bijker, Wiebe E. (1997): Of Bicycles, Bakelites, and Bulbs: Toward a Theory of Sociotechnical Change. Cambridge: MIT-Press.

Biniok, Peter (2017): Emanzipierende Infrastrukturen. Wie digitale Teilhabe ausgebaut werden kann. In: Standpunkte 09/2017. Berlin: Rosa-Luxemburg-Stiftung.

Biniok, Peter (2018): Sociotechnical Assistance Ensembles. Negotiations of Needs and Acceptance of Support Technologies. In: Karafillidis, Athanasios/Weidner, Robert (Hrsg.), 17–25.

Biniok, Peter/Hülsmann, Ines (2016): 21st Century Men and the Digital Amalgamation of Life. A Science and Technology Perspective on Lifelogging. In: Selke, Stefan (Hrsg.): Lifelogging. Wiesbaden: Springer, 81–108.

27 Damit hängt natürlich auch und viel wichtiger zusammen, dass eine eher problem- statt fachorientierte Forschungsweise nötig ist.

Biniok, Peter/Lettkemann, Eric (Hrsg.) (2017): Assistive Gesellschaft. Multidisziplinäre Erkundungen zur Sozialform „Assistenz“. Wiesbaden: Springer.

Biniok, Peter/Menke, Iris/Selke, Stefan (2016): Social Inclusion of Elderly People in Rural Areas by Social and Technological Mechanisms. In: Domínguez-Rué, Emma/Nierling, Linda (Hrsg.): Ageing and Technology: Perspectives from the Social Sciences. Bielefeld: transcript, 93–117.

Butzin, Anne/Rehfeld, Dieter/Widmaier, Brigitta (Hrsg.) (2012): Innovationsbiographien. Baden-Baden: Nomos.

Cieslik, Silvana/Klein, Peter/Compagna, Diego/Shire, Karen (2012): Das Szenariobasierte Design als Instrument für eine partizipative Technikentwicklung im Pflegedienstleistungssektor. In: Shire, K. A./Leimeister, J. M. (Hrsg.): Technologiegestützte Dienstleistungsinnovation in der Gesundheitswirtschaft. Wiesbaden: Gabler, 85–110.

Compagna, Diego (2018): Partizipation und Moderne: Nutzerorientierte Technikentwicklung als missverstandene Herausforderung. In: Künemund, Harald/Fachinger, Uwe (Hrsg.): Alter und Technik. Sozialwissenschaftliche Befunde und Perspektiven. Wiesbaden: Springer, 177–206.

Degele, Nina (2002): Einführung in die Techniksoziologie. München: W. Fink.

Evers, Adalbert/Heinze, Rolf G./Olk, Thomas (2011): Einleitung: Soziale Dienste – Arenen und Impulsgeber sozialen Wandels. In: Dies. (Hrsg.): Handbuch Soziale Dienste. Wiesbaden: Springer, 9–32.

Fink, Robin D./Weyer, Johannes (2011): Autonome Technik als Herausforderung der soziologischen Handlungstheorie. In: Zeitschrift für Soziologie 40, H. 2, 91–111.

Fraisse, Geneviève (2016): Service ou servutude – Dienst oder Dienstbarkeit. In: Historische Anthropologie 24, H. 2, 265–271.

Geser, Hans (1989): Der PC als Interaktionspartner. In: Zeitschrift für Soziologie 18, H. 3, 230–243.

Goffman, Erving ([1969]1983): Wir alle spielen Theater. Die Selbstdarstellung im Alltag. 11. Auflage. München: Piper.

Hergesell, Jannis (2017): Assistive Sicherheitstechniken in der Pflege von an Demenz erkrankten Menschen In: Biniok, Peter/Lettkemann, Eric (Hrsg.), 203–222.

Herriger, Norbert (2014): Empowerment in der Sozialen Arbeit. Stuttgart: Kohlhammer.

Karafillidis, Athanasios/Weidner, Robert (Hrsg.) (2018): Developing Support Technologies. Integrating Multiple Perspectives to Create Assistance that People Really Want. Cham: Springer.

Krajewski, Markus (2012): Vom Servant zum Server. Die Herrschaft der stummen Diener und elektronischen Gehilfen. In: Arch+. Zeitschrift für Architektur und Städtebau 205, 20–25.

Krajewski, Markus/Meerhof, Jasmin/Trüby, Stephan (Hrsg.) (2017): Dienstbarkeitsarchitekturen. Zwischen Sercive-Korridor und Ambient Intelligence. Tübingen: Wasmuth.

Krüger, Julia/Lischka, Konrad (2018): Damit Maschinen den Menschen dienen. Gütersloh: Bertelsmann Stiftung.

Langer, Andreas/Eurich, Johannes/Güntner, Simon (2018): Neue Technologien und Technisierung als Innovation in sozialen Dienstleistungen. In: Dies.: Innovation Sozialer Dienstleistungen. Wiesbaden: Springer, 75–86.

Latour, Bruno (1999): Pandora’s hope: essays on the reality of science studies. Cambridge: Harvard University Press.

Ley, Thomas/Seelmeyer, Udo (2017): Informationstechnologien im Kontext vorbeugender Sozialpolitik in NRW. Düsseldorf: Forschungsinstitut für gesellschaftliche Weiterentwicklung e.V.

Luhmann, Niklas (1991): Der Sonderfall Hochtechnologie. In: Ders.: Soziologie des Risikos. Berlin/New York: De Gruyter, 93–110.

Mead, George Herbert (1983): Das physische Ding. In: Ders.: Gesammelte Aufsätze. Band 2. Frankfurt/Main: Suhrkamp, 225–243.

Mol, Annemarie/Moser, Ingunn/Pols, Jeannette (Hrsg.) (2010): Care in Practice: On Tinkering in Clinics, Homes and Farms. Bielefeld: transcript.

Neubert, Christoph (2017): Software/Architektur. Zum Design digitaler Dienstbarkeit. In: Krajewski, Markus/Meerhof, Jasmin/Trüby, Stephan (Hrsg.), Dienstbarkeitsarchitekturen. Zwischen Sercive-Korridor und Ambient Intelligence. Tübingen: Wasmuth, 424–462.

Notz, Gisela (2012): „Freiwilligendienste" für alle. Neu-Ulm: AG SPAK Bücher.

Ostner, Ilona (2011): Care – eine Schlüsselkategorie sozialwissenschaftlicher Forschung? In: Evers, Adalbert/Heinze, Rolf G./Olk, Thomas (Hrsg.), Handbuch Soziale Dienste, Wiesbaden: Springer, 461–481.

Oudshoorn, Nelly/Pinch, Trevor (2003): How Users Matter: The Co-Construction of Users and Technology. Cambridge: MIT Press.

Pinl, Claudia (2013): Freiwillig zu Diensten. Frankfurt/Main: Nomen.

Rammert, Werner (2007): Technik – Handeln – Wissen. Zu einer pragmatischen Technik- und Sozialtheorie. Wiesbaden: VS.

Rammert, Werner/Schulz-Schaeffer, Ingo (2002): Technik und Handeln. Wenn soziales Handeln sich auf menschliches Verhalten und technische Abläufe verteilt. In: Dies. (Hrsg.): Können Maschinen handeln? Soziologische Beiträge zum Verhältnis von Mensch und Technik. Frankfurt/Main: Campus, 11–46.

Richter, Caroline/Mojescik, Katharina (2017): Stille Post: Vertrauen und Aktionsmacht in der personellen Assistenzdyade. In: Biniok, Peter/Lettkemann, Eric (Hrsg.), 123–142.

Schubert, Cornelius (2006): Die Praxis der Apparatemedizin. Ärzte und Technik im Operationssaal. Frankfurt/Main: Campus.

Schirrmacher, Frank (Hrsg.) (2015): Technologischer Totalitarismus. Berlin: Suhrkamp.

Schürer, Oliver (2017): Korridor, Kabel und einige Kippmomente der kollektiven Imagination von Dominanz und Dienlichkeit. In: Krajewski, Markus/Meerhof, Jasmin/Trüby, Stephan (Hrsg.), Dienstbarkeitsarchitekturen. Zwischen Sercive-Korridor und Ambient Intelligence. Tübingen: Wasmuth, 288–329.

Selke, Stefan/Biniok, Peter (2015): Assistenzensembles in der Gesellschaft von morgen. In: VDE (Hrsg.): 8. AAL-Kongress. Berlin: VDE, 50–56.

Stadler, Wolfgang (Hrsg.) (2018): Mehr als Algorithmen. Digitalisierung in Gesellschaft und Sozialer Arbeit. Weinheim und Basel: Beltz Juventa.

Star, Susan Leigh (2017): Grenzobjekte und Medienforschung. Bielefeld: transcript.

Szmukler, George/Appelbaum, Paul S. (2008): Treatment pressures, leverage, coercion, and compulsion in mental health care. In: Journal of Mental Health 17, Heft 3, 233–244.

Van de Ven, Andrew Henry/Polley, Douglas/Garud, Raghu/Venkataraman, Sankaran (1999): The Innovation Journey. Oxford: Oxford University Press.

Von Unger, Hella (2014): Partizipative Forschung. Wiesbaden: Springer.

Weber, Max (1922): Wirtschaft und Gesellschaft. Tübingen: Mohr.

Aware-IT/Care-IT: Die Folgen des technologisch Unbewussten für unser Subjektverständnis

Gabriele Gramelsberger

1 Einleitung: Zäsuren der Digitalisierung

Die technologische Entwicklung der letzten Jahre ist durch die verstärkte Userzentrierung des vernetzt Digitalen charakterisiert: Smartphones, Apps und soziale Medien operieren global auf individualisierter Ebene. Voraussetzung dafür ist die sich seit den 1990er Jahren transformierende Konstitution des Medialen. Die klassischen Medien (Print, Radio, Fernsehen, Internet) werden dadurch zunehmend marginalisiert, während soziale Netze und mobile Plattformen das Sagen übernehmen. Diese medialen Transformationen führen einerseits zu einer Neuausrichtung der (Kommunikations-)Sphäre des Sozialen als auch des technologischen Selbstverständnisses des Individuums; andererseits vollzieht sich dies durch einen präzedenzlosen Datenmonopolismus der sogenannten *Big Five* – Google, Facebook, Amazon, Microsoft und Apple (vgl. Manjoo 2016). Deren Datenmonopolismus ist die Folge der Digitalisierung des Medialen, die sich – retrospektiv betrachtet – in drei Zäsuren unterteilen lässt.

Abbildung 1: Zäsuren der digitalisierten Medien

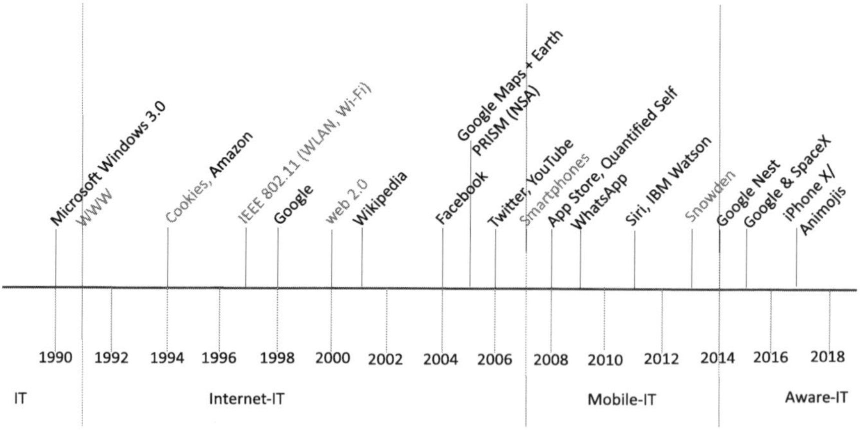

Obwohl diese Zäsuren zwar technologisch bedingt sind, haben sie grundlegende soziale, individuelle und mediale Verschiebungen zur Folge (vgl. Abb. 1).

1.1 Internet-IT

Die erste Zäsur erfolgte mit der Einführung des World Wide Web im Jahr 1991 und mit der damit einhergehenden Vernetzung der *stand-alone*-Geräte der Informationstechnologie (IT). IT transformierte sich in Internet-IT, auch wenn das Internet selbst älter ist als das World Wide Web. Doch mit dem World Wide Web halten Algorithmen flächendeckendend Einzug in die Gesellschaft und ermöglichen den medialen Charakter vernetzter Computer in Form von Websites, Blogs oder Podcasts. Dabei ist es noch gar nicht so lange her, dass Microsoft im Jahr 1990 sein erstes wirklich erfolgreiches Betriebssystem vermarktete (Windows 3). Ebenso erstaunlich ist, dass bereits kurz nach der Einführung des World Wide Web mit Cookies die grundlegende Erinnerungstechnologie in die verborgene Struktur der Hypermedialität eingeschrieben und damit das aus der Wissenschaft stammende World Wide Web geschäftsfähig gemacht wurde. Entsprechend erfolgten die Gründung der ersten Internetkonzerne mit Amazon in 1994 und Google in 1998; gefolgt von Facebook in 2004, Google Maps und Earth in 2005, Twitter und YouTube in 2006. Obwohl der erste IEEE-WLAN-Standard aus dem Jahr 1997 stammte, wurde bereits 2000 vom Web 2.0 gesprochen. Das ermöglichte 2001 sowohl kollektive Projekte wie Wikipedia als auch 2005 staatliche Überwachungsprogramme wie PRISM der U.S. National Security Agency (vgl. Beuth 2013). Schon 1997 wagten Stefan Münker und Alexander Roesler in ihrem Band *Mythos Internet* eine erste Bestandsaufnahme. Im Vorwort schrieben sie:

> „Wie kaum eine andere zeitgenössische technologische Entwicklung repräsentiert das Internet die ebenso grundlegenden wie weitreichenden Veränderungen, welche die digitale Revolution für die gesellschaftlichen Kommunikationsverhältnisse bedeutet. Diese Veränderungen sind *grundlegend*, weil sie die mediale Basis des aufkommenden Informationszeitalters festlegen und damit zugleich die Parameter der unterschiedlichsten Formen sozialer, kultureller, politischer und ökonomischer Interaktion neu definieren; sie sind *weitreichend*, weil sich der Ausbau der Informationsgesellschaft auf eine einzigartige Weise synchron im globalen Rahmen vollzieht“ (Münker/Roesler 1997, 7, Hervorhebungen im Original).

Neben der globalen Verschaltung faszinierte die Medientheoretiker damals vor allem die Hypermedialität des Internets und deren Interaktivität im Modus der „Appräsenz“: „Die medienstrukturelle Besonderheit des World Wide Web liegt nicht zuletzt in dieser gegenüber der Face-to-face-Kommunikation und dem Telefon neuartigen Dimension einer gleichsam appräsenten, von meiner realen

Anwesenheit unabhängigen Interaktivität. Die plurale Verfassung unserer Identität wird dadurch offensichtlich“ (Sandbothe 1997, 67).

1.2 Mobile-IT

Die grundlegende und weitreichende Basis des Internets hat sich seither in ungeahnter Weise transformiert. Galt das World Wide Web als *der* ultimative neue Medienkanal, der alle anderen Medien in sich vereinte – wie es Friedrich Kittler für den Computer als Supermedium prognostiziert hatte (vgl. Kittler 1986; Schröter 2016), so wird das World Wide Web ab 2004 von den sozialen Medien zunehmend abgelöst. Solange diese jedoch nur via PCs zugänglich waren, hielt sich deren Wirkmacht in Grenzen. Für die Freisetzung ihres vollen Potenzials bedurfte es einer zweiten Zäsur, die in der mobilen Verschaltung von Individuum und digitaler Welt bestand. Technologisch ermöglicht wurde diese Verschaltung 2007 durch das erste erfolgreiche Smartphone, das Apple iPhone; gut eine Dekade später besitzen zwei Drittel der Menschheit ein Smartphone (vgl. Bouwman 2018).

Die Einführung der Smartphones transformierte Internet-IT in Mobile-IT; und Mobile-IT folgt seither einer anderen Logik als das World Wide Web. Exemplarisch zeigte sich dies an der Einführung des ersten App-Stores in 2008, an Applikationen wie WhatsApp in 2009 und Snapchat in 2011 sowie an der Speicherung der mobilen Daten in der Cloud ab Ende der 1990er Jahre, die jedoch erst ab 2006 mit Amazons *Elastic Compute Cloud* an Dynamik gewann (vgl. Regalado 2011). In dieser neuen Kommunikationslogik haben die gigantischen Datensammlungen einzelner IT-Unternehmen ihren Ursprung. Heute laden wir jede Minute mehr als 243.000 Fotos auf Facebook, 65.000 Fotos auf Instagram und über 210.000 Snaps auf Snapchat hoch. In derselben Minute werden via Google 3,8 Millionen Suchabfragen losgeschickt, via Twitter mehr als 350.000 Tweets versandt und via WhatsApp 29 Millionen Nachrichten verschickt (vgl. Brandt 2018). Dieser kollektive Datenwahnsinn wird durch intuitive Interfaces, wie die natürliche Sprache, immer einfacher auslebbar. 2010 wird mit Siri von Apple der Sprachzugang zur mobilen Welt en vouge; gefolgt 2014 von Amazons Alexa – beide interessanter- wie bedenklicherweise „ganz in der Tradition des dienstbaren weiblichen Geistes“ (Angerer/Bösel 2015, 54; Bergemann 2018).

Nirgends zeigt sich die Transformation der Appräsenz deutlicher als in der sich seit 2007 formierenden *Quantified Self*-Bewegung. Die individuelle Selbstüberwachung durch Fitness-Tracker und Fitness-Apps hat zu einer Verdatung des individuellen Körpers geführt, die bis dahin Ärzt*innen und Krankenhäusern vorbehalten war. Durch die permanente Anbindung an die App-Technologie und der dahinterliegenden Cloud-Speicherung der Daten wurde nicht nur die Selbstkontrolle eigener Fitness-Leistungen möglich, sondern nebenbei konstituierte sich ein neues Verständnis des Subjekts als Datensubjekt. Messdaten wie Herzfrequenz, Blutdruck und Kalorienverbrauch amalgamieren mit Personendaten zu Größe, Gewicht und Alter sowie statistischen Auswertungen und Community-weiten Mitteilungen. Diese „Verdatung von Körper- und Verhaltensfunktionen zielt auf die Herstellung eines Individuums ‚that becomes a knowable, calculable and administrable object' " (Shove et al. 2012, zitiert nach Reichert 2015, 66). *Quantified Self* ist aber auch das Paradebeispiel für die weitere Entwicklung der digitalisierten und vernetzten Medien, die seit einiger Zeit an Fahrt aufnimmt und die am treffendsten als Aware-IT bezeichnet werden kann. Aware-IT stellt dabei nicht nur eine weitere Zäsur dar, sondern läutet eine Zeitenwende ein.

1.3 Aware-IT

Aware-IT meint einerseits das viel zitierte Internet der Dinge, das 2019 mehr als 14 Milliarden Objekte vernetzen soll und 2021 bereits 25 Milliarden (vgl. gartner.com, 2019). Andererseits meint Aware-IT die Tendenz, dass mehr und mehr dieser vernetzten Objekte keine primären Mediengeräte mehr sind, sondern Messinstrumente, die jederzeit und überall Daten über ihre Umgebung als auch über Betreiber*innen erheben. In Smartphones sind heutzutage fast ein Dutzend Sensoren verbaut, darunter Beschleunigungssensoren, Magnetometer, Barometer und Sonare. Es gibt Annäherungssensoren, die die Bildschirmbeleuchtung und die Touch-Funktion abschalten, sobald man das Gerät an den Kopf hält. Es gibt Lichtsensoren, die die Umgebungshelligkeit erfassen. Doch alleine diesen beiden Sensoren können wesentlich mehr: Sie machen Körperfunktionen messbar. „Nach Apples Vorstellung," so aus einem Artikel eines Technologiemagazins, „können so schon Puls, Blutdruck, Körperfettanteil, Sauerstoffsättigung und Durchblutung ermittelt werden" (Becker 2017, o.S.). Wie klein diese Sensoren sind, erkennt man an dem Barometer, der in der aktuellsten Smartphone-Version des zitierten Herstellers verbaut ist: Er misst gerade einmal 2,5 mal 2 Millimeter und ist nicht einmal einen Millimeter hoch.

Doch Smartphones leisten in punkto Aware-IT noch wesentlich mehr. Die „revolutionäre" Neuerung der 2017er Smartphone-Version von Apple war ein Infrarot-Sensor, der aktiv mit einer Auflösung von 30.000 Punkten sowohl Gesichter wie auch die Umgebung permanent scannen und eine „präzise Tiefenkarte" erstellen kann, wie es in der Einführungswerbung hieß (vgl. apple.com/chde/iphone/). Eine automatische Gesichtserkennung läuft dabei ebenso ab, wie eine Gefühlserkennung. Das alles wird „Face-ID" genannt. „Face ID," so ein Artikel eines weiteren Technologiemagazins, „setzt auf die True-Depth-Kamera, welche im Notch [Aussparungen im Display] untergebracht ist. In dem kleinen Bereich sind neben der Selfie-Kamera mit 7 Megapixeln, eine Infrarotkamera, der Infrarotbeleuchter, der Punktprojektor, der Umgebungslicht- und Näherungssensor sowie Lautsprecher und ein Mikrofon untergebracht. Dieses System erlaubt in Kombination mit dem A11 Bionic eine Gesichtserkennung in Millisekunden“ (Eilhard 2017, o.S., Anmerkung der Autorin). Aware-IT ist durch Smartphones nahezu identisch mit der Kolonialisierung der Privatsphäre durch die IT-Unternehmen geworden. Dieser Trend verstärkt sich durch das Internet der Dinge weiter, das aus Objekten besteht, die ihre Umwelten und eigenen Zustände messen und an Unternehmen übermitteln. Dabei dringen sie als intelligente *Home Devices* wie Thermostate und Feuermelder direkt in den innersten Bereich des Privaten vor: in das Haus und inmitten des Familiären.

2 Neue Konstellationen?

Die beschriebenen Zäsuren von Internet-IT über Mobile-IT zu Aware-IT sind technologisch bedingt. Die Frage ist jedoch, welche grundlegenden sozialen, individuellen und medialen Verschiebungen diese Zäsuren zur Folge haben. Wie verändern sie das Interaktionsverhältnis von Mensch und Welt? Wie rekonfigurieren sie die Kommunikationssphäre des Sozialen? Und welche neuen Akteursdifferenzierungen schreiben sich in das Soziale ein?

2.1 Ikonoklastische Sensortechnologien

Die auffälligste mediale Folge der skizzierten Transformationen ist die Umformung der Medialität in Sensorialität. Die „Techno-Bilder“, wie sie Vilém Flusser in den 1990ern noch als maßgeblich für das digitale Medienuniversum charakterisierte (vgl. Flusser 1997), werden heute von puren Datenströmen und Datenanalytiken abgelöst. Die Folge ist, dass das Mediale nicht mehr bildgewaltig in Form von techno-imaginären Welten präsentiert wird, sondern dass sich die Appräsenz in die Daten verlagert. Das digitalisiert Mediale verschwindet dabei zweifach unterhalb der Schwelle menschlicher Wahrnehmung: zum einen in die Unanschaulichkeit der ikonoklastischen Sensortechnologien, zum anderen in deren Hyperfluidität (vgl. Gramelsberger 2016; Kasprowicz/Gramelsberger 2019). Das Gesetz dieser Entwicklung scheint zu lauten: Je rasanter das Ausmaß der Datensammlungen anwächst, desto unerfahrbarer werden diese für Menschen.

Konstituierte sich das Mediale bislang durch die Funktion des Erfahrbarmachens in Form von Bildern und Tönen, so ist diese Funktion in digitalisierten Medien nachgelagert und keineswegs mehr zwingend erforderlich. Die Unanschaulichkeit der ikonoklastischen Sensortechnologien bedarf einer zweiten Medialisierung, um der anthropogenen Anschauung gerecht zu werden. Vorgelagert hingegen ist die Generierung sowie die Algorithmen-basierte Erfassung und Verarbeitung von Daten. Der Fokus liegt dabei auf der Verarbeitung von Daten, ihrer Auswertung sowie ihrer Augmentierung. Der von William Uricchio 2011 ausgerufene *Algorithmic Turn* folgt seiner eigenen Maschinenlogik, die an Uricchios Beispiel der Bildgenerierungssoftware *Photosynth* deutlich wird (vgl. Uricchio 2011; Manovich 2013). Diese Software errechnet aus den Bilddaten digitale 3D-Szenerien, die jedoch nur teilweise mit den digitalen Fotos oder mit der entsprechenden realen Szenerie etwas zu tun haben. Denn es sind weniger die Inhalte der digitalen Bilder als die Justierungen des digitalen, Computerchip gesteuerten Fotoapparats wie die Linsencharakteristik, die Hell-Dunkel-Verteilung etc., aus welchen mit Hilfe von Algorithmen 3D-Szenen konstruiert werden. Realität wird durch das Computationale – interpretiert aus den Metadaten – augmentiert. Was für digitale Fotos recht ist, ist für die Augmentierung persönlicher Daten nur billig. Mobile Echtzeit-Interaktionen werden permanent in Form statistischer Auswertungen und Musteranalysen interpretiert, bevor die Inhalte auf den Endgeräten angekommen sind. Diese Metadatenspuren sind das Kapital von Aware-IT, das durch twittern, whatsappen, facebooken und googeln permanent proaktiv ergänzt wird.

Dass dies immer reibungsloser vonstattengeht, dafür sorgt die „Hyperfluidität" der ikonoklastischen Sensortechnologien (vgl. Gramelsberger 2016). Hyperfluidität bezeichnet die Prozessualität im Nanosekundenbereich, die mit der Kennzahl der Rechenoperationen zu tun hat. Aktuelle Supercomputer führen über 100 Milliarden Operationen pro Sekunde aus (vgl. top500.org). Diese Hyperfluidität hat verschiedene Auswirkungen. Eine Folge ist die schiere Schnelligkeit der Datenprozessierung, die weit unterhalb der menschlichen Wahrnehmungsschwelle liegt. Waren Medien früher zeitlich an der menschlichen Wahrnehmung orientiert, so liegt der datenökonomische Vorteil der ikonoklastischen Sensortechnologien gerade in ihrer ungeheuren Schnelligkeit. Dies lässt sich am alten Medium Film verdeutlichen: Ein Film lässt 24 Bilder pro Sekunde mit einer Geschwindigkeit von 456 Millimeter pro Sekunde ablaufen. Nur 24 Bilder; und dennoch können wir die Bilder als Einzelne nicht mehr wahrnehmen. Der Bewegtbildeffekt besteht gerade darin, dass 24 Bilder pro Sekunde für uns eine kontinuierliche Bewegung ergeben. Menschliche Wahrnehmung unterliegt aus Perspektive der Algorithmen einer unglaublich geringen Auflösung und Geschwindigkeit.

Doch was bedeutet es, wenn wir mit Systemen konfrontiert sind, die Milliarden von Operationen pro Sekunde ausführen? Bestes Beispiel ist hierfür die Börse. Der Computerhandel dominiert heute den Aktienhandel und ist so schnell, dass innerhalb von Sekundenbruchteilen Unmengen an Aktien ge- und verkauft werden. Auf diese Weise können Algorithmen viel Geld gewinnen wie verlieren; wie 2012, als ein Algorithmus an der US-amerikanischen Börse 440 Millionen Dollar in 45 Minuten verzockte (vgl. Sokolov 2018). Was für uns Echtzeit ist, ist für digitalisierte Medien unfassbar langsam. Während wir chatten, analysieren Algorithmen im Hintergrund Unmengen an Daten über uns, unsere Umgebung und unsere digitale Historie, ohne dass wir etwas mitbekommen. Das inspiriert eine neue Form des Kapitalismus als Datenkapitalismus, der in der Ausbeutung der menschlichen Langsamkeit gründet. Ein Dienst wie beispielsweise Facebook – und das ist nur ein beliebiges Beispiel – organisiert nicht nur das eine Petabyte an Transaktionen der 1,5 Milliarden Nutzer*innen pro Tag; sondern wertet diese Transaktionen komplett aus. All dies läuft unterhalb unserer Wahrnehmungsschwelle ab, während wir parallel dazu ganz gemütlich chatten, surfen oder telefonieren.

2.2 Das technologisch Unbewusste

Diese Entwicklungen lassen die Sensorialität des Medialen so selbstverständlich erscheinen, dass seit einiger Zeit vom „technologisch Unbewussten" (vgl. Clough 2000; Thrift 2004) respektive von der Environmentalität des Medialen gesprochen wird (vgl. Hörl 2011). Dies ist kein Zufall, folgt Aware-IT der Logik von Mark Weisers Vision des *Ubiquitious Computing.* Weiser – Informatiker am Forschungszentrum von Xerox Park in Palo Alto, Kalifornien – hatte 1991 einen vielbeachteten Artikel mit dem Titel *The computer for the 21st century* veröffentlicht. Seine Vision beschrieb er wie folgt: „The most profound technologies are those that disappear. They weave themselves into the fabric of everyday life until they are indistinguishable from it" (Weiser 1991, 94). Dieses Verweben der Technologie in die globale Alltagswelt durch immer kleinere und zunehmend personalisierte Geräte hat die Rede vom technologischen Unbewussten aufkommen lassen.

2004 sprach der Geograph Nigel Thrift vom technologisch Unbewussten im Kontext eines sich ausbreitenden „space of anticipation" (Thrift 2004, 175). Die massive Verbreitung digitalisierter Medien, deren computationaler Ursprung im Hintergrund virulent ist, führe dazu, „[that] computing is moving into the environment as it becomes possible to connect up all kinds of computing activity. […Computation] will be located everywhere in constantly shifting and adapting peer-to-peer networks" (ebd., 182, Anmerkung der Autorin). Berechnungen wiederum ermöglichen eine Kontext- und User-sensitive Lokalisierung. Das Unbewusstwerden digitalisierter Medien und Technologien folgt in Thrifts Lesart Martin Heideggers Konzept der Zuhandenheit: „It will become a new kind of surface, fitted to activity-in-context like a glove is fittet to a hand" (ebd., 185). Zuhandenheit, die bei Heidegger die intuitive und selbstverständliche Nutzung von Werkzeugen als „Seinsart von Zeug, in der es sich von ihm selbst her offenbart" beschreibt, überträgt sich durch die Vernetzung der digitalisierten Medien auf die gesamte Welt, die zur performativen Infrastruktur wird (Heidegger, [1927] 2006, 69).

Bereits vor Thrift sprach die Soziologin Patricia Clough in ihrem Buch mit dem Titel *Auto-Affection: Unconscious Thought in the Age of Teletechnology* vom technologisch Unbewussten (vgl. Clough 2000). Im Unterschied zu Thrift nahm Clough jedoch Bezug auf die Teletechnologien, allen voran das Fernsehen. Technizität, so die Diagnose von Clough, sei zum Träger von „unconscious thought" geworden (ebd., 17). Clough referierte dabei auf Jacques Derridas Konzept der Technik als Träger des Unbewussten, insofern Technik den natürlichen Schaltkreis des Stimme-Gehör-Kreislaufs erweitere. Während der natürliche Schaltkreis von Derrida als „giving-oneself-a presence" verstanden wurde, führen die technischen Kreisläufe Distanz und Delegation von subjektiver Präsenz ein (Derrida 1976, 65). Es ist diese Differenz zwischen natürlichen und technischen Kreisläufen, die Clough zur Leitdifferenz der Bildmedien erklärte, wobei sich das Unbewusste, mit Vilém Flusser gesprochen, in die „techno-imaginäre Welten" des Digitalen verschob (Flusser 1997, 27) respektive an die Technik wie digitalen Medien delegierte. Die Bilddominanz der Teletechnologien führte jedoch nicht nur eine Distanz in die subjektive Präsenz ein, sondern machte das Subjekt zu einem Teil der global umspannenden „network imaginations" (Heath 1991, 294).

2.3 Onlineismus

Doch diese Distanz der Bildmedien löst sich durch die ikonoklastischen Sensortechnologien auf, ohne das Subjekt aus der globalen Vernetzung zu entlassen. Im Gegenteil: Die „network imaginations" der Teletechnologien erweiterten sich voluminant durch die „network data" der 14 Milliarden Objekte des Internets der Dinge. Die meisten davon sind sehr klein und messen als Supersensoren – wie bereits beschrieben – alles, was in ihrer unmittelbareren Nähe ist. Da wir sie meist 24 Stunden, 7 Tage die Woche an haben, können sie das auch rund um die Uhr tun. Online zu sein, scheint schon fast zur „Bürger*innen-Pflicht" zu werden. Die Folge ist, dass wir permanent im Hier und Jetzt gehalten werden, insofern sich Smartphones so gut wie nicht mehr ausschalten lassen. Dabei ist unerheblich, ob wir selbst offline sind, solange unsere Geräte als „digitale Schatten" unserer selbst online sind (Schuh et al. 2016). Dies ist die Folge einer neuen Akteur*innendifferenzierung, insofern das *Quantified Self* immer auch ein *Quantified Other* ist (vgl. Olson 2015). Als Quantified Others stehen wir im Zentrum der Geschäftsmodelle des Datenkapitalismus. Auch dies ist kein Zufall, war doch das erklärte Ziel der U.S.-Roadmap des Internets der Dinge von 2008 folgendes: 2015 bis 2020 „locating people and everyday objects", 2017 bis 2025 „teleoperation and telepresence: ability to control and monitor distant objects" (SRI 2008, Appendix F). Mit dieser Roadmap veräußerte die Politik die Polis ihrer Bürger*innen an die IT-Unternehmen, allen voran an die *Big Five*.

3 Neue Subjektivationen

Aus den skizzierten Transformationen des Medialen ergeben sich neue Bedingungen für die Verfasstheit menschlicher Subjektivität. Nichts ist jedoch schwieriger, als Feststellungen über die eigenen Subjektivationen zu treffen. Dennoch lassen sich erste Beobachtungen über das, was sich im Subjektverhältnis verändert, machen. Dies wiederum ermöglicht es, auf die Bedingungen der neuen Formen der Lenkung wie auch Selbstermächtigung offenzulegen.

3.1 Affektive Verschaltung

Die erste Beobachtung ist, dass sich die Maschinenrationalität der ikonoklastischen Sensortechnologien zunehmend „menschlicher" gestaltet. Die Versprachlichung der Interfaces mit Siri, Alexa und anderen Sprachprogrammen ist ein entscheidender Schritt in diese Richtung, das *Affective Computing* ist ein weiterer (vgl. Picard 1997). Sprache wie Affekte sind intuitiver als Tastaturen oder die Mouse. Insbesondere die emotionale Gestaltung der technologischen Medien – Avatare, Roboter, Virtual Humans – hat sich in den letzten Jahren rasant entwickelt (vgl. Gramelsberger 2020a, 2020b). Indem digitalisierte Medien unsere Gefühlsäußerungen erkennen lernen, sind sie zunehmend in der Lage, Gefühle so auszudrücken, dass sie zunehmend „natürlich" wirken. Die wichtigste Inputquelle ist dabei die menschliche Gesichtsmimik, die mit Algorithmen quantifiziert seit längerem interpretierbar geworden ist. Grundlage ist das bereits in den 1970er Jahren von den Psychologen Paul Ekman und Wallace Friesen entwickelte *Facial Action Coding System* (FACS) (vgl. Ekman/Friesen 1976). Ekman und Friesen identifizierten sieben Basisemotionen, die kulturübergreifend von allen Menschen erkannt und mimisch ausgedrückt werden: Fröhlichkeit, Wut, Ekel, Furcht, Verachtung, Traurigkeit und Überraschung (vgl. Ekman et al. 1972). Diese Basisemotionen zeigen sich im Zusammenspiel mehrerer Mikromimiken des Gesichts, die willentlich nur schwer unterdrückt werden können. Ein*e trainierte*r Beobachter*in kann anhand der Mikromimiken auf die Gefühlsgrundlage eines Gegenübers rückschließen und eben dies lässt sich mittlerweile an Maschinen delegieren (vgl. Cohn/De la Torre 2015). Gesichtserkennungssoftware, wie sie zur Überwachung an öffentlichen Plätzen verwendet wird, kann sehr einfach mit einer Emotionserkennung erweitert werden. Ebenso einfach lässt sich die Emotionserkennung nutzen, um Avatare, Roboter oder Virtual Humans in ihrer Gesichtsmimik emotional zu modulieren. Der Trick dabei ist, die Maschinen respektive technologischen Medien empathisch am menschlichen Gegenüber lernen zu lassen. „In general, emotional architectures for robots (and virtual agents) seek inspiration from the way humans and other species perceive, reason, learn, and act upon the world" (Paiva et al. 2015, 298). Nachahmung oder Konditionierung sind hier die adäquaten Strategien, um eine möglichst „natürliche“ Mimik algorithmisch zu simulieren. Emotionsanalysen und -generierungen gehören heute fast schon zum medialen Alltag. Facebook analysiert retrospektiv alle Fotografien und Videos auf emotionale Gehalte und entsprechende Apps wie *us* + interpretieren in Echtzeit den Sprach- und Gesichtsausdruck in Telefongesprächen und geben Rückmeldung an die Sprecher*innen zur Verbesserung der Kommunikation.

3.2 Aware-IT als Care-IT

Die zweite Beobachtung ist, dass die ikonoklastischen, aber zunehmend affektiven Sensortechnologien (Aware-IT) uns mehr und mehr „umsorgen“ (Care-IT). Adaptivität wird dies im Sprachgebrauch der Informatiker*innen und Ingenieur*innen genannt. Apps sorgen für uns, indem sie uns ermahnen gesund zu essen, sich fit zu halten oder den Blutdruck im Auge zu behalten. Sie sorgen dafür, dass sich die Heizung hochreguliert, kurz bevor wir nach Hause kommen; der Kühlschrank alle nötigen Bestellungen bereits ausgeführt hat; der Online-Handel schon einmal vorsorglich das verschickt, was wir morgen vermutlich bestellen werden. Wie auch immer diese Realisierungen und Visionen benannt werden – *Smart Home, Quantified Self, Predictive Shipping* – das Versprechen der Fürsorge und Hilfestellung geht dabei mit drei Bedingungen einher. Zum einen mit der Bedingung einer gesteigerten Sensorialisierung, denn solche Hilfestellung benötigt möglichst umfassende Informationen über uns, unsere Umwelt und über den Zustand der Technologien selbst. Zum zweiten mit der Bedingung der konnotativen Doppelperspektivität dieser Sensorialisierung. Wie der lateinische Ursprung *prō-cūrāre* „für etw. Sorge tragen; pflegen“ nicht verheimlicht, geht es dabei auch um „verwalten“. Es ist diese Doppelperspektivität, die „Care“ schnell zu „Aware“ mutieren lässt und dabei die aktuelle Bühne für neue Formen der Selbstermächtigung, aber auch Lenkung und Überwachung schafft. Zum dritten ist „Care“ sehr viel umfassender zu verstehen, wie Beispiele aus der technologiegestützten Pflege oder der *Quantified Self*-Bewegung nahelegen. Technik wird durch „(Für-)Sorge“ generell affektiv vermenschlicht, da vermeintlich „einfühlsam“ auf unsere Bedürfnisse eingegangen wird. Die Frage, welche Folgen dies für die Subjektkonstitution in naher Zukunft haben wird, lässt sich daher wie folgt reformulieren: Wer hat die Entscheidungshoheit über die Parameter der technologischen Einfühlsamkeit? Wo genau verläuft die Grenze zwischen Selbstermächtigung und Lenkung?

3.3 Algorithmische Hermetik

Dies führt zur dritten Beobachtung, dass die maschinelle Autonomie auf algorithmischen Entscheidungen basiert, die durch unser aktuelles Verhalten getriggert werden oder – ‚vorsorglich‘ – bereits für uns getroffen wurden. Doch

Algorithmen können immer nur auf Basis definierter Entscheidungslogiken genormte Entscheidungen treffen, sei dies in der Pflege, dem autonomen Fahren oder in den Empfehlungslisten der Online-Portale. Dabei lassen sich zwei Problembereiche feststellen: Zum einen das Missverständnis, „that algorithms automatically result in unbiased decisions“ (Caplan et al. 2018, 2), zum anderen die Hermetik einer algorithmisch vorsortierten Welt des Digitalen. Beide Problembereiche greifen grundlegend in das Verhältnis von Lenkung und Selbstermächtigung ein.

Unter dem Begriff der *Algorithm Accountability* wird seit einiger Zeit die Frage nach der Entscheidungshoheit über die Parameter techniklogischer Entscheidungen gestellt. Diese beschäftigt auch das Europäische Parlament, das mit der *General Data Protection Regulation* (GDPR) von 2019 in § 22 die Offenlegung algorithmischer Entscheidungen fordert (EU GDPR 2016; Goodman/Flaxman 2016): „The data subject shall have the right not to be subject to a decision based solely on automated processing, including profiling, which produces legal effects concerning him or her or similarly significantly affects him or her“ (EU GDPR 2016, § 22). Hintergrund dieser Direktive ist die Einsicht, dass techniklogische Entscheidungen oft mit Diskriminierung einhergehen. Dies liegt in der Natur der algorithmischen Datengenerierungen und damit der quantifizierten Selbstkonstitutionen, denn zum einen werden Individuen anhand von Durchschnittsverteilungen bewertet; zum anderen werden Ontologien auf Basis existierender Daten generiert (vgl. Barocas/Selbst 2016). Eine Common Sense Datenontologie wie *Concept Net* schreibt bestehende Definitionen durch Internet-Datamining fest; wie vorurteilsbehaftet auch immer diese sind (vgl. Angele et al. 2015). Dies macht deutlich, dass Algorithmen, obwohl mathematisch-quantitativ in ihrem Verfahren, „an ‚opinion embedded in mathematics‘ “ sind (O’Neil 2016, zitiert nach Caplan et al. 2018, 2). Lenkung ist hier als individuelle Diskriminierung zu verstehen, die fatale Folgen für Einzelne haben kann. Dies führt zum zweiten Problembereich des *Technological Redlining*, das die Hermetik einer algorithmisch vorsortierten Welt verdeutlicht. „Technological redlining is a form of digital data discrimination, which uses our digital identities and activities to bolster inequality and oppression. It is often enacted without our knowledge […]“ (Noble 2018, 3). Diese Hermetik geht mit der Marginalisierung von Gruppen einher, die durch Parametersetzungen ausgeschlossen werden. Lenkung ist hier eher als kollektive Diskriminierung zu verstehen (vgl. Pasquale 2015).

4 Fazit: Lenkung und/oder Selbstermächtigung

Die technologischen Entwicklungen seit den 1990er Jahren haben grundlegende neue Konstellationen in Form der Sensorialisierung des Medialen, des

Unbewusstwerdens des Technischen sowie dessen permanenter Gegenwärtigkeit zur Folge. Dass dies Einfluss auf unser Subjektverständnis hat, liegt auf der Hand. Denn je adaptiver und „opaker" die digitalen Medien werden, die uns im Alltag rund um die Uhr umgeben, desto öfter werden Menschen ihr Recht auf Autonomie einfordern müssen (vgl. Angele et al. 2015). Dies betrifft nicht nur den Autonomieverlust durch maschinelle Lenkung und Übergriffigkeit, sondern auch die Autonomie in der Wahl der Selbstermächtigung. Denn wenn sich ubiquitäre Technologie als basaler Akt der Selbstermächtigung noch nicht einmal mehr ausschalten lässt und Technologie insgesamt perzeptiv unbewusst wird, dann transformieren wir uns in „Online-Organismen." Als Online-Organismen hält uns das environmental Technische im Hier und Jetzt zunehmend zentriert und diese Zentrierung gestaltet sich durch emotionale wie adaptive Empathie zunehmend menschlich vertrauter. Doch dies bedeutet eine existenzielle Verschiebung in der anthropologischen Grundverfassung unseres Subjektverständnisses.

1928 charakterisierte der Philosoph Helmuth Plessner Menschen durch deren Dezentrierung (exzentrische Positionalität) im Unterschied zu Tieren, die im Hier und Jetzt zentrisch verankert sind (vgl. Plessner, [1928] 1975). Diese Dezentrierung ergibt sich aus der Doppelaspektivität des Menschen, der sich seiner selbst wie auch seiner Umwelt voll bewusst ist. Dadurch verschiebt sich die Konstitution des Subjekts vom Innersten an seine Peripherie, an die Grenze zur Umwelt. Plessner hatte aus dem Umstand des Menschen als „grenzrealisierendes Wesen" und dessen Doppelaspektivität zweierlei gefolgert: Zum einen die Differenzierung der Erscheinungsweisen der Welt als Außenwelt, Innenwelt und Mitwelt; zum anderen die drei von Plessner so genannten „anthropologischen Gesetze": Erstens das Gesetz von der natürlichen Künstlichkeit; dass der Mensch nicht natürlich seinen Instinkten, sondern einer künstlich-gesetzten normativen Ordnung folgt. Sprache, Gesellschaft, Kultur, Politik und mehr sind hier zu verorten. Zweitens das Gesetz von der vermittelten Unmittelbarkeit, insofern die Unmittelbarkeit der zentrischen Organisationsform im Hier und Jetzt, wie sie für Tiere typisch ist, durch seine Doppelaspektivität verloren geht bzw. sich in Vermitteltheit transformiert. Diese Vermitteltheit bedarf des Medialen! Plessner geht hier zwar nur auf die Expressivität der Sprache ein, was 1928 nicht anders zu erwarten war, doch heute ist diese Vermitteltheit um eine Medientheorie zu erweitern. Schließlich drittens das Gesetz vom utopischen Standort, insofern die Doppelaspektivität des Menschen den natürlichen Standort in der Welt (jetzt und hier) grenzenlos ins Utopische erweitert. „Utopisch" ist dabei als Kontingenz des Sicht- und Erlebbaren zu denken; „als ob" man sich beliebig in Raum und Zeit bewegen könne, ohne den konkreten Standort zu verlassen.

Das Mediale verdankt sich der natürlichen Künstlichkeit ebenso wie der vermittelten Unmittelbarkeit und dem utopischen Standort des Menschen.

Doch mit der Digitalisierung des Medialen, seiner Sensorialisierung wie auch Verstetigung im permanenten Hier und Jetzt erzwingt Aware-IT die Re-Zentrierung seiner User als Online-Organismen – ob persönlich oder durch die Stellvertretung des digitalen Schattens. Die Folge dieses Onlineismus ist die permanente Präsenz wie auch die Verstetigung der Gegenwart. Geräte nicht mehr ausschalten zu können und User so lange wie möglich in der digitalen Welt zu halten, ist daher die wirkmächtigste Form der Lenkung von Apps und Co.

Literatur

Angele, Christin/Rosenblat, Alex/Boyd, Danah (2015): Courts and Predictive Algorithms. http://www.law.nyu.edu/sites/default/files/upload_documents/Angele%20Christin.pdf, abgerufen am 7.5.2019.

Angerer, Marie-Luise/Bösel, Bernd (2015): Capture All, oder: Who's Afraid of a Pleasing Little Sister? In: Zeitschrift für Medienwissenschaft 13, 48–56.

Barocas, Salon/Selbst, Andrew D. (2016): Big data's disparate impact. In: California Law Review 104, doi: 10.2139/ssrn.2477899.

Becker, Leo (2017): Apple-Patent: iPhone-Sensoren erfassen Körperdaten. In: Heise-online, 08.08.2017. https://www.heise.de/mac-and-i/meldung/Apple-Patent-iPhone-Sensoren-erfassen-Koerperdaten-3795605.html, abgerufen am 7.5.2019.

Bergemann, Ulrike (2018): biodrag. Turing-Test, KI-Kino und Testosteron. In: Christoph Engemann/Andreas Sudmann (Hrsg.): Machine Learning – Medien, Infrastrukturen und Technologien der Künstlichen Intelligenz, Bielefeld: transcript, 338–364.

Beuth, Patrick (2013): Das Wichtigste zu Prism und XKeyscore. In: Die Zeit online, 12.7.2013. URL: https://www.zeit.de/digital/datenschutz/2013-07/faq-nsa-skandal, abgerufen am 7.5.2019.

Bouwman, Vanessa (2018): Digital in 2018: Die Anzahl der Internetnutzer weltweit knackt die 4 Milliarden Marke. In: wearesocial.com, 30.1.2018. URL: https://wearesocial.com/de/blog/2018/01/global-digital-report-2018, abgerufen am 7.5.2019.

Brandt, Mathias (2018): 60 Sekunden im Internet. In: Statista, 7.3.2019. URL: https://de.statista.com/infografik/13156/das-passiert-in-60-sekunden-im-internet/, abgerufen am 7.5.2019.

Caplan, Robyn/Hanson, Lauren, Donovan, Joan, Matthews, Jeanna (2018): Algorithmic Accountability: A Primer. Tech Algorithm Briefing: How Algorithms Perpetuate Racial Bias and Inequality (Prepared for the Congressional Progressive Caucus, April 2018). Washington, D.C.: Data & Society.

Clough, Patricia T. (2000): Auto-Affection: Unconscious Thought in the Age of Teletechnology. Minneapolis: University of Minnesota Press.

Cohn, Jeffrey F./De La Torre, Fernando (2015): Automated Face Analysis for Affective Computing. In: Calvo, Rafael et al. (Hrsg.): The Oxford Handbook of Affective Computing. Oxford: Oxford University Press, 131–149.

Eilhard, Holger (2017): Apple: Deshalb ist der Notch des iPhone X die ausgereifteste Technologie aller Zeiten. In: Giga.de, 09.12.2017. https://www.giga.de/smartphones/iphone-x/news/apple-deshalb-ist-der-notch-des-iphone-x-die-ausgereifteste-technologie-aller-zeiten/, abgerufen am 7.5.2019.

Ekman, Paul/Friesen, Wallace V./Ellsworth, P. (1972): Emotion in the human face: Guidelines for research and a review of findings. New York: Pergamon Press.

Ekman, Paul/Friesen, Wallace V. (1976): Measuring Facial Movement. In: Environmental Psychology and Nonverbal Behavior 1, H. 1, 56–75.

European Parliament/Council of the European Union (2016): General Data Protection Regulation. Brüssel: European Union.

Flusser, Vilélm (1997): Medienkultur. Frankfurt/Main: Fischer.

Gartner.com (2019): Gartner Identifies Top 10 Strategic IoT Technologies and Trends. In: gartner.com, 7.11.2018. URL: https://www.gartner.com/en/newsroom/press-releases/2018-11-07-gartner-identifies-top-10-strategic-iot-technologies-and-trends, abgerufen am 7.5.2019.

Goodman, Bryce/Flaxman, Seth (2016): European Union regulations on algorithmic decision-making and a „right to explanation". In: arXiv: 1606.08813v3.

Gramelsberger, Gabriele (2016): Es schleimt, es lebt, es denkt – eine Rheologie des Medialen. In: Zeitschrift für Medien- und Kulturforschung – Medien der Natur 7, H. 2, 155–167.

Gramelsberger, Gabriele (2020a): Affective Computing. In: Martina Heßler/Kevin Liggeri (Hrsg.): Handbuch Technikanthropologie. Baden-Baden: Nomos.

Gramelsberger, Gabriele (2020b): Emotion Mark-up Language – Die Maschinenlesbarkeit menschlicher Expressivität. In: Martina Heßler (Hrsg.): Technikemotionen. Paderborn: Schöningh (im Druck).

Heath, Stephen (1991): Representing Television. In: Mellencamp, Patricia (Hrsg.): Logics of Television: Essays in Cultural Criticism, Bloomington: Indiana University Press, 267–302.

Heidegger, Martin ([1927] 2006): Sein und Zeit. Tübingen: Niemeyer.

Hörl, Erich (Hrsg., 2011): Die technologische Bedingung. Beiträge zur Beschreibung der technischen Welt. Berlin: Suhrkamp.

Kasprowicz, Dawid/Gramelsberger, Gabriele (2019): Die Einschreibung möglicher Dinge. Zwei Urszenen der Computergrafik und eine ontographische Schneise. In: Zeitschrift für Medien- und Kulturforschung – Ontographie 10, H. 1, 119–132.

Kittler, Friedrich (1986): Grammophon Film Typewriter, Berlin: Brinkmann & Bose.

Manjoo, Farhad (2016): Tech's „Frightful 5" Will Dominate Digital Life for Foreseeable Future. In: The New York Times, 20.1.2016. URL: https://www.nytimes.com/2016/01/21/technology/techs-frightful-5-will-dominate-digital-life-for-foreseeable-future.html, abgerufen am 7.5.2019.

Manovich, Lev (2013): Software Takes Comand. New York u. a.: Bloomsbury.

Münker, Stefan/Roesler, Alexander (Hrsg., 1997): Mythos Internet. Frankfurt/Main: Suhrkamp.

Noble, Safiya Umoja (2018): Algorithms of Oppression: How Search Engines Reinforce Racism. New York: NYU Press.

Olson, Parmy (2015): The Quantified Others: Nest and Fitbit Chase A Lucrative Side Business. In: forbes.com, 26.7.2015.

O'Neil, Cathy (2016): Weapons of Math Destruction. Largo, MD: Crown Books.

Picard, Rosalind (1997): Affective Computing. Cambridge: The MIT Press

Paiva, Ana/Leite, Iolanda/Ribeiro, Tiago (2015): Emotion Modeling for Social Robots. In: Rafael Calvo/Sidney D'Mello/Jonathan Gratch/Arvid Kappas (Hrsg.): The Oxford Handbook of Affective Computing. Oxford: Oxford University Press, 297–307.

Pasquale, Frank (2015): The Black Box Society: The Secret Algorithms That Control Money and Information. Cambridge: Harvard University Press.

Plessner, Helmuth ([1928] 1975): Die Stufen des Organischen und der Mensch. Einleitung in die philosophische Anthropologie. Berlin, New York: de Gruyter.

Regalado, Antonio (2011): Who Coined „Cloud Computing"? In: MIT Technology Review, 31.10.2011. https://www.technologyreview.com/s/425970/who-coined-cloud-computing/, abgerufen am 7.5.2019.

Reichert, Ramon (2015): Digitale Selbstvermessung. Verdatung und soziale Kontrolle. In: Zeitschrift für Medienwissenschaft 13, 66–77.

Sanbothe, Mike (1997): Interaktivität – Hypertextualität – Transversalität. Eine medienphilosophische Analyse des Internet. In: Stefan Münker/Alexander Roesler (Hrsg.): Mythos Internet. Frankfurt/Main: Suhrkamp, 56–82.

Schröter, Jens (2016): Intermedialität, Medienspezifik und die universelle Maschine. In: theorie-der-medien.de. URL: https://www.theorie-der-medien.de/text_druck.php?nr=46, abgerufen am 7.5.2019.

Schuh, Günther/Walendzik, Pia/Luckert, Melanie/Birkmeier, Martin/Weber, Anja/Blum, Matthias (2016): Keine Industrie 4.0 ohne den Digitalen Schatten. In: ZWF Zeitschrift für wirtschaftlichen Fabrikbetrieb 111, H. 11, 745–748.

Shove, Elizabeth/Pantzar, Mika/Watson, Matt (2012): The Dynamics of Social Practice. Everyday Life and How it Changes. London: SAGE Publications.

SRI Consulting Business Intelligence/National Intelligence Council (2008): Disruptive Civil Technologies. Six Technologies with Potential Impacts on US Interests out to 2025, National Intelligence Officer for Science and Technology 2008. URL: https://fas.org/irp/nic/disruptive.pdf, abgerufen am 7.5.2019.

Sokolov, Daniel (2018): Aktienhandels-Software verzockt 440 Millionen Dollar in 45 Minuten. In: Heise-Online, 4.8.2012. URL: https://www.heise.de/newsticker/meldung/Aktienhandels-Software-verzockt-440-Millionen-Dollar-in-45-Minuten-1660142.html, abgerufen am 7.5.2019.

Thrift, Nigel (2004): Remembering the technological unconscious by foregrounding knowledges of position. In: Society and Space 22, 175–190.

Uricchio, William (2011): The Algorithmic Turn: Photosynth, Augmented Reality and the Changing Implications of the Image. In: Visual Studies 26, 25–35.

Weiser, Mark (1991): The computer for the 21st century. In: Scientific American 265, H. 3, 94–104.

Digitalisierung als Chance der Sozialen Arbeit – Ein Beispiel aus der Arbeit mit Menschen mit Behinderung

Robert Lehmann & Thomas Voit

1 Einleitung

Der Begriff „Digitalisierung" hat sich in den letzten Jahren zu einem gesamtgesellschaftlichen Schlagwort entwickelt. Während auf der „großen Bühne" der Bundespolitik bereits von 2010 bis 2013 in der Enquete-Kommission „Internet und digitale Gesellschaft" (2010–2013) und in der „Digitalen Agenda der Bundesregierung" (2014–2017) weitreichende Überlegungen zu Auswirkungen und Gestaltung des Prozesses der Digitalisierung angestellt wurden (vgl. Bundesministerium des Inneren u. a. 2017), wurde in der Sozialen Arbeit lange Zeit lediglich in Teilbereichen, wie dem Management sozialer Einrichtungen (vgl. z. B. Kreidenweis 2005) oder der Onlineberatung (vgl. z. B. Reindl 2009), Expertise in der Nutzung digitaler Technologien entwickelt. Auf der Ebene des umfassenden Theoriediskurses erfolgte jedoch lange Zeit keine Diskussion der Möglichkeiten und Grenzen digitaler Technologien für die Soziale Arbeit. Die Publikationen, die sich dieses Themas annehmen, stellen vor allem Risiken der neuen Technologien dar (z. B. Kutscher 2017) oder befassen sich auf einer sehr metatheoretischen Ebene mit dem Thema (z. B. Beranek et al. 2015).

Der vorliegende Artikel möchte einen anderen Weg gehen. Wir halten es für entscheidend, dass zuerst die Soziale Arbeit ihre Ansprüche und Bedürfnisse formuliert. Erst dann sollte sie sich mit den verschiedenen Möglichkeiten der Digitalisierung auseinandersetzen und ggf. mit wissenschaftlichen Disziplinen in den Dialog treten, die darin Expertise aufweisen (z. B. Informatik oder Elektrotechnik).

Dann kann interdisziplinär geprüft werden, wie Elemente der Digitalisierung so eingesetzt werden können, dass für die Soziale Arbeit ein realer Nutzen entsteht. Dies wird im vorliegenden Artikel exemplarisch anhand der Problematik von Menschen mit dem Prader-Willi Syndrom (PWS) gezeigt. Dabei handelt es sich um eine reale Projektidee, für deren Realisierung aktuell Ressourcen akquiriert werden. Das Vorgehen und der Aufbau des Artikels orientiert sich an der Logik der Sozialarbeitswissenschaftstheorie nach Staub-Bernasconi (2018). Zunächst wird mittels der Bedürfnistheorie geklärt, warum es sich beim verwendeten Beispiel um eine Fragestellung der Sozialen Arbeit handelt und in welchen Problemdimensionen Handlungsbedarf besteht. Darauf aufbauend wird anhand des „Transformativen Dreischritts" nach Bunge (1999) das relevante wissenschaftliche Wissen zur Problematik der Personen mit PWS und einer eventuell geeigneten Intervention in konkrete Handlungsleitlinien übertragen. Daraufhin wird dargestellt, wie die entwickelten Handlungsleitlinien in eine digitale Lösung überführt werden können. Zum Abschluss wird nochmal explizit herausgearbeitet, warum eine sozialarbeitswissenschaftliche Fundierung in der Auseinandersetzung mit digitalen Technologien nötig ist.

2 Exemplarische Problemstellung: Gewichtsmanagement bei Menschen mit dem Prader-Willi-Syndrom

Menschen mit dem Prader-Willi-Syndrom (PWS) verfügen über kein Sättigungsgefühl. Weiterhin führt der Gendefekt, der diesem Syndrom zugrunde liegt, zu Einschränkungen bei der Lernleistung und zu Störungen im Sozialverhalten. Um die körperliche Gesundheit sicherzustellen, muss bei sehr vielen Menschen mit PWS die Nahrungsaufnahme streng kontrolliert werden. Außerdem müssen die Betroffenen zu sportlichen Aktivitäten angehalten werden, um die aufgenommene Energie möglichst schnell abzubauen (vgl. Butler et al. 2006). Die dazu notwendigen Interventionen und Regeln werden meist von Eltern oder Betreuer*innen in Einrichtungen der Behindertenhilfe festgesetzt. Durch diese Fremdkontrolle wird die Beziehung zwischen den betroffenen Personen und ihrem engeren Umfeld oft stark belastet (vgl. Bull 2015). Daher wäre eine Lösung, die die betroffenen Personen unabhängig von den Bezugspersonen in ihrem Gewichtsmanagement unterstützt, sehr zu begrüßen.

Auf den ersten Blick erscheint das Konzept der Gamification, das derzeit vor allem unter den Vorzeichen der Digitalisierung diskutiert wird, sehr geeignet. Unter Gamification ist die Nutzung von spielerischen Prinzipien in spielfremden Kontexten zu verstehen (vgl. Detterding et al. 2011). In mehreren Lebensbereichen konnten bereits Erfolge im Feld der Motivationssteigerung erreicht werden (vgl. Hamari et al. 2014). Es besteht Grund zur Hoffnung, dass durch eine Gamification-Anwendung für Menschen mit PWS positive Wirkungen, insbesondere bei der Motivation zu gesundheitsförderlichem Verhalten erzielt werden können.

3 Sozialarbeitswissenschaftlich fundierte Konzeption einer digitalen Intervention

In der Sozialen Arbeit ist das Theorie-Praxisproblem immer wieder Gegenstand der Diskussion (vgl. z. B. Borrmann 2006). Gerade in einer handlungsorientierten Profession wie der Sozialen Arbeit ist theoretisches Wissen sowohl zur Reflexion von Praxis notwendig als auch als Grundlage für praktisches Handeln, wenn es in handlungsorientiertes Wissen transformiert wird (vgl. Borrmann 2016). Dieser Prozess wird exemplarisch anhand der Sozialarbeitstheorie von Silvia Staub-Bernasconi dargestellt.

3.1 Allgemeine Darstellung der Theorie von Staub-Bernasconi

Die Sozialarbeitstheorie von Silvia Staub-Bernasconi wurde in ihren frühen Werken als „systemisch-prozessualer Ansatz" (Staub-Bernasconi 1995) bezeichnet. In der Rezeption in Lehrbüchern ist diese Bezeichnung nach wie vor geläufig (vgl. z. B. Erath/Balkow 2016). Sie selbst lehnt in ihren aktuellen Werken diese Einteilung von Theoriefamilien ab und spricht nur noch von einer Handlungstheorie, die auf verschiedenen wissenschaftlichen Paradigmen aufbaut. Die nach wie vor sehr starken Bezüge auf Bunge (1998) und Obrecht (2005) lassen jedoch nach wie vor die Einordnung der Theorie in die Familie der systemischen Theorien zu.

Die dem Ansatz zugrunde liegende Bedürfnistheorie differenziert Bedürfnisse in biologische, psychische und soziale Bedürfnisse (vgl. Staub-Bernasconi 2018, 177). „Ein Mensch fühlt sich vollumfänglich glücklich, wenn er oder sie davon ausgehen kann, alle Bedürfnisse und Wünsche befriedigen zu können" (Bunge 1998, 144). Dabei unterscheidet die Theorie Bedürfnisse von Wünschen dahingehend, dass die Befriedigung von Bedürfnissen für gewöhnlich eine Sättigungsgrenze aufweist, die von Wünschen nicht.

Im Falle des PWS wird diese Problematik besonders deutlich, da aufgrund der fehlenden körperlichen Rückmeldung zum Sättigungszustand der Wunsch nach Nahrung unverändert hoch bleibt, unabhängig vom tatsächlichen Sättigungszustand. Bisher liegt die Verantwortung für die Gestaltung des Gewichtsmanagements bei den direkten Betreuer*innen (vgl. Whittington/Holland 2010, 442). Diese müssen mit verschiedenen Methoden den Betroffenen deutlich machen, dass eine Befriedigung des Wunsches nach Essen nur in Maßen möglich ist. Aufgrund der Stärke des Wunsches bei den Betroffenen und der mit dem PWS einhergehenden Besonderheiten auf der Persönlichkeitsebene ist dies ein sehr konfliktträchtiges Unterfangen, das sowohl quantitativ als auch qualitativ die Beziehung zwischen den Beteiligten stark beeinträchtigt. Damit wird die Befriedigung des elementaren sozialkulturellen Bedürfnisses (vgl. Staub-Bernasconi 2018, 178f.) der Betroffenen nach emotionaler Zuwendung schwer belastet. Hier wird die Grundannahme des systemischen Paradigmas, dass Individuen für die Befriedigung ihrer Bedürfnisse existenziell auf Mitgliedschaften in sozialen Systemen angewiesen sind (vgl. ebd., 179), exemplarisch besonders deutlich. Die Zuständigkeit der Sozialen Arbeit beginnt dann, wenn individuelle und kollektivierte Problemlösungsversuche scheitern (vgl. ebd., 210f.). Im Falle der Personen mit PWS kann nicht allgemein von einem Scheitern gesprochen werden. Die bestehenden Hilfsangebote funktionieren und stellen die körperliche Integrität der Betroffenen sicher. Da die bisherige Handlungsweise jedoch die oben beschriebenen Nebenwirkungen aufweisen, ist es legitim zu prüfen, inwiefern digitale Technologien Problemlösungen ermöglichen, die insgesamt vergleichbare oder bessere Hauptwirkungen bei vergleichbaren oder geringeren Nebenwirkungen erzielen. Als Systematisierung für diese Prüfung schlägt Staub-Bernasconi (ebd. 290ff.) den „Transformatorischen Dreischritt" nach Bunge (1996, 1998, 1999) vor. Hierin sieht sie die Möglichkeit, das wissenschaftliche Wissen der Sozialen Arbeit und der verschiedenen Bezugsdisziplinen anhand (professions-)ethischer Überlegungen in konkrete Handlungsleitlinien für die Praxis zu übersetzen.

3.2 Erster Schritt: Formulierung des Problems und Würdigung des Forschungsstandes

Die Problemstellung wurde in Kapitel 2 bereits angerissen. Pointiert kann sie folgendermaßen beschrieben werden: Wie können Menschen mit dem PWS optimal darin unterstützt werden, ihre Nahrungsaufnahme und ihren Kalorienverbrauch zu regulieren? Zur weiteren Klärung sind nun die verschiedenen wissenschaftlichen Erkenntnisse rund um die Thematik zu referieren. Dabei wird zunächst das Verständnis von Behinderung und dem PWS dargestellt. Daran anschließend wird das theoretische Wissen rund um Gamification diskutiert.

Grundsätzliches Verständnis von „Behinderung"

Der Terminus „Behinderung" wird in der Alltagssprache nach wie vor zur Beschreibung von Beeinträchtigungen in verschiedenen Lebensbereichen verwendet, wie sie auch bei Menschen mit PWS vorliegen. In der aktuellen Fachdiskussion scheint sich jedoch der Ansatz zur Internationalen Klassifikation der Funktionsfähigkeit (ICF) der Weltgesundheitsorganisation (WHO) als Standard zu etablieren (vgl. Schmitt-Schäfer/Keßler 2014). Diese Definition betrachtet Behinderung aus einer bio-psycho-sozialen Perspektive und beschreibt problematische Wechselbeziehungen individueller Faktoren mit Umweltfaktoren, die sich in bestimmten Situationen zeigen. So wird „Behinderung" nicht mehr als Störung bei der betroffenen Person verstanden, sondern es werden bei bestimmten Aktivitäten Beeinträchtigungen festgestellt, die aus dem Wechselspiel von Gesundheits- und Kontextfaktoren entstehen (vgl. Deutsches Institut für Medizinische Dokumentation und Information 2005). In diesem Sinne sollen auch die verschiedenen Aspekte des PWS betrachtet werden.

Prader-Willi-Syndrom

Beim Prader-Willi-Syndrom (PWS) handelt es sich um einen Defekt am Chromosom 15, der zu starken Beeinträchtigungen der betroffenen Personen führt (vgl. Butler et al. 2006). Eine maßgebliche Problematik, die für Menschen mit dem PWS besteht, liegt in der fehlenden Appetitsteuerung und muskulärer Hypotonie (vgl. Butler et al. 2007). Darüber hinaus konnten Butler und Kolleg*innen (2006) zeigen, dass Menschen mit PWS einen deutlich geringeren Grundumsatz an Energie haben, als eine Vergleichsgruppe ohne PWS. Zusätzlich deuten einige Befunde darauf hin, dass auch der Kalorienverbrauch bei Menschen mit PWS erschwert ist. So konnten Nordstrøm und Kolleg*innen (2013) in einer accelerometerbasierten Studie nachweisen, dass sich Menschen mit PWS in Norwegen deutlich weniger körperlich betätigen, als eine Vergleichspopulation. Auch im Vergleich zu einer Population von Menschen mit Trisomie 21 war der Anteil an körperlicher Betätigung bei Menschen mit PWS deutlich geringer.

Außerdem werden bei den betroffenen Personen Beeinträchtigungen in der Interaktion mit der Umwelt festgestellt. So neigen Menschen mit PWS häufig zu unkontrollierten Wutausbrüchen und selbstverletzendem Verhalten (vgl. Bull 2015). Abweichungen von bestehenden Routinen scheinen für sie ebenfalls eine sehr große Herausforderung darzustellen. Schließlich haben sie Schwierigkeiten beim Lernen und der damit einhergehenden Partizipation. In diesem Zusammenhang wird der durchschnittliche Intelligenzquotient (IQ) von Menschen mit PWS als geringer als der Bevölkerungsdurchschnitt angegeben (55–70 IQ) (vgl. Butler et al. 2007).

Die Kombination aus fehlendem Sättigungsgefühl, relativ geringem Energieverbrauch und wenig Bewegung macht Maßnahmen zum Gewichtsmanagement für die Zielgruppe unbedingt erforderlich. Die Beeinträchtigungen bei der Interaktion mit der Umwelt führen dazu, dass sehr spezialisierte Maßnahmen nötig sind, die weit über einfache Diätpläne hinausgehen.

Die wenigen bisher dokumentierten Ansätze entwickeln sehr individualisierte Maßnahmen zum Gewichtsmanagement, wie zum Beispiel Maglieri und Kolleg*innen (2000), die in einem Fall die erfolgreiche Kontrolle von Nahrungsmitteldiebstählen durch operantes Konditionieren beschreiben. Auch Singh und Kolleg*innen (2008) sowie Storch und Kolleg*innen (2011) beschreiben Ansätze, die mit verhaltenstherapeutischen Methoden versuchen, das Problem zu bearbeiten. In einer etwas größeren Studie befragte Allen (2011)

Eltern und Betreuer*innen von 20 Menschen mit PWS nach ihren Strategien im Umgang mit deren spezifischen Problemen. Alle Befragten gaben an, dass die beste Strategie, die betroffenen Personen vom (Nachdenken über) Essen und herausfordernden Verhaltensweisen abzuhalten darin besteht, die Personen mit anderen Dingen zu beschäftigen.

Diese Befunde unterstützen Ergebnisse von Lehmann und Schorer (2016), die im Kontext von E-Learning Angeboten für Menschen mit Lernschwierigkeiten herausarbeiten, dass didaktische Ansätze, die sich an eher behavioristischen (vgl. Swanson et al. 1999) und handlungsorientierten (vgl. Speck 2012) Konzepten orientieren, bei dieser Zielgruppe sehr erfolgversprechend sind.

Gamification

Auch wenn die Idee, pädagogische Prozesse oder andere Verhaltensmodifikationen spielerisch zu gestalten, keineswegs neu ist, erfolgte die wissenschaftliche Auseinandersetzung mit der Nutzbarmachung von Spielelementen in anderen Kontexten erst in jüngerer Zeit und hauptsächlich im Kontext digitalisierter Anwendungen. So definieren Deterding und Kolleg*innen (2011) Gamification als Übertragung von Spiel-Design-Elementen aus Unterhaltungsspielen in spielfremde Kontexte. Werbach (2014) ergänzt diese Definition um die Sichtweise von Gamification als Prozess, der Aktivitäten dem Spielen ähnlicher macht. Das Ziel dieses Prozesses liegt in der Erzeugung von spieltypischen Nutzungserlebnissen.

Daher integriert Sailer diese und andere Aspekte in eine umfassende und doch pointierte Definition von Gamification, die den weiteren Ausführungen zugrunde liegt: „Gamification ist ein Prozess der spielerischen Gestaltung von Aktivitäten in einem spielfremden Kontext durch die Verwendung von Spiel-Design-Elementen“ (ebd. 2016, 18). Der Begriff der „Spiel-Design-Elemente“ ist dabei der Schlüssel zum Verständnis, wie Gamification ausgestaltet werden kann. Der wichtigste Aspekt ist der des Spiels. Nach Deterding und Kolleg*innen (2011) wird Spiel hier insbesondere als regelgebundene Aktivität verstanden, die auf ein konkretes Ziel ausgerichtet ist.

Der Aspekt der Nutzbarmachung von Spielelementen für andere Anwendungen impliziert, dass es sich bei Gamification nicht um die Entwicklung von vollwertigen Spielen handelt, sondern um die Anwendung von Elementen im gewählten Handlungskontext. Damit soll Gamification von serious games abgegrenzt werden. Dies ist allerdings nicht trennscharf möglich (vgl. Deterding et al. 2011). Die Begriffskomponente „Design“ bezieht sich auf spezifische und charakteristische Spielelemente (vgl. Sailer 2016). Diese sind sehr vielfältig, was eine abschließende Auflistung nahezu unmöglich macht (vgl. Deterding et al. 2011). Einige Design-Elemente werden in der Literatur jedoch sehr häufig rezipiert und haben das landläufige Verständnis von Gamification besonders geprägt: Punkte, Abzeichen, Bestenlisten, Leistungsgraphen, Narrativ und Avatar. Diese müssen nicht alle Teil einer Gamification-Anwendung sein, sondern können in unterschiedlichsten Ausprägungen und Gestaltungsvariationen eingesetzt werden (vgl. Sailer 2016).

In der Literatur zu Gamification bleiben entscheidende Kontextfaktoren, die den Erfolg einer Gamification-Lösung im Allgemeinen sowie die Wirksamkeit der ausgewählten Spielelemente im Speziellen maßgeblich beeinflussen, entweder unerwähnt, oder sie werden nur vereinzelt und am Rande thematisiert (vgl. z. B. Reeves/Read 2009; Radoff 2011; Kumar/Herger 2013; Burke 2014).

Für die Problematik der Menschen mit PWS sind insbesondere Ergebnisse aus dem Kontext von Ernährungs- und Gesundheitsverhalten relevant. So konnten Jones und Kolleg*innen (2014) im Bereich der Förderung gesunder Ernährung in der Schule feststellen, dass sie durch Gamification den Konsum von Früchten (+39%) und den von Gemüse (+33%) bei den teilnehmenden Schülern deutlich erhöhen konnten. Eine Studie aus dem medizinischen Kontext zeigt auf, dass durch Gamification die Compliance der Patient*innen verbessert werden kann (vgl. Rose et al. 2013). Auch ist es möglich, die Motivation zur Messung des Blutzuckerspielgels (vgl. Cafazzo et al. 2012) oder zu körperlicher Betätigung (vgl. Hamari/Koivisto 2013) deutlich zu verbessern.

Die empirische Untersuchung von Gamification-Anwendungen in anderen Domänen deutet darauf hin, dass die Motivation zu einer Verhaltensänderung bei den Nutzer*innen durch Gamification in den meisten Fällen erhöht werden kann. So untersuchten Hamari, Koivisto und Sarsa (2014) 24 Studien zu Gamification aus verschiedenen Kontexten in Bezug auf die erreichte Wirksamkeit. Hier berichtete die Mehrzahl der ausgewerteten Beiträge von überwiegend positiven Ergebnissen, gerade im Bereich der Motivation. Allerdings waren nur in zwei der Studien alle Effekte positiv. Die meisten Studien berichteten sowohl von positiven als auch von negativen Effekten des Einsatzes von Gamification-Elementen. Dies verdeutlicht, dass sich Gamification je nach Kombination der Elemente und nach Einsatzkontext unterschiedlich auswirkt.

Inzwischen liegen zahlreiche Vorschläge für eine methodische Gamification vor, die alle eine der Auswahl der Spielelemente vorgeschaltete Kontext- und Nutzungsanalyse fordern (vgl. z. B. Dignan 2011; Burke 2014; Wendel 2014; Stieglitz 2015), allerdings ohne konkrete Handlungsempfehlung, wie sich denn entsprechende Analyseergebnisse dann bei der Auswahl und Kombination der Spielelemente verwenden lassen (vgl. Morschheuser et al. 2017). Daher ist es unmöglich, Gamification einfach unbesehen für die Zielgruppe einzusetzen. Vielmehr muss eine eingesetzte Lösung eng an den Bedürfnissen und Besonderheiten der Zielgruppe ausgerichtet werden. Dies kann ausschließlich die Soziale Arbeit leisten.

Zusammenfassend kann man die Erkenntnisse aus dem ersten Schritt des transformatorischen Dreischritts folgendermaßen beschreiben: Beim PWS handelt es sich um eine Problematik, die ursächlich auf einen Gendefekt zurückzuführen ist. Menschen mit PWS können aus diesem Grund ihren Kalorienhaushalt nicht mit unbewussten biologischen Prozessen regeln, wie es bei Menschen ohne diesen Gendefekt der Fall ist. Daher müssen die Betroffenen mit anderen Mitteln dazu motiviert werden, ein gesundheitsbewusstes Verhalten zu zeigen. Dazu werden bisher vor allem behavioristische Ansätze von den Betreuungspersonen eingesetzt. Damit ist es möglich, das gewünschte Verhalten zu induzieren, die Durchführung belastet jedoch die Beziehung zwischen den beteiligten Personen erheblich.

Aus der Beschäftigung mit Gamification kann abgeleitet werden, dass dieses Verfahren prinzipiell dazu geeignet ist, die Motivation eine bestimmte Verhaltensweise zu zeigen, zu erhöhen. Allerdings ist die genaue Wirkungsweise der Gamification noch nicht endgültig wissenschaftlich durchdrungen. Auch kann Gamification nicht als fertiges Produkt begriffen werden, das einfach der Zielgruppe zur Verfügung gestellt werden kann. Vielmehr ist eine aufwändige Anpassung an die Voraussetzungen der Zielgruppe notwendig.

3.3 Zweiter Schritt: Formulierung nomopragmatischer Hypothesen

Nach Staub-Bernasconi (2018) ist der nächste Schritt im transformatorischen Dreischritt die Entwicklung von Hypothesen, die das nomologische Wissen aus dem ersten Schritt mit einer konkreten Handlungsoption verbinden. Dazu ist nun ein handelndes Subjekt einzuführen, für dessen Handlungen konkrete Hypothesen zu formulieren sind:

- Wenn Menschen mit PWS klare Vorgaben zum Gewichtsmanagement erhalten, sinkt das Risiko, dass sie ihre körperliche Integrität durch übermäßigen Nahrungskonsum gefährden, deutlich.
- Wenn Menschen mit PWS Vorgaben zum Gewichtsmanagement erhalten, besteht eine hohe Wahrscheinlichkeit, dass sie aufgrund der kognitiven Besonderheiten, die mit PWS einhergehen, emotional negativ auf die Urheber*in der Vorgaben reagieren.
- Wird versucht, Menschen mit PWS Sachverhalte und Verhaltensoptionen basierend auf behavioristischen und handlungsorientierten Lehr-Lernmodellen zu vermitteln, so ist dies erfolgsversprechender, als mit anderen didaktischen Modellen.
- Wird versucht, Menschen mit Methoden der Gamification zu einer Verhaltensmodifikation zu bewegen, so ist diese erfolgreicher als andere Methoden.

3.4 Der ‚normative Zwischenschritt'[1]

Die Ableitung konkreter Handlungsleitlinien aus den möglichen Handlungsoptionen, die im zweiten Schritt herausgearbeitet wurden, erfolgt nicht willkürlich. Vielmehr ist eine ethische Bewertung der möglichen Handlungsalternativen notwendig, um dann tatsächlich die Handlungsleitlinien zu definieren, die einerseits das wissenschaftliche Wissen und andererseits die professionelle ethische Bewertung der Sozialen Arbeit beinhalten (vgl. Staub-Bernasconi 2018).

Ausgehend von Müller (2002) kann festgehalten werden, dass aus strukturtheoretischer Sicht eine vollwertige Profession über eine eigene und verbindliche Berufsethik verfügen müsste. Der aktuelle Status der formalen Professionsentwicklung macht jedoch deutlich, dass die Soziale Arbeit in Deutschland (noch?) nicht so weit entwickelt ist, um über eine entsprechende strukturelle Ausstattung zu verfügen (vgl. Erath/Balkow 2016). Daher kann nicht auf eine verbindliche Berufsethik zurückgegriffen werden. Bemühungen des Berufsverbandes DBSH (2014) sind zwar lobenswert, in Ermangelung einer Verbindlichkeit über die geringe Zahl der Mitglieder dieses Verbandes hinaus kann dieser Ansatz jedoch nicht als Grundlage für weitergehende Überlegungen genutzt werden.

Eine ethische Abwägung aus der Perspektive der Menschenrechtsprofession, die Staub-Bernasconi maßgeblich einführt (2018), wäre an dieser Stelle zwar konsistent zum restlichen verwendeten Ansatz. Mit Schumacher (2013) muss hier aber bedacht werden, dass zwar eine Ausrichtung an den Menschenrechten ethisch sinnvoll und gerechtfertigt ist, diese allerdings für eine ausführliche ethische Bewertung nicht ausreichen. Daher wird die ethische Bewertung anhand eines Schemas nach Dallmann und Volz (2013) durchgeführt, das an dem Modell zur Beurteilung von Handlungsfolgen nach Tödt (1977) angelehnt ist. Dabei sind die verschiedenen Schritte nicht als einfacher Algorithmus zu verstehen, sondern bilden lediglich eine Handreichung bei der Entwicklung eines ethischen Urteils. Dabei wird zunächst in der *Problemfeststellung* geklärt, dass es sich tatsächlich um ein ethisches Problem handelt. In der anschließenden *Situationsanalyse* wird versucht, das Problem in seinem Kontext zu erfassen. Daran anschließend erfolgt die *Beurteilung von Verhaltensoptionen* anhand

1 Während Staub-Bernasconi in der ersten Auflage ihrer Konzeption der Sozialen Arbeit als Handlungswissenschaft (2007, 210) noch unsicher ist, ob die ethische Reflexion zwischen den zweiten und den dritten Schritt des Modells gesetzt werden soll oder an das Ende des Dreischritts, ist in der aktuellen Auflage die ethische Reflexion als Zwischenschritt zwischen dem zweiten und dritten angelegt (Staub-Bernasconi 2018, 238). Auch wenn dadurch die Nummerierung der Schritte etwas verwirrend erscheint, schließen wir uns in diesem Beitrag dieser Logik an.

der Aspekte „Wer handelt?“, „Wer ist betroffen?“ und „Wie verstehen wir uns selbst?“. In der *Kriterienprüfung* werden die beteiligten Normen und Perspektiven hinterfragt. Die Prüfung der *kommunikativen Verbindlichkeit* beschreibt die Abwägung der intersubjektiven Verbindlichkeit der zu treffenden Entscheidung, also inwiefern andere Menschen zur selben Entscheidung kämen. Der Schritt der *Urteilsfindung* ist die eigentliche sittliche Urteilsentscheidung, wie im vorliegenden Fall zu handeln ist. Eine *rückblickende Adäquanzkontrolle* schließt den Prozess mit einer Evaluation des Entscheidungsfindungsprozesses ab. Eisenmann (2006, 126) kritisiert an diesem Punkt, dass in diesem Schema eine Evaluation der Handlung, die aus der Entscheidung folgt, nicht vorgesehen ist.

Zur Anwendung dieses Schemas auf die Beurteilung der Problematik im hier verwendeten Beispiel sind die ersten beiden Schritte (*Problemfeststellung* und *Situationsanalyse*) bereits in anderen Kapiteln erfolgt. Daher setzt die Prüfung beim Schritt *Beurteilung der Verhaltensoptionen* ein. Bei der Einschätzung der Akteur*innen wird deutlich, dass die Handlung bei der bisherigen Unterstützung der von PWS betroffenen Menschen im bisherigen Modell klar von den Betreuer*innen durchgeführt wurde. Bei einer digitalen gamifizierten Anwendung ist der*die handelnde Akteur*in nicht so einfach zu identifizieren. Bei der Entwicklung einer solchen Anwendung sind sicherlich viele Akteur*innen beteiligt, bei der eigentlichen Anwendung verschiebt sich das Gleichgewicht allerdings. Gehen wir von einer Lösung aus, in der vor allem der betroffene Mensch mit einer App interagiert – evtl. unterstützt und angeleitet von Bezugspersonen – könnte man als intentional handelndes Subjekt die App bzw. einen Verbund aus Serversystem und Smartphone sehen. Interpretiert man das Betreuungsverhältnis zwischen den vom PWS betroffenen Menschen und ihren Bezugspersonen als einen rückgekoppelten Regelkreis (vgl. Ferstl/Sinz 2013, 36), delegiert man damit einen nicht unerheblichen Teil der Steuerungs- und Kontrollaufgabe von personellen Aufgabenträger*innen an das Anwendungssystem als maschinellen Aufgabenträger. Auf diese Weise bildet sich ein soziotechnisches Gesamtsystem aus vollautomatisierten, nichtautomatisierten und teilautomatisierten Aufgaben einerseits und personellen und maschinellen Aufgabenträger*innen andererseits (vgl. Ferstl/Sinz 2013, 54f.). Gerade im Hinblick auf die Interaktion zwischen den Betroffenen und der regulierenden Instanz ist die Wahrnehmung, dass ein Akteur*innenwechsel weg von der Bezugsperson hin zu einem technischen System erfolgen würde, inhaltlich zwar nicht völlig korrekt, aber aus der Perspektive der Akteur*innen wohl doch eine verständliche Wahrnehmungsform.

Auf die Frage nach den betroffenen Personen können wir einerseits bei jeder Handlungsalternative die Personen mit PWS identifizieren. Bei der emotional eventuell belastenden Reaktion auf Restriktionen durch diese Personen ist beim bisherigen Vorgehen klar eine Bezugsperson betroffen. Bei einer digitalen

(Gamification-)Lösung hingegen wäre an dieser Stelle keine Person, sondern das Smartphone bzw. eine App.

Die Frage nach dem Selbstverständnis der handelnden Person ist hier von großer Bedeutung. Die Bezugspersonen im bisherigen Unterstützungsmodell sehen sich als Vertrauenspersonen der Betroffenen, die für sie Verantwortung übernehmen. Dies geschieht aus einem Verantwortungsgefühl bzw. im institutionellen Kontext aus einer professionellen und institutionell festgeschriebenen Verantwortung heraus. Dennoch sehen sich auch die Betreuer*innen als Menschen mit Gefühlen und Wünschen nach Zuneigung und Anerkennung. Im digitalisierten Modell ist die Smartphone-App Kombination nicht selbstwissensfähig, sondern lediglich ein Automat. Das Selbstverständnis der Software-Entwickler*innen ist an diesem Punkt eher nebensächlich, da ihre Personalität in der Interaktion der Menschen mit PWS nicht sichtbar wird und sie auch von den Reaktionen der Betroffenen nicht betroffen sind.

Zur *Kriterienprüfung* sind die relevanten Normen heranzuziehen. Diese können hier einerseits aus der Bedürfnistheorie und andererseits aus den Problemdimensionen nach Staub-Bernasconi (2018) abgleitet werden. So steht zunächst die ethische Norm, das physische Wohlbefinden aller Menschen sicherzustellen, zur Diskussion. Dabei wird deutlich, dass das bisherige Vorgehen die körperliche Unversehrtheit der betroffenen Personen relativ zuverlässig sicherstellt (vgl. Allen 2011). So können die Maßnahmen zum Gewichtsmanagement, die von Betreuungspersonen umgesetzt werden, relativ sicher gewährleisten, dass die Betroffenen ein gesundheitsförderliches Verhalten zeigen. Der alternative Ansatz mit einer Gamification-Lösung muss nachweisen, dass er diese Norm einhält. Zwar liegen wissenschaftliche Ergebnisse vor, die nahelegen, dass dies der Fall ist (vgl. Hamari et al. 2014), im Unterschied zum bestehenden Modell liegen aber noch keine tatsächlichen Erfahrungen vor. Für weitere Versuche mit dem Gamification-Ansatz kann hier schon festgehalten werden, dass bei Umsetzungsversuchen Maßnahmen ergriffen werden müssen, die sicherstellen, dass in Bezug auf die Einhaltung dieser Norm keine Verschlechterung eintritt.

Die zweite Norm ist das psychische Wohlbefinden der Beteiligten. Das bisherige Vorgehen scheint für das Wohlbefinden der betroffenen Personen nicht ideal zu sein, da in der Literatur von mannigfaltigen Konflikten mit den Bezugspersonen berichtet wird (vgl. Bull 2015). Dies scheint sich negativ auf das Wohlbefinden der Bezugspersonen auszuwirken. Der Gamification-Ansatz verspricht eine Verlagerung der Problematik in die Interaktion zwischen den Personen mit PWS und dem technischen System. Dadurch wird das psychische Wohlbefinden der Bezugspersonen bei dieser Variante unterstützt. Für das psychische Wohlbefinden der Menschen mit PWS scheint Gamification ebenfalls positive Potenziale zu haben. So legt die Literatur nahe, dass diese Methode die Motivation zur Verhaltensänderung auf positiv wahrgenommene Weise steigert (vgl. Hamari et al. 2014).

Eine weitere Norm, die berücksichtigt werden muss, ist die mögliche Verletzung des Bedürfnisses nach Kompetenz und Kontrolle des Individuums über bestimmte Situationen. Menschen mit PWS sind aus somatischen Gründen nicht selbst in der Lage, Kontrolle über ihren Kalorienhaushalt auszuüben (vgl. Butler et al. 2007). Das bestehende Unterstützungssystem kompensiert das durch konditionierende Verfahren und regelnde Interventionen der Bezugspersonen (vgl. Singh et al. 2008). Die häufig beschriebenen stark oppositionellen Verhaltensweisen der Betroffenen in diesem Kontext können als Hinweis interpretiert werden, dass die Personen sich in diesen Momenten nicht kompetent und handlungsmächtig fühlen. Der Einsatz einer Gamification-Lösung erscheint zunächst im wörtlichen Sinne „programmiert", so dass die Einschätzung naheliegt, dass dort auch kein Gefühl der Selbstwirksamkeit entsteht. Hier ist die Form der Umsetzung aber sehr relevant. Ein obligatorisch eingeführtes Gamification-System ist sicherlich kein Instrument der Selbstermächtigung. Wird die Gamification-Lösung allerdings als Mensch-Werkzeug-Beziehung angeboten (vgl. Ferstl/Sinz 2013, 126), so dass sie von den Betroffenen selbstbestimmt in Anspruch genommen werden kann, könnte sich die Wahrnehmung der Betroffenen dahin verschieben, dass sie selbstbestimmt auf ein Werkzeug zurückgreifen, um ihr Leben zu gestalten (vgl. Sailer 2016). Insofern liegt hier ein Potenzial vor, ein Bedürfnis besser zu befriedigen als bisher.

Die letzte Norm, die berücksichtigt werden muss, ist die der informationellen Selbstbestimmung. Beim bisherigen Verfahren kann davon ausgegangen werden, dass die personenbezogenen Daten der betroffenen Personen nach geltendem Recht (EU-DSGVO, ggf. kirchliche Datenschutzgesetze) verarbeitet und geschützt werden. Der Einsatz digitaler Technologien trägt in der heutigen Zeit zwangsläufig die Frage in sich, wie mit erhobenen Daten umgegangen wird. Eine Gamification-Anwendung für Menschen mit PWS profitiert sicherlich von einem Maximum an personenbezogenen Daten, insbesondere auch Gesundheitsdaten. Diese werden vom Gesetzgeber als besonders sensibel wahrgenommen und unterliegen strengen Schutzvorschriften (Art. 9 EU-DSGVO). Zur Einhaltung dieser muss sichergestellt werden, dass alle datenverarbeitenden Teilsysteme, die zur Erfassung, Speicherung, Transformation sowie dem Transport und der Bereitstellung von Informationen dienen, nachvollziehbar und anpassbar sind.

Die Prüfung der *kommunikativen Verbindlichkeit* umfasst eine Abwägung, in wie weit andere Personen zu ähnlichen Einschätzungen der ethischen Dimensionen gelangen würden. Bei den prinzipiellen Grundlinien der Abwägung der ethischen Kategorien ist keine maßgebliche Abweichung zu erwarten. Bei der Beurteilung der Wahrscheinlichkeit, dass erhoffte positive Effekte der Gamification-Lösung eintreten, ist allerdings auch eine pessimistischere Perspektive denkbar und legitim.

Die *Urteilsfindung* bildet die Synthese aus den bisherigen ethischen Überlegungen. Dabei wird deutlich, dass ein einfaches Ersetzen des bisherigen Modells des Gewichtsmanagements bei Menschen mit PWS durch eine Gamification-Lösung ethisch hoch problematisch wäre. Das Risiko, dass die erhofften Wirkungen ausblieben und die Betroffenen davon ernste gesundheitliche Schäden davontragen, ist erheblich. Allerdings wird auch deutlich, dass eine Gamification-Lösung, die den Erwartungen gerecht wird, sowohl für die Betreuungspersonen als auch für die Betroffenen selbst eine Verbesserung des Wohlbefindens bewirken könnte. Da sich zeigt, dass die bestehende Lösung nicht optimal ist, sondern ihrerseits an einigen Stellen die Bedürfnisbefriedigung beteiligter Personen beeinträchtigt, ist es ethisch auch nicht vertretbar, einen Ansatz, der Grund zur Hoffnung gibt, dass diese Probleme zumindest gelindert werden können, außer Acht zu lassen. Daher sollte ein Weg gesucht werden, bei dem unter Sicherstellung des Wohlbefindens aller Beteiligten versucht wird, eine Gamification-Lösung zu entwickeln, die die dargestellten Wirkungen tatsächlich entfaltet. Dabei ist von Anfang an darauf zu achten, dass keinerlei gesundheitliche Risiken für eventuelle Testpersonen entstehen und auch von Anfang an sichergestellt wird, dass die anfallenden Daten nach höchsten datenschutzrechtlichen Standards verarbeitet werden.

Die Phase der *rückblickenden Adäquanzkontrolle* schließt die ethische Urteilsbildung ab. Hier gilt es nochmals selbstkritisch alle Phasen des Schemas zu prüfen. Dieser Schritt ist bei einer schriftlichen Abhandlung wie dieser jedoch bereits implizit.

3.5 Dritter Schritt: Formulierung von Handlungsleitlinien

Nach Staub-Bernasconi (2018) ist es im dritten Schritt des transformatorischen Dreischritts notwendig, spezielle Arbeitsweisen, Methoden und Verfahren zu benennen, die auf der Basis der vorherigen Überlegungen durchzuführen sind. Diese sollen als konkrete Handlungsanweisung formuliert werden, deren Erreichung dann auch evaluierbar ist.

Im Beispiel können folgende Handlungsanweisungen gegeben werden:

- Um sicherzustellen, dass Menschen mit PWS gesund leben, motiviere sie bestmöglich Nahrungsaufnahme und Kalorienverbrennung zu kontrollieren. Stelle sicher, dass die Betroffenen dieses Verhalten zeigen, da sonst Lebensgefahr besteht.
- Um die Motivation der Betroffenen zu steigern, suche einen Weg, eine Gamification-Lösung zu entwickeln, die für die Betroffenen attraktiv ist.

- Um die psychosozialen Belastungen aller Beteiligten zu reduzieren, suche eine Lösung, bei der die Aufforderung zum gesundheitsförderlichen Verhalten nicht von Betreuungspersonen stammt.
- Um eine gute Lösung zu entwickeln, die Gamification nutzt, entwickele sie in enger Kooperation mit der Zielgruppe und den Software-Entwickler*innen, um jederzeit sicherzustellen, dass die Bedürfnisse der Zielgruppe berücksichtigt werden.

Die Anwendung des transformatorischen Dreischritts zeigte sich in diesem Beispiel relativ aufwändig. Dennoch gelang es, die verschiedenen wissenschaftlichen Erkenntnisse nach einer ethischen Prüfung so auf die zugrundliegende Problematik anzuwenden, dass ein klarer Handlungsauftrag für die Soziale Arbeit erkennbar wurde. Die explizite ethische Prüfung zeigte, dass weder eine fortschrittsgläubige übereilte Übernahme der digitalen Technologien den Zielen der Sozialen Arbeit entspricht noch eine umfängliche Ablehnung unter Beibehaltung des status quo. Vielmehr konnte klar herausgearbeitet werden, unter welchen Bedingungen eine Technologie/App sinnvoll ist und was dabei beachtet werden muss. Das macht auch deutlich, dass die Entwicklung von Software für Klient*innen der Sozialen Arbeit nur sinnvoll gelingen kann, wenn der gesamte Entwicklungsprozess von der Sozialen Arbeit zumindest mitgesteuert wird. Wie diese Steuerung konkret aussehen kann, wird im Folgenden exemplarisch dargestellt.

4 Entwicklung einer digitalisierten Lösung für ein Problem der Sozialen Arbeit

Im Kapitel 3 wurde gezeigt, dass basierend auf der sozialarbeitswissenschaftlichen Theorie von Staub-Bernasconi (2018) und insbesondere unter Verwendung des transformatorischen Dreischritts nach Bunge (1998, 1999) eine fundierte sozialarbeitswissenschaftliche Klärung der Frage möglich ist, ob digitale Technologien zur Lösung von sozialen Problemen herangezogen werden können. Am Beispiel der Menschen mit PWS konnte die prinzipielle Anwendbarkeit dieses Ansatzes demonstriert werden. Es ist davon auszugehen, dass das im Beispiel erzielte Ergebnis, dass eine digitale Lösung prinzipiell wünschenswert ist, diese jedoch erst entwickelt werden muss, in vielen Kontexten der Sozialen Arbeit in sehr ähnlicher Weise eintreten würde. Daher wird im Folgenden dargestellt, wie in einem typischen Software-Entwicklungsprojekt sozialarbeitswissenschaftliche Expertise eingebracht werden kann. Zur Verdeutlichung geschieht dies weiterhin am Beispiel der Menschen mit PWS. Die Grundlage dieser Planung basiert auf dem IT-Projektmanagement nach Kreidenweis (2011). Diese Methode ist eng am klassischen Projektmanagement orientiert (vgl. z. B. Kohlhoff 2004). Im Feld der Software-Entwicklung wird diese klassische Methode zum Projektmanagement immer seltener verwendet und stattdessen nach neueren, z. B. agilen Methoden wie Scrum (für eine Einführung vgl. z. B. Wirdemann/Mainusch 2017) gearbeitet. Eine Adaption agiler Managementmethoden für die Soziale Arbeit wird zwar von einigen Autoren gefordert (vgl. z. B. Epe 2017; Kopf/Schmolze-Krahn 2018), sie ist aber noch nicht so elaboriert, dass sie in diesem Fall komplett als Grundlage des Projektmanagements verwendet werden kann. Lediglich bei den konkreten Software-Entwicklungsschritten und den daran anschließenden Feldphasen (vgl. Punkt 4.3) werden Anleihen aus diesen Verfahren adaptiert.

4.1 Vorbereitende Klärungen

Die Menschen, für die diese Gamification-Lösung entwickelt wird, sind Expert*innen für ihre Wünsche und Bedürfnisse. Daher ist es unverzichtbar, an allen Punkten des Entwicklungsprozesses einen kritischen Dialog mit den betroffenen Menschen zu führen und die weitere Entwicklung an ihren Bedürfnissen auszurichten. Um dieses kooperative Vorgehen umzusetzen, ist eine vertrauensvolle Atmosphäre ein wichtiger Grundstock. Diese Haltung wird in der Zusammenarbeit mit den Personen aus der Zielgruppe kontinuierlich kommuniziert. Eine weitere Grundvoraussetzung für einen erfolgreichen Dialog ist die sozialarbeiterische Expertise zur Dialoggestaltung mit Menschen mit Lernschwierigkeiten.

Um das Expert*innenwissen für die weitere Entwicklung nutzbar zu machen, steht am Beginn des Projekts eine umfassende explorative Feldstudie, angelehnt an der Phase der „Systemanalyse“ nach Kreidenweis (2011). In dieser Studie werden alle Mitglieder der Untersuchungsgruppe in Gruppeninterviews (vgl. Lamnek/Krell 2016) in ihrer vertrauten Umgebung zu ihren Wünschen und Bedürfnissen in Bezug auf das Spielkonzept befragt. Auch die technischen Voraussetzungen werden erhoben. Da Akzeptanz eine wichtige Grundvoraussetzung für die Nutzung der Gamification-Anwendung ist, werden relevante Elemente der Unified Theory of Acceptance and Use of Technology (UTAUT) nach Venkatesh et al. (2003) in der Diskussion angesprochen. Dazu werden bestehende Messinstrumente der UTAUT für die Zielgruppe und Fragestellung adaptiert.

Ein weiterer wichtiger Faktor bei dieser Befragung sind die spielspezifischen Präferenzen. Daher wird eine Auswahl an Brettspielen, in denen die relevantesten Spielprinzipien leicht verständlich umgesetzt sind, mit den betroffenen Personen gespielt. Während des Spiels findet eine teilnehmende Beobachtung (vgl. Lamnek/Krell 2016) statt, die v. a. die Reaktion der betroffenen Personen auf die Spiele wahrnimmt. Der dazu verwendete Beobachtungsleitfaden ist auf Verhaltensweisen ausgerichtet, die bestimmte Spielertypen charakterisieren.

Dazu werden die Typologien von Barata und Kollegen (2014) sowie Bartle (1996) entsprechend operationalisiert. Außerdem werden weitere relevante Aspekte für die Spielentwicklung erhoben, insbesondere Aufmerksamkeitsspannen und Vorlieben für bestimmte Rahmenhandlungen (z. B. Fantasy, Science-Fiction o. Ä.).

Mittels Einzelinterviews mit Bezugspersonen werden weitere Parameter erhoben, die für die Gestaltung der Gamification-Anwendung von Bedeutung sein könnten. Diese sind: bestehende pädagogische Interventionen bei allen Fragen der Ernährung und Bewegung, bestehende behavioristische Elemente sowie weitere räumliche und organisatorische Rahmendaten.

Die Verschränkung der Ergebnisse aus diesem Schritt soll zu einem umfassenden Bild von den spielrelevanten Eigenschaften der Zielgruppe führen und fundierte Kenntnisse der Rahmenbedingungen liefern.

Es wird deutlich, dass der erste Schritt bei der Entwicklung der Gamification-Lösung inhaltlich und methodisch im Feld der Sozialwissenschaften bzw. direkt in der Sozialarbeitswissenschaft verortet ist. Die notwendigen empirischen Verfahren machen einmal mehr deutlich, wie wichtig die Beschäftigung mit Forschungsmethoden in der Sozialen Arbeit ist (vgl. Lehmann 2013).

4.2 Lastenheft und Implementation

Auf der Basis der Ergebnisse aus den Vorstudien wird nun die Entwicklung der konkreten Gamification-Anwendung umgesetzt. Dazu wird auf der Basis der Informationen aus den Vorstudien ein umfangreiches Lastenheft (vgl. Kreidenweis 2011) erstellt, das die Entwicklung eines Basisspiels vorsieht. Da nicht davon auszugehen ist, dass bereits an diesem Punkt eine optimale Kombination von verschiedenen Spiel-Design-Elementen festgeschrieben werden kann, muss eine Anwendungssystem-Architektur angestrebt werden, die die Möglichkeit bietet, mit geringem Aufwand neue Spielelemente zu implementieren und nicht mehr benötigte zu entfernen. So kann in iterativen Feldphasen relativ unkompliziert mit verschiedenen Elementkombinationen experimentiert werden. Außerdem können erste Entwürfe des optischen Designs und des Spielprinzips erstellt werden. Diese Prototypen müssen in einer Teilstichprobe auf ihre prinzipielle Akzeptanz überprüft werden. Nach dieser Überprüfung wird eine entsprechende Smartphone-App programmiert und den Personen aus der Zielgruppe für Testnutzungen zur Verfügung gestellt.

4.3 Iterative Feldphasen

Die erste Version der App wird noch nicht alle relevanten Spiel-Design-Elemente umfassen, sondern lediglich eine erste Auswahl. Im Laufe der weiteren Untersuchung werden weitere Elemente umgesetzt und im Rahmen der bestehenden App bei den teilnehmenden Personen angewendet. Dabei werden alle Daten, die in der App generiert werden, datenschutzkonform erfasst und gespeichert. Zusätzlich werden im Rahmen der App immer wieder einfache Befragungselemente bereitgestellt, die Fragen der Akzeptanz und Motivation betreffen. Daher wird im Rahmen der Studie ein geschlossenes Befragungsinstrument mit Ratingskalen konzipiert, das in der App durchgeführt werden kann. Dieses Instrument enthält an die Fragestellung und Zielgruppe angepasste Skalen zur Akzeptanz (vgl. Venkatesh 2003) und zur Motivation (vgl. Deci/Ryan 2012).

Außerdem werden die Daten aus eventuell bestehenden Dokumentationssystemen und Befragungen des Betreuungspersonals mit zugrunde gelegt. Im Anschluss an die Feldphase werden die Daten ausgewertet und fließen direkt in die Entwicklung weiterer Spielanteile ein. Diese neuen Spielanteile werden in einer neuen Iteration der Feldphase untersucht. Dieses iterative Vorgehen ohne vorherige Festlegung, wann die Entwicklung abgeschlossen zu sein hat, stellt sicher, dass die Bedarfe der Zielgruppe optimal abgebildet werden und keine vermeintlichen Sachzwänge zu einer verfrühten Akzeptanz eines suboptimalen Produkts führen.

5 Fazit

Die Überlegungen dieses Artikels machen deutlich, dass die Digitalisierung Lösungen bereithalten kann, die die Soziale Arbeit direkt bei der Erreichung ihrer Zielsetzungen unterstützen können. Wie am Beispiel der Menschen mit PWS deutlich wurde, bringt die Digitalisierung jedoch keine einfachen und schnellen Lösungen, die ohne viel Aufwand bestehende Ansätze ersetzen können. Die Soziale Arbeit steht in der Pflicht aus ihrer Professionalität heraus zu klären, wo es in ihren Feldern Probleme oder auch nur etwas suboptimale Problemlösungsansätze gibt, die durch digitale Technologien im weitesten Sinne lösbar sein könnten. Sie ist dabei zunächst ihrer Fachlichkeit und ihren ethischen Standards verpflichtet. Es wurde deutlich, dass mit dem theoretischen Dreischritt nach Bunge (1998, 1999), wie ihn Staub-Bernasconi (2018) eingeführt hat, ein wirkmächtiges Instrument vorliegt, das eine strukturierte fachliche und ethische Klärung ermöglicht. In diesem Rahmen erwies sich der ethische Ansatz nach Dallmann und Volz (2013) als hilfreiche Struktur, um auch die ethische Würdigung wissenschaftlich fundiert durchzuführen.

Bei der exemplarischen Umsetzung der Gamification-Lösung wurde deutlich, dass viele konzeptionelle Aspekte auch bei der Entwicklung von Software von der Sozialen Arbeit zumindest mit eingebracht, meist sogar mit eigener Forschungsexpertise erhoben werden müssen. Soziale Arbeit ist in diesem Modell also weit mehr als eine „Kund*in“, die auf dem bunten Markt der Digitalisierung ein modernes neues Gadget erwirbt, sondern eine wissenschaftliche Profession, die aus ihrer eigenen Fachlichkeit heraus auf Augenhöhe mit anderen Disziplinen die Möglichkeiten der Digitalisierung für das Wohl ihrer Klient*innen nutzbar macht.

Literatur

Allen, Kerry (2011): Managing Prader-Willi syndrome in families: An embodied exploration. In: Social Science & Medicine 72. 460–468.

Barata, Gabriel/Gama, Sandra/Jorge, Joachim A. P./Goncalves, Daniel (2014): Relating Gaming Habits with Student Performance in a Gamified Learning Experience. Paper presented at the CHI 2014, Toronto.

Bartle, Richard (1996): Hearts, Clubs, Diamonds, Spades: Players Who Suit MUDs. In: Journal of MUD Research, 1 (1).

Beranek, Angelika/Hammerschmidt, Peter/Hill, Burkhardt/Sagebiel, Juliane (2018): Einführung: Big Data, Facebook, Twitter & Co. – Soziale Arbeit und digitale Transformation. In: Hammerschmidt, Peter/Sagebiel, Juliane/Hill, Burkhardt/Beranel, Anegelika (Hrsg.): Big Data, Facebook, Twitter & Co. und Soziale Arbeit. Weinheim und Basel: Beltz Juventa. 9–32.

Borrmann, Stefan (2006): Soziale Arbeit mit rechten Jugendcliquen. 2., akt. und erw. Aufl. Wiesbaden: VS Verl. für Sozialwissenschaften.

Borrmann, Stefan (2016): Warum braucht Soziale Arbeit Theorien? Antworten auf eine basale Frage. In: Borrmann, Stefan/Spatschek, Christian/Pankofer, Sabine/Sagebiel, Juliane/Michel-Schwartze, Brigitta (Hrsg.): Die Wissenschaft Soziale Arbeit im Diskurs – Auseinandersetzungen mit den theoriebildenden Grundlagen Sozialer Arbeit. Opladen; Berlin; Toronto: Barbara Budrich. 17–31.

Bull, Leah E. (2015): Self-injurious behaviour in people with Prader-Willi syndrome. Birmingham. http://etheses.bham.ac.uk/6147/, abgerufen am Abfrage: 18.12.2018.

Bundesministerium des Inneren/Bundesministerium für Wirtschaft und Energie/Bundesministerium für Verkehr und digitale Infrastruktur (Hrsg.) (2017): Legislaturbericht Digitale Agenda 2014–2017. Berlin.

Bunge, Mario (1996): Finding philosophy in social science. Yale: University Press.

Bunge, Mario (1998): Philosophy of science: from problem to theory. New Brunswick: Transaction Publishers.

Bunge, Mario (1999): The Sociology-Philosophy Connection. New Brunswick: Transaction Publishers.

Burke, Brian (2014): Gamify. How Gamification Motivates People To Do Extraordinary Things. Brookline: Bibliomotion.

Butler, Merlin/Lee, Phillip/Whitman, Barbara (2006): Management of Prader-Willi Syndrome. New York: Springer.

Butler, Merlin/Theodoro, Mariana/Bittel, Douglas/Donnelly, Joseph (2007): Energy expenditure and physical activity in Prader-Willi syndrome: Comparison with obese subjects. In: American Journal of Medical Genetics Part A 13A, H. 5, 449–459.

Cafazzo, Joseph/Casselman, Mark/Hamming, Nathaniel/Katzman, Debra/Palmert, Mark (2012): Design of an mHealth App for the Self-management of Adolescent Type 1 Diabetes: A Pilot Study. In: Journal of Medical Internet Research 14, H. 3, e70.

Dallmann, Hans-Ulrich/Volz, Fritz Rüdiger (2013): Ethik in der Sozialen Arbeit. Schwalbach/Ts.: Wochenschau.

DBSH (2014): Berufsethik des DBSH. In: Forum Sozial 4/2014, 7–43.

Deci, Edward/Ryan, Richard (2012): Motivation, Personality, and Development Within Embedded Social Contexts: An Overview of Self-Determination Theory. In Ryan, Richard (Hrsg.), The Oxford Handbook of Human Motivation. Oxford: Oxford University Press. 1–59.

Deterding, Sebastian/Dixon, Dan/Khaled, Rilla/Nacke, Lennart (2011): From game design elements to gamefulness: defining gamification. In Proceedings of the 15th international academic MindTrek conference: Envisioning future media environments (S. 9–15). ACM. URL: http://dl.acm.org/citation.cfm?id=2181040, abgerufen am 18.12.2018.

Deutsches Institut für Medizinische Dokumentation und Information (2005): Internationale Klassifikation der Funktionsfähigkeit, Behinderung und Gesundheit. Genf.

Dignan, Aaron (2011): Game Frame. Using Games as a Strategy for Success. New York: Free Press.

Eisenmann, Peter (2006): Werte und Normen in der Sozialen Arbeit. Stuttgart: Kohlhammer.

Epe, Hendrik (2016): Agiles Projektmanagement in Organisationen der Sozialwirtschaft. https://www.ideequadrat.org/agiles-projektmanagement-in-organisationen-der-sozialwirtschaft/, abgerufen am 18.12.2018.

Erath, Peter/Balkow, Kerstin (2016): Soziale Arbeit. 1. Auflage. Stuttgart: Kohlhammer.

Ferstl, Otto/Sinz, Elmar (2013): Grundlagen der Wirtschaftsinformatik, 7. Auflage. München: Oldenbourg.

Hamari, Juho/Koivisto, Jonna (2013): Social Motivations To Use Gamification: An Empirical Study Of Gamifying Exercise. In ECIS, http://aisel.aisnet.org/cgi/viewcontent.cgi?article=1328&context=ecis2013_cr, abgerufen am 18.12.2018.

Hamari, Juho/Koivisto, Jonna/Sarsa, Harri (2014): Does gamification work? – a literature review of empirical studies on gamification. In System Sciences (HICSS), 2014 47th Hawaii International Conference on (S. 3025–3034). IEEE. URL: http://ieeexplore.ieee.org/abstract/document/6758978/, abgerufen am 18.12.2018.

Jones, Brooke/Madden, Gregory/Wengreen, Heidi (2014): The FIT Game: preliminary evaluation of a gamification approach to increasing fruit and vegetable consumption in school. In: Preventive Medicine 68, 76–79.

Kohlhoff, Ludger (2004): Projektmanagement. Baden-Baden: Nomos.

Kopf, Hartmut/Schmolze-Krahn, Raimund (2018): Zwischen Tradition und Digitalisierung – Unternehmenskulturen sozialer Organisationen im Wandel. In: Kreidenweis, Helmut (Hrsg.): Digitaler Wandel in der Sozialwirtschaft. Baden-Baden: Nomos. 79–102.

Kreidenweis, Helmut (2005): Sozialinformatik. Baden-Baden: Nomos.

Kreidenweis, Helmut (2011): IT-Handbuch für die Sozialwirtschaft. Baden-Baden: Nomos.

Kumar, Janaki/Herger, Mario (2013): Gamification at Work. Designing engaging Business Software. Aarhus: The International Design Foundation.

Kutscher, Nadia (2017): Digitalisierung der Sozialen Arbeit. Entwicklungen, Herausforderungen und Perspektiven. In: merz 4, 18–25.

Lamnek, Siegfried/Krell, Claudia (2016): Qualitative Sozialforschung. 6., überarbeitete Auflage. Weinheim; Basel: Beltz.

Lehmann, Robert (2013): Warum die Sozialarbeitsforschung quantitative Methoden entwickeln muss. In: Neue Praxis 43, H. 1, 73–78.

Lehmann, Robert/Schorer, Antonia (2016): E-Learning für erwachsene Menschen mit Lernschwierigkeiten – Potenziale für mehr Teilhabe. In: Der pädagogische Blick 24, H. 1, 26–39.

Nordstrøm, Marianne/Hansen, Bjørge/Paus, Benedicte/Kolset, Svein (2013): Accelerometer-determined physical activity and walking capacity in persons with Down syndrome, Williams syndrome and Prader-Willi syndrome. In: Research in developmental disabilities 34, H. 12, 4395–4403.

Maglieri, Kristen A./DeLeon, Iser G./Rodriguez-Cutter, Vanessa/Sevin, Bart M. (2000): Treatment of covert food stealing in an individual with Prader-Willi syndrome. In: Journal of Applied Behavior Analysis 33, H. 4, 615–618.

Morschheuser, Benedikt/Werder, Karl/Hamari, Juho/Abe, Julain (2017): How to gamify? A method for designing gamification. Proceedings of the 50th Annual Hawaii International Conference on System Sciences (HICSS), Hawaii, USA, January 4–7, 2017.

Müller, Bernd (2002): Professionalisierung. In: Thole, Werner (Hrsg.): Grundriss Soziale Arbeit. Ein einführendes Handbuch. Wiesbaden: Springer. 725–744.

Obrecht, Werner (2005): Ontologischer, Sozialwissenschaftlicher und Sozialarbeitswissenschaftlicher Systemismus – Ein integratives Paradigma der Sozialen Arbeit. In: Hollstein-Brinkmann, Heino/Staub-Bernasconi, Silvia (Hrsg.): Systemtheorien im Vergleich. Wiesbaden: Springer. 93–172.

Radoff, Jon (2011): Game On: Energize Your Business with Social Media Games. New York: John Wiley & Sons.

Reeves, Byron/Read, J. Leighton (2009): Total engagement: Using games and virtual worlds to change the way people work and businesses compete. Boston: Harvard Business School Press.

Reindl, Richard (2009): Onlineberatung – zur digitalen Ausdifferenzierung von Beratung. In: Journal für Psychologie 17, H. 1, 1–19.

Rose, Kyle/Koenig, Martin/Wiesbauer, Frank (2013): Evaluating success for behavioral change in diabetes via mHealth and gamification: MySugr's keys to retention and patient engagement. In: Diabetes Technology & Therapeutics 15, A114–A114.

Sailer, Michael (2016): Die Wirkung von Gamification auf Motivation und Leistung: Empirische Studien im Kontext manueller Arbeitsprozesse. Wiesbaden: Springer.

Schmitt-Schäfer, Thomas/Keßler, Eva Maria (2014): Anwendung der ICF in der individuellen Teilhabeplanung. In: Nachrichtendienst des Deutschen Vereins (NDV) 12, 503–509.

Schumacher, Thomas (2013): Lehrbuch der Ethik in der Sozialen Arbeit. Weinheim und Basel: Beltz Juventa.

Singh, Nirbhay/Lancioni, Giulio/Singh, Ashvind/Winton, Alan/Singh, Judy/McAleavey, Kristen/Adkins, Angela (2008): A mindfulness-based health wellness program for an adolescent with Prader-Willi syndrome. In: Behavior Modification 32, 167–181.

Speck, Otto (2012): Menschen mit geistiger Behinderung. 11., überarb. Aufl. München: Reinhardt.

Staub-Bernasconi, Silvia (1995): Systemtheorie, Soziale Probleme und Soziale Arbeit: lokal, national, international, Vom Ende der Bescheidenheit. Bern [u. a.]: Haupt.

Staub-Bernasconi, Silvia (2007): Soziale Arbeit als Handlungswissenschaft. 1. Aufl. Bern [u. a.]: Haupt.

Staub-Bernasconi, Silvia (2018): Soziale Arbeit als Handlungswissenschaft. 2., vollständig überarbeitete u. aktualisierte Ausgabe. Opladen; Toronto: Barbara Budrich.

Stieglitz, Stefan (2015): Gamification – Vorgehen und Anwendung. In: HMD Praxis der Wirtschaftsinformatik 52 (6), 816–825.

Storch, Eric/Rahman, Omar/Morgan/Goodnight, Jessica/Brauer, Lindsay/Miller, Jennifer/ Murphy, Tanja. (2011): Case series of behavioral psychotherapy for obsessive-compulsive symptoms in youth with Prader-Willi Syndrome. In: Journal of Developmental and Physical Disabilities 23, H. 4, 359–368.

Swanson, H. Lee (1999): Reading research for students with LD: A meta-analysis of intervention outcomes.in: Journal of Learning Disabilities 32, H. 6, 504–532.

Tödt, Heinz Eduard (1977): Versuch zu einer Theorie sittlicher Urteilsfindung. In: Zeitschrift für Evangelische Ethik 21, H. 1, 81–93.

Venkatesh, Viswanath/Thong, James/Xu, Xin (2012): Consumer acceptance and use of information technology: extending the unified theory of acceptance and use of technology. https://papers.ssrn.com/sol3/papers.cfm?abstract_id=2002388 (Abfrage: 18.12.2018)

Wendel, Steve (2014): Designing for Behaviour Change. Applying Psychology and Behavioural Economics. Sebastopol: O'Reilly.

Werbach, Kevin (2014): (Re)Defining Gamification: A Process Approach. In Anna Spagnolli, Luca Chittaro & Luciano Gamberini (Eds.), Persuasive Technology. New York: Springer. 266–272.

Whittington, Joyce/Holland, Anthony (2010): Neurobehavioral phenotype in Prader-Willi syndrome. In: American Journal of Medical Genetics Part C-Seminars in Medical Genetics 154C, 438–447.

Wirdemann, Ralf/Mainusch, Johannes (2017): Scrum mit User Stories. 3., erweiterte Auflage. München: Hanser.

Ethische Fragen im Kontext der Digitalisierung der Sozialen Arbeit

Nadia Kutscher

1 Digitalisierung der Sozialen Arbeit

Digitalisierung spielt im Kontext der Sozialen Arbeit seit einiger Zeit eine immer größere Rolle. „Alltagsmedien" (Kutscher 2018) wie mobile Medien, Apps und soziale Netzwerke wie Facebook, Instagram, WhatsApp und YouTube sowie Fachsoftware-Anwendungen in der Falladministration, -dokumentation und -diagnostik (vgl. Ley/Seelmeyer 2014; Ley 2019) sind in vielen Handlungsfeldern verbreitet. So sind digitale Fallakten mittlerweile bei vielen Trägern Standard, softwarebasierte Diagnostik- und Einschätzungsverfahren zur Risikoeinschätzung bei Kindeswohlgefährdung (vgl. Bastian/Schrödter 2015) oder Rückfallgefährdung von Straftätern (vgl. Schierz 2015), Internetpräsenzen von Trägerorganisationen und Institutionen – auch in sozialen Netzwerken – Normalität und die Onlineberatung seit ca. 20 Jahren etablierter Bestandteil in der Erbringung von sozialen Dienstleistungen. Der private Alltag von Fachkräften und Adressat*innen ist ebenfalls geprägt durch digitale Medien und dies hat auch Auswirkungen auf die beruflichen Kontexte Sozialer Arbeit: Fachkräfte kommunizieren nicht nur im privaten Bereich über WhatsApp oder Facebook sondern auch mit ihren Adressat*innen, unter Kolleg*innen findet Austausch digital statt und geflüchtete Jugendliche berichten, dass sie für die Erstattung von Fahrkarten digitale Fotos von Unterlagen per WhatsApp an Jugendamtsmitarbeiter*innen senden, da dies die weitere Bearbeitung erleichtere (vgl. Kreß/Kutscher 2015). Damit sind digitale Medien auch in der Beratungs- und Alltagskommunikation Sozialer Arbeit angekommen. Sie eröffnen dabei neue Räume und Formen des Selbstausdrucks, insbesondere im digitalen Kontext, die erweiterte Optionen für die verschiedenen Akteur*innen in Bezug auf Information, Kommunikation, Beteiligung und Selbstdarstellung bereitstellen. Gleichzeitig sind damit ambivalente Potenziale und Logiken der Digitalisierung verbunden, die ethische Fragen auf unterschiedlichen Ebenen aufwerfen.

So zeigen sich auf einer Mikroebene der Interaktion neue Handlungsoptionen, die mit einem Fokus auf den konkreten Handlungszusammenhang als innovative Angebotsformen, Möglichkeiten des Selbstausdrucks und der Beteiligung thematisiert werden (vgl. Brüggen/Lutz 2017).

Unter Berücksichtigung der Kontexte, innerhalb derer sich diese digital gestützten Interaktionen vollziehen, rücken jedoch damit verbundene bzw. in die technischen Strukturen eingelagerte Logiken in den Blick, die weitreichende Implikationen sowohl auf subjektiver als auch auf gesellschaftlicher Ebene und auch für die Erbringungslogiken Sozialer Arbeit haben (können). Soziale Medien stellen Objektifizierungen (vgl. Wijetunga 2014) des Postulats „Öffentlichkeit statt Privatheit" (vgl. Andrejevic 2011) dar, indem die darin vorgesehenen Handlungsoptionen auf die Veröffentlichung von Informationen und Daten ausgerichtet sind. Eli Pariser (2011) weist auf die Gefahr der „Filter Bubble" hin, ein empirisch umstrittenes Phänomen (vgl. DuckDuckGo 2018; Piore 2018; Flaxman/Goel/Rau 2016), aber im Kontext mittlerweile aufgedeckter Manipulationen in sozialen Medien in Verbindung mit entsprechenden Präferenzen im Kommunikationsverhalten offensichtlich durchaus plausibel (vgl. Bradshaw/Howard 2018). Die Optionen der Identitätsrepräsentation auf Facebook oder auch die technischen Hilfsmittel um zu kontrollieren, ob eine Nachricht per Messenger-App angekommen ist bzw. gelesen wurde, tragen in sich das Potenzial, Normierung und Selbstunterwerfung zu verstärken, indem die Möglichkeiten der Selbstdarstellung innerhalb einer vorgelagerten und nicht beliebig veränderbaren Struktur angesiedelt werden oder auch durch die Transparenz über Gelesenes Erwartungen einer kurzfristigen Erreichbarkeit bzw. Responsivität befördern können (vgl. Kutscher 2013). Zygmunt Bauman und David Lyon (2013) beschreiben in ihrem Dialog zur „Liquid Surveillance" (auf Deutsch: Daten, Drohnen, Disziplin), wie in den Strukturen von Apps, Mobilgeräten und sozialen Medien vielfältige Dimensionen der Überwachung eingeschrieben sind, die Gilles Deleuze hellsichtig schon im Jahr 1990 benannte (vgl. Deleuze 1990; Bauman/Lyon 2013).

Vor diesem Hintergrund besteht die Möglichkeit, dass ein subjektiv wahrgenommener Autonomiegewinn in einer aktuellen, „real life"-Situation gleichzeitig eine Praxis der Unterwerfung unter eine künftig – oder auch schon aktuell – wirkmächtige Unfreiheit auf der Basis digitaler Daten nicht ausschließt oder sogar verdeckt.

Somit kann von einer prekären Souveränität im Zusammenhang einer digitalisierten Gesellschaft gesprochen werden. Dies wird umso deutlicher, wenn berücksichtigt wird, dass im Zuge der Etablierung von „Big Data" (Cukier/Mayer-Schönberger 2013), also der Sammlung, Aggregation und Auswertung von Metadaten, die im Kontext der Nutzung digitaler Medien entstehen und vorrangig durch globale Monopolkonzerne und Datenbroker gesammelt und genutzt werden, eine Monopolisierung von Information, Zugängen und Daten in der Hand weniger globaler Konzerne erfolgt, die weitreichende Konsequenzen hat bzw. haben kann.

Die „Datafizierung“ des Alltagslebens, d. h. die zunehmende datenförmige Repräsentation von Identitäten, Handlungsvollzügen und Entscheidungsgrundlagen, auch für fachliche Bewertungen, enthält dabei einerseits das Versprechen von Effizienz und Effektivität in der Bearbeitung komplexer Aufgaben[1] aber andererseits auch potenzielle Intransparenz über Entscheidungsverfahren und Exklusionspotenziale. Während Algorithmen sich mittlerweile längst als selbstlernende Systeme insofern selbst optimieren, dass ihre Entwickler*innen nur noch bedingt oder nicht mehr die inneren Logiken und Wege, die einem Entscheidungsverfahren zugrunde liegen, nachvollziehen können (vgl. Saurwein 2018), bedeutet dies, dass entsprechend Intransparenz darüber besteht, wie eine Entscheidung zustande kommt und welche Aspekte dabei wie gewichtet wurden. Virginia Eubanks zeigt in ihrem Buch „Automating Inequality“, wie im Gesundheits- und Sozialwesen in den USA algorithmenbasiert Zugang zu Leistungen gesteuert wird – und wie dabei Adressat*innengruppen Sozialer Dienste priorisiert, benachteiligt und exkludiert werden (vgl. Eubanks 2018).

Die digitalen Logiken enthalten aber auch die Dimension der „Gouvernemedialität“ (Traue 2009), also Formen der digitalen Subjektivierung. Diese – in soziale Medien eingelagerten – Prinzipien regen, so Boris Traue,

> „die Einzelnen zur Erkundung und Herstellung eines ‚Wissens um sich‘ an […]. Der dadurch erzeugte Wille zum Sich-selbst-Schreiben (Engemann 2009) befähigt die individualisierten Nutzer einerseits, sich selbst in ein Verhältnis zu den Diskursen und den technischen Möglichkeiten der kommunikativen Vernetzung zu versetzen. Andererseits kanalisiert die im Protokoll angelegte Vorgabe von thematischen Ordnungen und Ordnungen der Kommunikation (etwa in den gängigen Plattformen der ‚social software‘) die Artikulation der Einzelnen, die zwar vernetzt werden, aber eine Struktur dieser Vernetzung bereits vorfinden.“ (Traue 2011, 14)

Damit benennt Traue das Phänomen, dass sich die Nutzer*innen digitaler Medien zwar als autonom Handelnde erleben, sich gleichzeitig aber zwingend den Strukturen und Repräsentationsformen der medialen Strukturen unterwerfen. Damit ist jede

> „Nutzung und sogar Subversion der digitalen Protokolle […] unter gouvernemedialen Bedingungen immer auch eine Selbsteinschreibung und -einspeisung in die symbolischen und bewusstseinslenkenden Ströme des Netzes, die in den Produktionsverhältnissen der Informationsgesellschaft Dispositiven der Vereinheitlichung, Normalisierung und Verwertung unterliegen“ (Traue 2011, 14).

---

1 Morozov (2013) spricht in diesem Zusammenhang von „Solutionism“.

Unter Bezugnahme auf den Kontext eines aktivierenden Wohlfahrtsstaats merkt Traue an, dass diese Formen und Hervorbringungen von Subjekten anschlussfähig an die Logiken der Aktivierung seien (vgl. Traue 2011, 6). Deutlich wird somit, dass die Nutzung digitaler Medien Herausforderungen im Rahmen antinomischer Konstellationen von (nicht nur gouvernementaler) Macht, Disziplinierung, Normierung und Technologien des Selbst mit sich bringt und damit die Frage nach dem Verhältnis von Autonomie und Teilhabeermöglichung als Gegenstand einer digital-reflexiven, ethisch-moralischen Auseinandersetzung auch im Zusammenhang Sozialer Arbeit aufwirft. Die hier kurz umrissenen kritischen Aspekte digitaler Logiken verweisen auf die Frage, welche Subjekte in den Vollzügen digitalisierter Erbringung Sozialer Arbeit „hergestellt“ werden, welche Brüche, Widersprüche und Spielräume sich für Autonomie auf subjektiver und gesellschaftlicher Ebene daraus ergeben und welche Implikationen dies für normative Bezugspunkte professionellen Handelns in der Sozialen Arbeit haben kann.

2 Digitalisierungsentwicklungen und ethische Fragen

Angesichts der beschriebenen Digitalisierungsentwicklungen und ihrer Bedeutung für Subjekte, Autonomie und die Frage nach dem guten Leben in einem gesellschaftlichen Kontext allgemein aber auch insbesondere in Handlungszusammenhängen Sozialer Arbeit zeigen sich ethische Reflexionsbedarfe. Rafael Capurro (2017, 187) spricht davon, dass es einer „digitalen Ethik“ im Sinne einer kritischen Reflexion über das gute Leben in einer von der Digitalisierung geprägten Welt bedarf und weist darauf hin, dass schon seit den 1940er Jahren über das Erfordernis, technologische Entwicklungen ethisch zu reflektieren, gesprochen wurde. Angesichts der schnellen, teils als disruptiv bezeichneten Entwicklungen im Digitalbereich wird immer wieder – beispielweise im Zusammenhang des Einsatzes von Algorithmen und dessen Folgen – deutlich, dass rechtliche Normen und Moral mit den raschen Fortschritten kaum mitkommen. So ist die Frage der Sicherung von Bürger*innen- und Kinderrechten unter den Bedingungen der Digitalisierung und ihrer gesellschaftlichen Folgen eine Herausforderung, die – wie unter anderem im Zusammenhang der Einführung der Europäischen Datenschutzgrundverordnung im Jahr 2018 deutlich wurde – einerseits auf strukturell-regulatorischer Ebene und andererseits auf der Ebene der pädagogisch-institutionellen Praxis zu bewältigen ist.

Im Folgenden werden exemplarisch anhand des Trends zu Gamification und anhand der Aggregation von Metadaten im Kontext der social media-Nutzung Dimensionen ethischer Fragen aufgezeigt, die sich für eine digital-reflexive Soziale Arbeit stellen.

2.1 Gamification – zwischen Wirkungslogik und ethischer Fragwürdigkeit

Im therapeutischen Bereich und auch in einzelnen Feldern der Sozialen Arbeit zeigt sich seit einiger Zeit ein Trend, Aufgaben, Therapieziele und Lebensbewältigungsstrategien in Form von Gamification[2] zu bearbeiten (vgl. hierzu auch Lehmann/Voit in diesem Band). Die Idee dabei ist, es mit Hilfe einer spielerischen Umgebung zu erleichtern, anstrengende oder mit (zumeist psychischen) Hürden verknüpfte Veränderungen, vorrangig auf der Ebene des Verhaltens, zu erzielen. Die zunehmende Verbreitung dieses Zugangs bringt jedoch auch ethische Implikationen mit sich, die im Folgenden exploriert werden.

Tae Wan Kim und Kevin Werbach bezeichnen Gamification als „one of the fastest dispersing behavioral tools" (Kim/Werbach 2016, 2). Die beiden Autoren benennen in ihrer Analyse vier Aspekte, die im Kontext einer ethischen Bewertung von Gamification relevant seien:

> „the extent to which the practice (1) takes unfair advantage of workers (e.g., exploitation); (2) infringes any involved workers' or customers' autonomy (e.g., manipulation); (3) intentionally or unintentionally harms workers and involved parties in various ways; or (4) has a socially unacceptable degree of negative effect on the character of involved parties" (Kim/Werbach 2016, 12).

Damit benennen die Autoren Ausbeutung, Manipulation, intendierte oder unintendierte Schädigung und sozial inakzeptable negative Effekte für beteiligte Akteur*innen als kritische Punkte, die einer ethischen Bewertung bedürfen.

Im Folgenden wird einem Aspekt nachgegangen, der mit der Frage von Manipulation verbunden ist, jedoch darüber hinausgeht.

Der Pew Research Center Report zu Gamification (vgl. Anderson/Rainie 2012) kommt auf der Basis einer Expert*innenbefragung zu dem Schluss, dass sowohl manipulative als auch produktive Aspekte mit Gamification befördert werden. So wird darin u. a. die Social Network-Forscherin Danah Boyd mit den Worten zitiert:

> „It will seep into many aspects of life without us even acknowledging it. It'll become a central part of neoliberal ideology without folks even noticing it. Why? Because it's a modern-day form of manipulation. And like all cognitive manipulation, it can help people and it can hurt people. And we will see both." (Anderson/Rainie 2012, 15)

---

2 Mit Gamification oder „gameful design" wird im wissenschaftlichen Kontext die Nutzung von Elementen und Techniken aus dem Game-Design in nicht-spielerischen Kontexten bezeichnet (vgl. Deterding/Dixon/Khaled 2011; Deterding et al. 2011; Werbach/Hunter 2012; Werbach 2014).

Zunächst folgen viele der verbreiteten Gamification-Anwendungen dem Prinzip der Optimierung von Verhalten, bspw. durch das Stellen von Aufgaben, die erfolgreich gelöst werden sollen und wenn dies der Fall ist, entsprechend belohnt werden. Die Ziele und Aufgaben, die zu erreichen sind, können i. d. R. als sozial erwünschtes Verhalten zusammengefasst werden. Damit stellt sich *erstens* die Frage, was Verhaltensoptimierung mit Hilfe von Apps als Grundlogik für den jeweiligen therapeutischen oder pädagogischen Zusammenhang und die damit verbundenen Bildungs- und Interventionsziele hinsichtlich der Ideen von Autonomie und Selbstwirksamkeit bedeutet, und *zweitens*, welche normativen Ideen implizit in die Spiele eingelagert sind. Kim und Werbach weisen darauf hin, dass Gamification sowohl auf den Prinzipien der Verhaltensmodifikation als auch der Selbstwirksamkeit beruhen kann:

> „At a general level, gamification draws from behavioral psychology traditions that do not rely on rational self-reflection to explain behavior. One of these is behaviorist operant conditioning, in which people learn to associate rewards with desired behavior through an unconscious process of reinforcement, rather than rational consideration. B. F. Skinner, the giant in the field, even went so far as to reject the concepts of freedom and dignity entirely (Skinner 1972). It is easy to see why this approach has long been subject to moral and social criticisms. Many gamified systems employ rewards such as digital badges, visual feedback elements, and virtual goods in a manner consistent with behaviorist teaching (Linehan et al. 2015, Selinger et al. 2015). At the same time, gamification can be consistent with the precepts of Self-Determination Theory (SDT), a psychological school diametrically opposed to behaviorism. SDT focuses on innate psychological needs, in contrast to the extrinsic rewards emphasized in behaviorism. Yet all of the intrinsic motivators that SDT identifies – competence, autonomy, and relatedness – can be satisfied through games and game-like experiences (Rigby 2015; Werbach and Hunter 2012)." (Kim/Werbach 2016, 20)

Die beiden Prinzipien schließen sich nicht notwendigerweise gegenseitig aus. So kann auch die Idee der Verhaltensmodifikation mit dem Ziel, Selbstwirksamkeit mit Blick auf die erfolgreiche Erfüllung einer von außen gestellten Aufgabe zu erzielen, ebenso möglicherweise mit einem emanzipatorischen pädagogischen Verständnis konfligieren wie das operante Konditionieren. Oder anders gefragt: Welche Ideen von Autonomie, Führung oder Selbstführung sind darin eingelagert und nicht mit pädagogischen Ansätzen vereinbar, die anstelle dem Herbeiführen eines erwünschten bzw. angepassten Verhaltens in kritisch-reflexiver Perspektive pädagogische Verhältnisse als Spiegel gesellschaftlicher Verhältnisse betrachten? Im Kontext kritischer Erziehung nach Klaus Mollenhauer wäre eine Erziehung, die auf Anpassung zielt, eine, die auch zu einer Gesellschaft der Anpassung führt und damit zutiefst fragwürdig (vgl. Mollenhauer 1968).

Niklas Schrape analysiert die Prinzipien von Gamification aus einer gouvernementalen Perspektive (vgl. Schrape 2014, 21). Er sieht darin einen Regulierungsmodus der liberalen Gouvernementalität in extremer Form:

> „Within it, the subject is constructed as a free player in a defined rule-space. So far, the biopolitically appropriate behaviour of the players had to be ensured by negative feedback-techniques like punishment and deterrence. Now, gamification allows for effective behaviour regulation via positive feedback. Points, badges and leaderboards are more pleasant than prisons and executions. The carrot beats the stick. The only price to pay is total surveillance" (Schrape 2014, 21).

Damit ist das Grundprinzip kein Neues – es funktioniert ähnlich wie Tokensysteme. Allerdings erlaubt seine digitale Implementation eine umfassende gouvernementale Regierungsweise durch die konstante Beobachtung individuellen Verhaltens und seine Regulierung durch softwarebasierte Designoptionen und positive Feedback-Mechanismen (vgl. Schrape 2014, 42f.).

Ein Element bei Games zur Verhaltensoptimierung ist die Externalisierung von Introspektion in Technologie, bspw. indem darauf abgezielt wird, anstatt das eigene Verhalten zu reflektieren, Handlungsanforderungen zu erfüllen und Feedback durch das digitale Gegenüber zu erhalten – orientiert an dem darin verankerten Verhaltensziel und den damit verbundenen normativen Ideen. In der Logik der Gamification wirkt dies dann über wiederholtes Training wiederum zurück auf die Nutzer*innen. Die darin eingelagerte effektive Verhaltensregulation über positives Feedback („Karotte statt Stock") operiert über scheinbar freie, selbstgesteuerte Modi des spielerischen Bewältigens, die entsprechend belohnt werden. Dieser „libertäre Paternalismus" (Schrape 2014, 35) regiert die Subjekte nach dem Prinzip, dass sie sich frei fühlen sollen, ihr Verhalten aber reguliert wird. Verbunden mit der Nutzung von Metadaten in weiterentwickelten Formen der Gamification wird daraus eine umfassende Verhaltenszurichtung in Kombination mit intelligenten Überwachungsmechanismen ähnlich dem Modell des „Big Nudging"[3]. In diesem Zusammenhang erscheint es als äußerst fraglich, inwiefern dabei als Ziel eine emanzipative Form von Bildung und entsprechende Ideen autonomer Subjekte denkbar sind.

Neben diesen grundlegenden Mechanismen ist eine andere Frage, welche impliziten (oder auch expliziten) normativen Ideen in diese Formen von Gamification eingebettet sind. Wenn es um die erfolgreiche Bewältigung von Aufgaben (nach dem Prinzip Aktivität – richtiges Verhalten – erfüllte Aufgabe) geht, dabei bestimmte Regeln zu beachten und spezifische Erziehungs- oder

---

3 „Big Nudging" wird im Digital Manifest als Gefahr für Demokratie, Rechtsstaatlichkeit und Freiheit beschrieben (vgl. Helbing et al. 2015).

Therapieziele damit verbunden sind, stellt sich die Frage, welche Idee von einem guten Leben darin objektifiziert (vgl. Wijetunga 2014) ist: Welche Formen der Lebensführung[4] werden über das eingelagerte Belohnungssystem propagiert und verstärkt (und damit implizit als erstrebenswert gesetzt)? Im Kontext des aktivierenden Wohlfahrtsstaats (vgl. Kessl/Otto 2009) sind nicht nur normative Entwürfe, die auf Produktivität, Aktivierung und soziale Erwünschtheit angelegt sind, anschlussfähig und mit Hilfe von Gamification auf Mikroebene operationalisiert. Eine Verhaltensoptimierung als Modus der Aktivierung im Sinne einer „What works"-Logik, die erwünschtes zweckrationales Verhalten belohnt und Wirkung über individuumsbezogene Verhaltenssteuerung (statt Aufklärung[5] oder Arbeit an sozial ungleichen Ursachen und Kontexten) anzielt, stellt somit über das Mittel des Spiels eine effektive Zurichtung in Form von Führung und Selbstführung dar. Kommt also zehn Jahre nach einer kritischen Debatte zur Moralisierung von nicht-produktivem Verhalten der „Underclass" (vgl. Kessl/Reutlinger/Ziegler 2007) die Aktivierung im Normalismus (vgl. Link 2006) in Form von Apps wieder? Und was heißt das für die Frage, was unter diesen Bedingungen bedeutet, dass Soziale Arbeit an der Befähigung zu autonomer Lebensbewältigung oder an bestimmten festgelegten Ideen eines erstrebenswerten guten Lebens ausgerichtet wird? In diesem Zusammenhang stellt sich auch die Frage, was davon besser in Technologie übersetzbar ist: Verhaltensoptimierung mit einem Aufgabe-Belohnungssystem ist möglicherweise besser implementierbar als reflexive Auseinandersetzungsprozesse. In der Folge wirft das wiederum die Frage auf, welche Folgen diese Umsetzbarkeit im Kontext des Trends zur Gamification als ‚innovativer Angebots- oder Hilfeform' für die Wahl der Methoden Sozialer Arbeit unter den Bedingungen von Digitalisierung hat: Wird jetzt im Sinne der „self-reinforcing loops" (Grafanaki 2017, 866) die Methode der Wahl, weil sie so schön in Games umsetzbar ist, die Verhaltensoptimierung?

Hinzu kommt der machtvolle Kontext der Verwendung solcher Gamification-Anwendungen: Wenn Therapeut*innen oder Sozialarbeiter*innen den Adressat*innen im Rahmen des Hilfeprozesses nahelegen diese zu nutzen, ist fraglich, inwiefern letztere faktisch eine Wahl haben, die Nutzung dieser Anwendungen zu verweigern bzw. was sie darüber preisgeben wollen. Damit stellen Gamification-Apps potenziell eine weitere Form der „fürsorglichen Formen

4 z. B. Geschlechternormen (eine Prinzessin, die gerettet werden soll), Fitness-Normen (sich gesund halten), Produktivitätsnormen (Maß halten, Aufgaben erfüllen, produktiv sein, aktiv sein) etc.

5 Digital gestützte Verhaltenssteuerung operiert als antiaufklärerisches Mittel der Herstellung einer produktiven Bevölkerung: „Now it seems that people do not have to be illuminated but simply regulated by points and badges in order to make them fitter, happier, and more productive." (Schraper 2013, 43)

digitaler Überwachung“ (Lyon 2013, 53) dar und werfen professionsethische Fragen danach auf, wie die technische Struktur in Relation zu einer moralischen Reflexion von Zielen und Mitteln steht.

2.2 Social Media, Big Data, Fachsoftware und ihre Bedeutung für Freiheiten

Viele Institutionen und Trägerorganisationen Sozialer Arbeit haben neben ihren Webseiten auch Präsenzen auf sozialen Netzwerkplattformen wie Facebook oder YouTube, viele Fachkräfte nutzen WhatsApp als Kontaktmedium für ihre Adressat*innen. Auch im privaten Bereich werden soziale Medien genutzt und werden zum Gegenstand sozialpädagogischer Beratung, bspw. wenn Eltern digitale Medien nutzen und dies auch Auswirkungen auf die Daten ihrer Kinder hat. So ist neben der Preisgabe kinderbezogener Daten im Zuge des Sharenting (vgl. Kutscher/Bouillon 2018) ein weiteres Problem die Balance zwischen Autonomieermöglichung und Schutz, wenn es um weit verbreitete aber noch nicht altersgemäße Dienste wie WhatsApp oder YouTube geht. Eltern erlauben ihren Kindern die Nutzung dieser Dienste auch wenn sie unterhalb des erlaubten Alters gemäß AGBs sind und versuchen dann die mangelnde Begleitung oder Kontrolle dadurch zu kompensieren, dass sie „aus Unwissenheit den Kindern die Medienverantwortung übertragen […] oder […] Eingriffe in die Privatsphäre der Kinder [vornehmen] indem abends die Smartphones und WhatsApp-Nachrichten durchsucht werden“ (Kutscher/Bouillon 2018, 51).

Neben der Tatsache, dass diese Kommunikationswege alltagsnah und niedrigschwellig für Fachkräfte wie Adressat*innen sind, verweist jedoch ihre Nutzung auch auf ethische Reflexionsbedarfe. Die Vernetzung von Fachkräften mit Adressat*innen über soziale Netzwerkdienste wie Facebook, WhatsApp oder Instagram[6] führt „nebenbei“ dazu, dass eine Vielzahl an Informationen über das Alltagsleben der Adressat*innen an die Fachkräfte gerät, die für letztere ohne diese digitale Verbindung nicht oder zumindest nicht in diesem Ausmaß zugänglich würden. Dies konfrontiert Professionelle in der Sozialen Arbeit mit der Frage, inwiefern diese technisch herbeigeführte oder potenziell mögliche Informiertheit lediglich fraglos als hilfreiche Informationen für die Einschätzung der Situation der Adressat*innen zu nutzen sind oder ob es einer bewussten Entscheidung und Begrenzung bzw. Selbstbeschränkung des Zugriffs auf diese Daten bedarf, um die Privatsphäre der Adressat*innen zu wahren.

Im Zusammenhang der Nutzung sozialer Medien entstehen jedoch auch viele Metadaten, die für sich genommen harmlos erscheinen, auf der Basis einer

6 Alle drei Dienste gehören zum Facebook-Konzern.

algorithmischen Auswertung jedoch weitreichende Konsequenzen für die Adressat*innen haben können. Sobald sie die Facebookseite bspw. einer Schuldnerberatung, eines Frauenhauses, einer stationären Hilfeeinrichtung o. ä. besuchen oder Kontakt aufnehmen, entstehen Metadaten, die seitens der Anbieter mit personenbezogenen Daten kombiniert und ausgewertet werden und sie in den Daten, die auch an Dritte[7] weitergegeben werden, als Klient*innen psychosozialer Dienste erkennbar machen. Damit bedeutet die Möglichkeit, über digitale weit verbreitete Wege als Hilfeeinrichtung erreichbar zu sein, zugleich unweigerlich auch, prekäre Metadaten über die Adressat*innen mit zu produzieren für Zwecke, die die künftigen Freiheiten und Zugänge der Adressat*innen zu Informationen und Ressourcen verringern können (vgl. Kutscher 2015; Bundesjugendkuratorium 2016).

„Harmlose" Metadaten wie installierter Schrifttyp, Kontaktdaten, Lokalisierungsdaten, Präferenzen beim Onlineshopping, Interaktionsdaten mit Webseiten (wie bspw. Vertippen beim Ausfüllen von Onlineformularen), nicht abgeschickte und wieder „gelöschte" Posts oder „entfreundete" Kontakte auf Facebook u.v.m., die beim Besuch von Webseiten mit entsprechenden „belastenden" Metadaten aus psychosozialen Hilfekontexten kombiniert werden, können weitreichende Folgen haben. So können entsprechende prekäre Metadaten dazu führen, dass auf dieser Basis algorithmenbasiert der Zugang zu Krediten oder Versicherungspolicen aufgrund eines berechneten statistischen Risikos verweigert oder nur verteuert angeboten wird, Personen im Zusammenhang von metadatengestützten Kriminalitätsvorhersagen eher statistisch in Verdacht geraten[8], Preise, die im Onlinehandel für Produkte angezeigt werden, personalisiert variieren (ohne dass den einzelnen Kund*innen diese Unterschiede zur Kenntnis gelangen) oder auch – wie am Beispiel der Gamification gezeigt oder auf gesellschaftlicher Ebene nicht nur in China – verhaltenssteuernde Maßnahmen personenbezogen passgenau regulierend vollzogen werden können (vgl. u. a. Morgenroth 2016; Schneider/Seelmeyer 2018).

---

7 Dies ist Bestandteil der AGB der kommerziellen Diensteanbieter wie Facebook, Google/Alphabet, Amazon und vieler mehr.

8 INDECT, CAPER und PROACTIVE sind EU-geförderte Forschungsprojekte mit dem Ziel, Big Data für Kriminalitätsvorhersagen zu nutzen.

Abbildung 1: Metadaten und ihre potenziellen Folgen (nicht nur) für Adressat*innen der Sozialen Arbeit (erweitert nach Kutscher 2020)

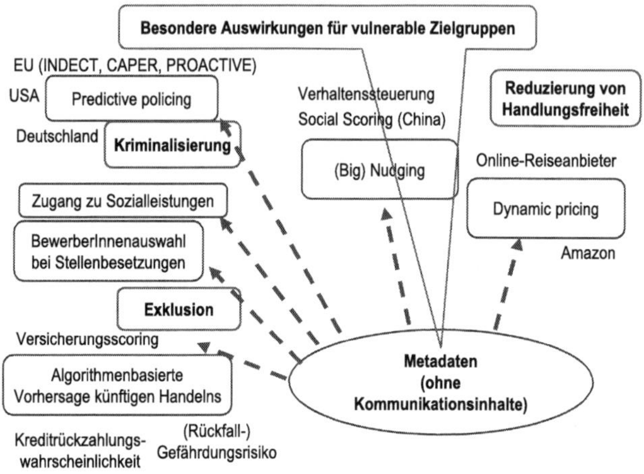

Die darüber vorgenommenen Einschätzungen basieren auf statistischer Evidenz, die durch die algorithmische Auswertung von digitalen und nicht-digital produzierten Metadaten erzeugt wird und auf dieser Basis zunehmend viele Lebensbereiche steuert und einordnet. Diese algorithmengestützte Klassifikation hat ambivalente Implikationen. So ist im kriminologischen Bereich das Prinzip dieser evidenzbasierten Steuerungsmechanismen die „actuarial justice" (Balzer 2015). Diese „objektiviert Gefahren zu Risiken und operiert somit nicht mittels Moral. So wird aus dem moralisch abweichenden „bösen Verbrecher" der alten Pönologie durch objektivierte Fakten ein Träger von Risikomerkmalen" (Balzer 2015, 80). Nichtmoralische, nicht von subjektiven Einschätzungen abhängige Bewertungen versprechen dabei eine höhere Objektivität. Darüber hinaus beruhen sie auf der gleichzeitigen Messung und Herstellung von „Normalität" und Abweichung. Empirische Befunde zum „algorithmic bias" zeigen, dass die Benachteiligung bestimmter sozialer Gruppen in der Bevölkerung im Rahmen algorithmischer Berechnungen wiederum reproduziert wird, da entweder die Algorithmen so angelegt sind oder die Daten, die sie verarbeiten, diesen Bias in sich tragen (vgl. Angwin et al. 2016). Vor diesem Hintergrund ist auch das Risiko der strukturellen und potenziell intransparenten Reproduktion sozialer Ungleichheiten – auch im Zugang zu sozialen Dienstleistungen – ein Problem, auf das Virginia Eubanks hinweist (vgl. Eubanks 2018).

Aktuarielle Einschätzungsverfahren sind seit längerer Zeit auch im Feld der Sozialen Arbeit im Einsatz. So werden bspw. bei der Einschätzung von Kindeswohlgefährdung softwarebasierte Methoden genutzt, die teils erfolgreich für die Klassifizierung von Risiken eingesetzt werden (vgl. Bastian 2012). Pascal Bastian weist darauf hin, dass allein die Klassifikation noch nicht das Problem sei, sofern diese in entsprechende fallrekonstruktive Verfahren eingebettet wird. Es bleibt allerdings die Frage bestehen, inwiefern allein die Tatsache einer „objektiven“ Berechnung (die nichtsdestotrotz immer vorgängig auf subjektiv vorgenommenen Einschätzungen beruht, die dann in einer digitalen oder nichtdigitalen Form dokumentiert und ggf. einer Berechnung zugeführt werden) schon eine Wirkmacht hat, die nicht ohne weiteres außer Kraft gesetzt werden kann. „Die errechnete Form hat einen höheren ontologischen Rang als die sogenannte Realität, da sie diese ändern und in anderer Form reproduzieren kann“ (Capurro 2017, 20). Damit kann auch wenn entsprechende intersubjektive Bewertungsverfahren, wie das Vier-Augen-Prinzip oder fallrekonstruktive Interpretationsverfahren, damit gekoppelt werden, die Suggestion der „objektiven Technik“ über eine Entscheidungsunterstützung hinaus zur impliziten, möglicherweise kaum bewussten Einschränkung von Entscheidungsspielräumen oder zumindest einer Vorstrukturierung fachlicher Wahrnehmung und Bewertung führen: Wer traut sich gegen die Software zu entscheiden? Zu reflektieren ist dabei somit, was dies für die Beteiligtheit und Autonomie von Fachkräften wie Adressat*innen bedeutet, also: welche Autonomie bekommt die Technik. Welche Autonomie bekommen die Menschen, die sich ihrer bedienen, zugestanden? Wo liegt die Verantwortung für Entscheidungen? Wie wird sie verteilt, verankert?

Algorithmenbasierte Berechnungsmechanismen tragen daher auf gesamtgesellschaftlicher Ebene das Risiko der Gefährdung von Gleichheit, Demokratie, Autonomie und Menschenwürde (vgl. Christl 2017, 5) in sich und erfordern angesichts dieser Risiken mit Blick auf Anwendungskontexte in der Sozialen Arbeit eine entsprechende kritische und differenzierte Reflexion ihrer potenziellen Wirkungen für die verschiedenen Handlungsfelder und Zielgruppen.

2.3 Das Dilemma – ein Beispiel

Vor dem Hintergrund des oben dargestellten Problems der Metadatenproduktion im Kontext sozialpädagogischer Kontakte über kommerzielle soziale Netzwerkdienste stehen Anbieter sozialer Unterstützungsleistungen vor dem Dilemma, entweder den Klient*innendatenschutz zu gewährleisten oder die Ansprache der Zielgruppen Sozialer Arbeit in alltagsnahen digitalen Strukturen zu ermöglichen. In ihrem Beitrag zu ethischen Standards für die Nutzung von Facebook in der Sozialen Arbeit schlagen Hillary Rose Dolinsky und Natalie Helbig konkrete Handlungsmaximen vor, anhand derer eine problematische Metadatenproduktion vermieden werden könne (vgl. Dolinsky/Helbig 2015, 64). Das Beispiel zeigt, wie unauflösbar das Dilemma zwischen den beiden Optionen ist, wenn beide Interessen konsequent berücksichtigt werden sollen.

Tabelle 1: Ethische Standards für die Nutzung von Facebook in der Sozialen Arbeit (Dolinsky/Helbig 2015, 64, Übersetzung Nadia Kutscher)

Einverständnis erhalten	• Social Media in einfacher Sprache erklären • Kommentierung und Beteiligungskonzept auf der Profilseite • Um Erlaubnis fragen, bevor man Jugendliche online kontaktiert
Vertraulichkeit absichern	• Social Media nur im privaten Bereich und nur auf Einladung nutzen • Auf Social Media Seiten erläutern, wer wofür verantwortlich ist – sowohl auf Seiten der Administrator*innen als auch auf Seiten der Zielgruppen
Offenlegung von sensiblen Informationen vermeiden	• Keine Erwähnung (sozial-)pädagogischer Inhalte auf Social Media Seiten • Social Media offen und für alle öffentlich halten • Profilseiten ohne Erwähnung von sozialpädagogischen Inhalten erstellen • Informieren der Jugendlichen über Gefahren im Netz und Risiken der Erkennbarkeit
Identität verifizieren	• Social Media Fotos mit Klientendaten abgleichen • Name, Geburtstdatum, -ort und E-Mail-Adresse prüfen • Verwandte und Freunde im Netzwerk der Person abgleichen • Profil in persönlichem Kontakt prüfen

Betrachtet man das in Tabelle 1 benannte Feld der Anforderung, die *Offenlegung von sensiblen Informationen* zu vermeiden, wird von den beiden Autorinnen vorgeschlagen, jegliche Bezugnahme auf sozialpädagogische Inhalte auf dem sozialen Netzwerkprofil zu vermeiden, also nicht als psychosoziale Hilfsinstitution erkennbar zu werden, da, sobald dies der Fall ist, die entsprechenden problematischen Metadaten für die Adressat*innen entstehen. Würde eine Institution dies berücksichtigen, wäre die Folge, dass sie mit dem Netzwerkprofil eben genau nicht realisieren kann, weswegen es eingerichtet wurde: für potenzielle Adressat*innen sicht- und erkennbar sein, um auch über das soziale Netzwerk ansprechbar zu werden. Damit wird deutlich, dass sich die Intention der Nutzung einer Zielgruppenansprache über kommerzielle soziale Netzwerke und die Intention bzw. Verpflichtung, personenbezogene Daten nicht an unbefugte Dritte weiterzugeben, wechselseitig ausschließen.

3 Ausblick

Die Nutzung digitaler Medien und Dienste im Kontext der Sozialen Arbeit bringt viele Möglichkeiten mit sich, die Handlungsoptionen von Fachkräften und Adressat*innen erweitern und einschränken können. Damit sind die mit Digitalisierung verbundenen Vorstellungen entsprechend differenziert zu betrachten. Insbesondere die damit verknüpften Potenzialitäten, Widersprüche und ethischen Fragen fordern Fachkräfte wie Träger heraus, neben der rechtlichen und pragmatischen auch die Ebene der ethisch-moralischen Aspekte zu reflektieren und in der Ausgestaltung digital gestützter Handlungsansätze und Infrastrukturen zu berücksichtigen.

Kernfragen, die sich aus der Nutzung bzw. dem Einsatz spezifischer digitaler Formen ergeben, zeigen sich im Verhältnis von a) Autonomieermöglichung für bzw. Zurichtung und Unterwerfung von Adressat*innen, b) dem Preis für die Absicherung subjektiver Entscheidungen und der Handlungsfreiheit für Fachkräfte, sowie letztlich in c) der Frage, welche Implikationen die Logiken digitaler Technologien in einem bestimmten Handlungszusammenhang und den ihn umgebenden (auch wohlfahrtsstaatlichen) Strukturen für die ethische und weitere fachliche Verortung von Sozialer Arbeit haben.

Die gouvernementalen Regierungsweisen über digitale Dienste ermöglichen Formen der Führung, die aus ethischer Perspektive hinterfragbar sind. Die Absicherung professioneller Entscheidungen über Fachsoftware ermöglicht die Hinzuziehung einer (teilweise auch nur scheinbar) objektiven weiteren Instanz, hat aber auch potenziell Implikationen für die Zuschreibungen an spezifische Adressat*innengruppen und Handlungsspielräume von Fachkräften. Die Nutzung kommerzieller datenprekärer Dienste und Apps ermöglicht eine lebensweltnahe Zielgruppenerreichung, konterkariert gleichzeitig aber den erforderlichen Datenschutz und leistet einen Beitrag zum potenziellen Negativscoring der Adressat*innen. Frederic Reamer formuliert vor diesem Hintergrund die Anforderung, „informed consent" auf Seiten der Adressat*innen herzustellen, um die Nutzung digitaler Dienste und damit verbundener Daten entsprechend ethisch abzusichern (vgl. Reamer 2013). Allerdings ist die Frage, inwiefern unter den Bedingungen von intransparenter Metadatensammlung und ihrer Nutzung überhaupt so etwas wie ein „informed consent" herstellbar ist.

Insgesamt geht es somit um Fragen und widersprüchliche Verhältnisse von Teilhabe und Zugehörigkeit, Schutz von Daten und Privatheit bzw. Vertraulichkeit, Autonomie und Unterwerfung, Sicherheit, Schutz und Kontrolle (vgl. Kutscher 2017) und die damit verbundenen ethischen Konflikte und Dilemmata. Die Frage, mit der die Profession Sozialer Arbeit konfrontiert ist, ist eine nach der Ausweitung und den Dimensionen von fachlicher Verantwortung in digitalisierten Erbringungszusammenhängen. Dabei werden fachliche und technische Logiken und damit verbundene Wertprioritätensetzungen miteinander verhandelt und die zentrale Zukunftsfrage der Profession lautet, wie mit Adiaphorisierung (vgl. Bauman 2013) umgegangen wird: Der zunehmenden Befreiung unseres Handelns von moralischen Skrupeln, einfach weil Dinge technisch möglich sind oder naheliegen. Kurz gesagt, geht es eigentlich darum, unter den Bedingungen von Digitalisierung die klassischen ethischen Anforderungen der Profession im Blick zu behalten.

Literatur

Anderson, Janna/Rainie, Lee (2012): Gamification: Experts expect „game layers" to expand in the future, with positive and negative results. Pew Research Center Report. https://www.pewinternet.org/2012/05/18/the-future-of-gamification/

Angwin, Julia/Larson, Jeff/Mattu, Surya/Kirchner, Lauren (2016): Machine Bias. There's software used across the country to predict future criminals. And it's biased against blacks. URL: www.propublica.org/article/machine-bias-risk-assessments-in-criminal-sentencing

Balzer, Alexander D. (2015): Im Netz der Kontrolle. Gilles Deleuze' Kontrollgesellschaft im Blick der Governmentality Studies. Bamberger Beiträge zur Soziologie. Band 15. https://opus4.kobv.de/opus4-bamberg/files/44371/BBzS15Balzeropusfinse_A3a.pdf

Bastian, Pascal (2012): Die Überlegenheit statistischer Urteilsbildung im Kinderschutz – Plädoyer für einen Perspektivwechsel hin zu einer angemessenen Form sozialpädagogischer Diagnosen. In: Marthaler, T./Bastian, P./Bode, I. et al. (Hrsg.): Rationalitäten des Kinderschutzes. Kindeswohl und soziale Interventionen aus pluraler Perspektive. Wiesbaden: Springer VS, 249–267.

Bauman, Zygmunt/Lyon, David (2013): Daten, Drohnen, Disziplin. Ein Gespräch über flüchtige Überwachung. Berlin: edition suhrkamp.

Capurro, Rafael (2017): Homo Digitalis. Beiträge zur Ontologie, Anthropologie und Ethik der digitalen Technik. Wiesbaden: Springer VS.

Christl, Wolfie (2017): Corporate Surveillance in Everyday Life. How Companies Collect, Combine, Analyze, Trade, and Use Personal Data on Billions. A Report by Cracked Labs, Vienna, June 2017. https://crackedlabs.org/dl/CrackedLabs_Christl_CorporateSurveillance.pdf

Cukier, Kenneth/Mayer-Schönberger, Viktor (2013): Big Data. Die Revolution, die unser Leben verändern wird. München: Redline.

Deleuze, Gilles (1990): Postscript on the Societies of Control. In: October, Vol. 59. (Winter, 1992), pp. 3–7. http://links.jstor.org/sici?sici=0162-2870%28199224%2959%3C3%3APOTSOC%3E2.0.CO%3B2-T

Dolinsky, Hillary R./Helbig, Natalie (2015): Risky Business: Applying Ethical Standards to Social Media Use with Vulnerable Populations. In: Advances in Social Work, Vol 16 No 1 (2015): Special Issue: Technology, the Internet & Social Work Practice. http://journals.iupui.edu/index.php/advancesinsocialwork/article/view/18133/19920

DuckDuckGo (2018): Measuring the „Filter Bubble": How Google is influencing what you click. https://spreadprivacy.com/google-filter-bubble-study/

Eubanks, V. (2018): Automating Inequality. St. Martins' Press MacMillan.

Flaxman, Seth/Goel, Sharad/Rao, Justin M. 2016): Filter Bubbles, Echo Chambers, and Online News Consumption. Public Opinion Quarterly, Volume 80, Issue S1, 2016, 298–320, https://doi.org/10.1093/poq/nfw006

Grafanaki, Sofia (2017): Autonomy Challenges in the Age of Big Data. In: Fordham Intellectual Property, Media & Entertainment Law Journal, Volume 27, Issue 4, 803–868. https://ir.lawnet.fordham.edu/iplj/vol27/iss4/3

Helbing, Dirk/Frey, Bruno S./Gigerenzer, Gerd/Hafen, Ernst/Hagner, Michael/Hofstetter, Yvonne/van den Hoven, Joerden/Zicari, Roberto V./Zwitter, Andrej (2015): Das Digital-Manifest. Digitale Demokratie statt Datendiktatur. https://www.spektrum.de/news/wie-algorithmen-und-big-data-unsere-zukunft-bestimmen/1375933

Kessl, Fabian/Reutlinger, Christian/Ziegler, Holger (Hrsg.) (2007): Erziehung zur Armut? Soziale Arbeit und die ‚neue Unterschicht'. Wiesbaden: Springer VS.

Kim, Tae Wan/Werbach, Kevin (2016): More than Just a Game: Ethical Issues in Gamification. In: Ethics and Information Technology, 18 (2), 157–173.

Kutscher, Nadia (2017): Digitalisierung der Sozialen Arbeit. Entwicklungen, Herausforderungen und Perspektiven. In: merz 4/2017, 18–25.

Kutscher, Nadia/Bouillon, Ramona (2018): Kinder. Bilder. Rechte. Persönlichkeitsrechte von Kindern im Kontext der digitalen Mediennutzung in der Familie. www.dkhw.de/fileadmin/Redaktion/1_Unsere_Arbeit/1_Schwerpunkte/6_Medienkompetenz/6.13._Studie_Kinder_Bilder_Rechte/DKHW_Schriftenreihe_4_KinderBilderRechte.pdf

Kutscher, Nadia (2020): Ethische Fragen Sozialer Arbeit im Kontext von Digitalisierung. In: Kutscher, Nadia/Ley, Thomas/Seelmeyer, Udo/Siller, Friederike/Tillmann, Angela/Zorn, Isabel (Hrsg.): Handbuch Soziale Arbeit und Digitalisierung. Weinheim und Basel: Beltz Juventa, 347–361.

Ley, Thomas (2019): Zur Informatisierung Sozialer Arbeit – Eine qualitative Analyse sozialpädagogischen Handelns im Jugendamt unter Einfluss von Dokumentationssystemen. Bielefeld: Universität Bielefeld (Dissertation). Weinheim und Basel: Beltz Juventa.

Ley, Thomas/Seelmeyer, Udo (2014): Dokumentation zwischen Legitimation, Steuerung und professioneller Selbstvergewisserung. In: Sozial Extra 38, H. 4, 51–55.

Link, Jürgen (2006): Versuch über den Normalismus. Wie Normalität produziert wird. Göttingen: Vandenhoeck & Ruprecht.

Morgenroth, Markus (2016): Sie kennen dich! Sie haben dich! Sie steuern dich! München: Droemer Knaur.

Piore, Adam (2018): Technologists are trying to fix the „filter bubble“ problem that tech helped create. In: MIT Technology Review Sept./Oct. 2018. https://www.technologyreview.com/s/611826/technologists-are-trying-to-fix-the-filter-bubble-problem-that-tech-helped-create/

Bradshaw, Samantha/Howard, Philip N. (2018): Challenging Truth and Trust: A Global Inventory of Organized Social Media Manipulation. http://comprop.oii.ox.ac.uk/wp-content/uploads/sites/93/2018/07/ct2018.pdf

Saurwein, Florian (2018): Automatisierung, Algorithmen, Accountability. Eine Governance Perspektive. In: Rath, Matthias/Krotz, Friedrich/Karmasin, Matthias (Hrsg.): Maschinenethik. Wiesbaden: Springer VS, 35–56.

Schierz, Sascha (2015): Diagnostizieren und Dokumentieren? Risikoorientierung und Informatisierung der Bewährungshilfepraxis als Teil einer neueren Kontrollkultur. In: Kutscher, N./Ley, T./Seelmeyer, U. (Hrsg.): Mediatisierung (in) der Sozialen Arbeit, Baltmannsweiler: Schneider Hohengehren, 208–224.

Schneider, Diana/Seelmeyer, Udo (2018): Der Einfluss der Algorithmen. Neue Qualitäten durch Big Data Analytics und Künstliche Intelligenz. In: Sozial Extra 42, H. 3, 21–24

Schrape, Niklas (2014): Gamification and Governmentality. In: Fizek, S./Fuchs, M./Ruffino, P./Schrape, N. (2014): Rethiking Gamification. Hybrid Publishing Lab, Leuphana University of Lüneburg, Milton Keynes: Lightning Source. www.meson-press.com, 21–45.

Traue, Boris (2011): Gouvernemedialität der digitalen Partizipation: Überlegungen zu medialen und gesellschaftlichen Voraussetzungen der Schriftkundigkeit. Sozialwissenschaften und Berufspraxis, 32 (2), 169–183.

Wijetunga, Dinuka (2014): The Digital Divide Objectified in the Design: Use of the Mobile Telephone by Underprivileged Youth in Sri Lanka. In: Journal of Computer-Mediated Communication 19, H. 3, 712–726.

Technikberatung für ältere Menschen zwischen Autonomieförderung und Lenkung

Daniela Schlindwein, Michél Nitschke, Sigrun Goll & Holger Hagen

1 Einleitung

Dieser Beitrag legt die These zugrunde, dass das Arbeitsfeld der Technikberatung für ältere Menschen und (pflegende) Angehörige sich durch den Widerspruch auszeichnet, Menschen einerseits mit dem Ziel aufzuklären und zu beraten, ihnen durch technische Hilfsmittel zu mehr Autonomie und Lebensqualität zu verhelfen, dies andererseits unter Bezugnahme auf dominante Technik- und Altersdiskurse und mit Hilfe verschiedener widersprüchlicher – u. a. lenkender – Beratungsstrategien geschieht, um Ratsuchende gezielt zu beeinflussen. Dabei soll aufgezeigt werden, in welchem gesellschaftspolitischen Kontext die Entstehung von Technikberatungsstellen für ältere Menschen zu verorten ist und an welche Technik- und Altersdiskurse im Feld der Technikberatung angeknüpft wird. Abschließend werden die Bedeutsamkeit einer machtkritischen Reflexion der Beratungspraxis und ihre Implikationen für die Praxis beleuchtet. Die These wird im Folgenden anhand von empirischen Beispielen aus selbst erhobenem Interviewmaterial und mittels Auszügen aus dem Ratgeberbuch „Technikberatung für ältere Menschen und Angehörige" (Apfelbaum et al. 2016) veranschaulicht. Letzteres ist als Ergebnis der Begleitforschung zur Förderlinie „Besser leben im Alter durch Technik" hervorgegangen. Der Auftakt des Beitrags besteht in der Beschreibung des methodischen Vorgehens (Kapitel 2), worauf eine Darstellung des Entstehungshintergrunds der Technikberatungsstellen im Rahmen der BMBF-Förderlinie „Besser leben im Alter durch Technik" sowie ihrer Strukturen und Aufgaben folgt (Kapitel 3). Danach wird eine gesellschaftspolitische Kontextualisierung (Kapitel 4) sowie eine Erläuterung der diskursiven Rahmung der Technikberatung vorgenommen (Kapitel 5). Die empirischen und analytischen Befunde, verschiedene – aus den Interviews herausgearbeitete und in dem oben erwähnten Ratgeberbuch beschriebene – Beratungsziele und -strategien sind Gegenstand von Kapitel 6. Zum Schluss erfolgt eine Zusammenfassung und ein Ausblick mit Reflexionsimpulsen für die Beratungspraxis und offenen Forschungsfragen (Kapitel 7).

2 Methodik

Im Jahr 2017 wurden im Rahmen der Forschungsstelle „Altersgerechte Assistenzsysteme und Beratung“ an der Hochschule Hannover, Abteilung Soziale Arbeit, drei Expert*inneninterviews mit Technikberater*innen geführt. Die Interviews dienten dazu, explorativ einen Überblick über weitere relevante Themen im Arbeitsfeld der Technikberatung für ältere Menschen zu erhalten. Damit wurde an Vorarbeiten des BMBF-geförderten Forschungsprojekts „Entwicklung eines wissenschaftlich fundierten, praxisorientierten Beratungsleitfadens zu ELSI-Themen in der Beratung zu altersgerechten Assistenzsystemen“ (2015) angeknüpft.[1] Als leitendes Erkenntnisinteresse kristallisierte sich nach ersten Analysen die Frage nach den Beratungsverständnissen der Befragten sowie nach den Beratungsstrategien, die sich im empirischen Material zeigen, heraus. In Anlehnung an die Grounded Theory (vgl. Glaser/Strauss 1998) wurden in einer vorläufigen Samplingstrategie sowohl Beratungsstellen im ländlichen als auch im städtischen Raum berücksichtigt.

Nach einem ersten „Aufbrechen“ und Systematisieren des Interviewmaterials mittels der Verfahrensschritte des offenen und axialen Kodierens wird deutlich, dass sich die Tätigkeit der Technikberatung im Spannungsverhältnis von Autonomie(-förderung) und Lenkung bewegt.[2] Dieser Befund erweist sich vor den beiden Gesichtspunkten als besonders relevant, dass erstens das erklärte Ziel des Einsatzes technischer Hilfsmittel im Erhalten bzw. Erweitern der Autonomie älterer Menschen besteht (s. Kap. 3; vgl. Depner/Kollewe 2017, 315; Endter 2016, 76f.) und zweitens Beratung grundsätzlich auf der regulativen Idee einer Wiedererlangung bzw. Steigerung von Autonomie basiert (vgl. Mecheril 2004, 8f.[3]; Kraft 2009, 47; Duttweiler 2004, 25).

Ergänzt wird die Interviewauswertung um eine Analyse und kritische Einordnung von aufgelisteten Beratungszielen sowie angeratenen Beratungsstrategien (Handlungsempfehlungen) eines Ratgeberbuchs, das im Zusammenhang der Begleitforschung „Besser leben im Alter durch Technik“ entstandenen ist. In dieses fließen u. a. die im Zuge von mehr als 400 Einzelberatungen und Vorträgen gesammelten Erfahrungen aus der zweijährigen Praxis von drei Technikberatungsstellen in Sachsen-Anhalt und NRW ein. Zudem wurden 15 Interviews mit älteren Klient*innen und pflegenden Angehörigen sowie eine

---

1 In dessen Rahmen wurde bereits eine qualitativ-empirische Studie zu den Herausforderungen der Beratungspraxis und Lösungsstrategien der Beratenden durchgeführt (vgl. Goll/Nitschke 2015). Die Ergebnisse flossen sowohl in eine Dissertationsschrift (vgl. Nitschke i.E.) als auch in einen Beratungsleitfaden (vgl. Goll/Nitschke/Witte 2015) ein.

2 Im Zuge der Forschungsarbeit fand ein kontinuierlicher, fachlich-reflexiver Austausch in verschiedenen Forschungswerkstätten statt.

3 Die Seitenzählung bezieht sich auf das Online-Dokument.

Gruppendiskussion mit Fachkräften eines ambulanten Pflegedienstes einbezogen (vgl. Apfelbaum et al. 2016, 10). Es kann somit als relevantes Dokument im Kontext des Diskurses um Alter und Technik gesehen werden.

3 Entstehungshintergrund, Strukturen und Aufgaben der Kommunalen Beratungsstellen „Besser leben im Alter durch Technik"

Mit dem Förderschwerpunkt „Besser leben im Alter durch Technik" unterstützte das BMBF in den Jahren 2014 bis 2016 den bundesweiten Aufbau von 22 kommunalen Beratungsstellen. Begründet wurde die Förderung mit einer Lücke zwischen bereits existierenden technischen Möglichkeiten für ältere Menschen zur Alltagsunterstützung und der realiter geringen Anschaffung und Nutzung dieser Geräte durch die adressierte Zielgruppe. Diese Lücke wurde auf den geringen Kenntnisstand der Zielgruppe hinsichtlich des Spektrums an technischen Hilfen zurückgeführt. So hieß es in der Bekanntmachung des BMBF zu den Förderrichtlinien: „Allerdings ist das Wissen über diese technischen Unterstützungsmöglichkeiten bei den Zielgruppen nur sehr gering ausgeprägt. Es fehlen oft ein zentraler und anbieterunabhängiger Überblick über das Angebot an Hilfs- und Assistenzsystemen sowie eine persönliche Beratung, die die individuelle Situation der Nutzerinnen und Nutzer und ihrer Umgebung berücksichtigt. Auf diese Weise bleiben die Potenziale technischer Unterstützung oftmals ungenutzt, und die Lebenssituation älterer Menschen wird nicht optimal verbessert" (BMBF 2013).

Die Bundesregierung stellt die Notwendigkeit von Forschungsförderungen im Bereich Alter und Technik stets in den Kontext des demografischen Wandels. Dieser geht mit einem Pflegenotstand einher, dem u. a. durch den Einsatz technischer Assistenzsysteme zum längeren Verbleib in der eigenen Häuslichkeit beizukommen sei. Doch nicht nur aus ökonomischer und makrogesellschaftlicher Perspektive scheint die Entwicklung und Nutzung dieser Assistenzsysteme laut Bundesregierung sinnvoll. Auch argumentiert sie, dass die Interessen der älteren Menschen auf gesellschaftlicher Mikroebene synergetisch mit den makrogesellschaftlichen Interessen zusammenfallen, denn: Älteren Menschen sei es wichtig, möglichst lange im eigenen Zuhause zu leben. Technische Assistenzsysteme ermöglichen auf diese Weise, so die dominante Argumentationsfigur, eine Win-Win-Situation für diverse Akteur*innen aus Politik, Wirtschaft und Gesellschaft:[4] „Ausgehend von diesem Befund verfolgt die Zuwendung den Zweck, Kommunen bei der Entwicklung und Umsetzung von Bera-

4 Nähere Ausführungen zur Kritik dieser Argumentationsfigur in Kapitel 4.

tungsstellen zum Thema „Besser Leben im Alter durch Technik" zu unterstützen und ihnen so eine erfolgreiche Bewältigung der Herausforderungen des demografischen Wandels zu ermöglichen. Auf diese Weise sollen die Lebensqualität und Teilhabe im Alter verbessert und zugleich Innovationen besser in den Markt getragen werden. Durch ihren kooperativ-vernetzenden Charakter sollen die Beratungsstellen zudem einen Beitrag zur Verbesserung der Verwaltungspraxis mit Blick auf den demografischen Wandel leisten" (BMBF 2013).

Die bundesweit 22 kommunalen Beratungsstellen[5] verteilen sich auf zehn Städte (darunter Kleinstädte, Großstädte und kreisangehörige Städte), zehn Landkreise und zwei Gemeinden.[6] Strukturell sind sie häufig in bereits bestehende Beratungsangebote eingebettet, die eine thematische Nähe zur Technikberatung aufweisen, z. B. Pflege-, Senior*innen- oder Wohnberatung.[7] Teilweise werden bestehende Stellen um den Schwerpunkt der Technikberatung ergänzt und mit den Fördergeldern aufgestockt, andernorts werden neue Stellen geschaffen. Die Beratungsstellen sind institutionell daher oft bei Senior*innen-Pflegestützpunkten, beim kommunalen Senior*innenservice oder beim Sozialamt angesiedelt. In einigen Kommunen übernehmen auch andere Institutionen, z. B. (gemeinnützige) Vereine oder private Unternehmen die Umsetzung der Technikberatung. Durchgeführt wird die Technikberatung von Personen mit Erfahrungen in unterschiedlichen Arbeitsbereichen wie dem Gesundheits- und Sozialwesen (oft Sozialarbeiter*innen), der Wohnberatung oder, wenn auch selten, dem Bereich Handwerk und Technik. Die Aufgaben der Technikberatung liegen neben der eigentlichen Beratungstätigkeit für ältere Menschen und ihre Angehörigen in der Öffentlichkeits- und Vernetzungsarbeit (Vorstellen der Technik bei medizinisch-pflegerischem Fachpersonal, Wohlfahrtsverbänden, in Pflegeheimen, bei Senior*innentreffs etc.). Hier stellen sich die befragten Technikberater*innen als Vermittler*innen zwischen den Anliegen der Ratsuchenden und weiterführenden Stellen dar, sei es hinsichtlich einer technischen Hilfe (z. B. Kontaktvermittlung zu Elektrofachgeschäften) oder auch bzgl. alternativer Unterstützungsmöglichkeiten (Wohnberatung, ehren-

---

5 Zur Aufteilung auf die verschiedenen Bundesländer: Nordrhein-Westfalen (4), Brandenburg (1), Baden-Württemberg (1), Sachsen-Anhalt (2), Niedersachsen (4), Thüringen (1), Bayern (2), Hessen (3), Saarland (2), Mecklenburg-Vorpommern (1) und Sachsen (1) (vgl. BMBF 2015)

6 Die folgenden Angaben beziehen sich auf den Förderzeitraum. Leider liegen keine systematisch erhobenen Daten hinsichtlich einer Fortführung der Beratungsstellen über den Projektförderzeitraum hinaus vor. Recherchen im Rahmen der Forschungsstelle haben ergeben, dass die Arbeit teils gar nicht, stellenweise in geringerem Umfang oder in anderer Form (z. B. Ehrenamt) fortgeführt wurde (vgl. Nitschke i.E.).

7 Alle Angaben in diesem Abschnitt beruhen auf Ergebnissen der geführten Interviews (I-III 2017) und der empirischen Untersuchungen zur Entwicklung eines Beratungsleitfadens (vgl. Nitschke i.E. und Nitschke 2018; Anhang zur Dissertation).

amtliche Hilfsangebote etc.). Technikberater*innen informieren zu technischen Hilfsmitteln und machen sie nach Möglichkeit erfahrbar (Vorführen, Gelegenheit des Ausprobierens in der Beratung, Möglichkeit des temporären Verleihs). Einige Beratungsstellen verfügen z. B. über ein Handbuch oder Informationsblätter, welche diverse Produkte vorstellen.[8] Besteht Interesse an der Anschaffung einer Technologie, wird über Finanzierungsmöglichkeiten informiert (Bezuschussung durch Pflege- oder Krankenkassen, Ratenzahlung etc.). Je nach Kapazitäten der jeweiligen Beratungsstelle unterstützen die Beratenden z. B. die Antragsstellung bei Pflege- oder Krankenkassen oder beim Formulieren von Widersprüchen, falls ein Antrag abgelehnt wurde.

Häufig sind es Angehörige, die den Weg in die Beratung suchen. Diese stehen teilweise unter hohem Leidensdruck und versprechen sich von technischen Hilfsmitteln Entlastung bei den Pflegetätigkeiten und mehr Sicherheit für ihre (Groß-)Eltern (vgl. Nitschke et al. 2018, 386). In diesem Zusammenhang entstehen nicht selten Interessenskonflikte zwischen älteren Menschen und ihren Angehörigen, wenn erstere z. B. eine Technikanschaffung nicht wünschen und sich bevormundet fühlen (vgl. ebd.).

4 Gesellschaftspolitischer Kontext

Die Förderung von Forschungsprojekten im Bereich altersgerechter Assistenzsysteme sowie die Implementierung der Beratungsstellen „Besser leben im Alter durch Technik“ sind im Kontext des politischen Umbaus des Wohlfahrtsstaates hin zum aktivierenden Sozialstaat seit Mitte der 1990er Jahre zu verorten. So schreiben van Dyk und Lessenich (2009): „Die Aktivierungsformel vom ‚Fördern und Fordern‘, zunächst Leitlinie der mit dem Namen des damaligen VW-Personalvorstandes Peter Hartz verbundenen Arbeitsmarktreformen, hat sich mittlerweile auch in anderen Bereichen des deutschen Sozialstaats als regulative Idee sozialpolitischen Handelns durchgesetzt – unter anderem auch mit Blick auf die Regulierung des höheren Lebensalters“ (S. 23). In der „Steuerungslogik“ des aktivierenden Sozialstaates werden „(potentielle) Leistungsempfänger_innen nicht mehr als Träger_innen von Rechten, sondern als zur Eigenverantwortung Verpflichtete und in diesem Sinne zu Aktivierende“ (van Dyk 2016, 70) gesehen: „Im Zentrum der aktivierungspolitischen wohlfahrtsstaatlichen

8 Dabei sind die Berater*innen an das Gebot der Anbieterneutralität gebunden, dürfen also nicht bestimmte Marken bewerben. Gleiches gilt für die Vermittlung an Fachhändler*innen. Teilweise lösen Berater*innen das Dilemma zwischen dem Einfordern einer möglichst konkreten Angabe durch Ratsuchende und dem Werbeverbot, indem sie den Ratsuchenden bestimmte Schlagworte für eine eigene Internetrecherche vorschlagen.

Programmatik steht der tendenzielle Übergang von der ‚Staatsversorgung' zur Selbstsorge, von der öffentlichen zur privaten Sicherheitsverantwortung, vom kollektiven zum individuellen Risikomanagement" (Lessenich 2009, 163, zitiert nach van Dyk 2016, 70). Die Altersaktivierung zeigt sich u. a. in Form arbeitsmarktpolitischer Neuerungen wie beispielsweise an der Erhöhung des Renteneintrittsalters, der Einführung einer privaten Altersvorsorge („Riester Rente"), aber auch in der Förderung marktfernen, freiwilligen Engagements älterer Menschen sowie ihrer Animation zu Aktivitäten der Gesundheitsprävention oder Weiterbildung (vgl. van Dyk/Lessenich 2009, 34f.; Aner 2013, 307f.). Die Besonderheit der letztgenannten Formen der Altersaktivierung besteht darin, dass sie als „marktferne" und „freiwillige" Formen u. a. in der deutschsprachigen gerontologischen Diskussion eher als Maßnahme gegen Altersdiskriminierung und dem Empowerment älterer Menschen dienlich gewertet wird (van Dyk/Lessenich 2009, 35ff.). Lessenich und van Dyk diagnostizieren angesichts kaum vorhandener kritischer Stimmen einen „gesellschaftlichen Konsens" darüber, dass es sich bei der Altersaktivierung um eine Win-Win-Situation für ältere Menschen wie für die ganze Gesellschaft handele. Diese Inszenierung einer „Win-Win-Situation" wird u. a. von den beiden Autor*innen kritisch betrachtet: „Die politisch propagierte Win-Win-Konstellation des aktiven Alters, das gleichermaßen der Gesellschaft als Ganzes wie den aufgerufenen Älteren diene, abstrahiert von den konkreten Lebenslagen und Wünschen der älteren Menschen selbst" (van Dyk 2015, 104f.).

Denn wird Aktivität zur normativen Ausrichtung des Alter(n)s, so führt diese im Sinne einer neoliberalen „Responsibilisierung"[9] im Sinne Foucaults (2004) weniger zu einer neu gewonnen Freiheit, sondern gerät zu einer gesellschaftlichen Anforderung an ältere Menschen.[10] Auf den ersten Blick scheint die Altersaktivierung eine Aufwertung des Alters zu bewirken, bei genauerer Betrachtung fällt jedoch auf, dass all diejenigen ausgeschlossen werden, die nicht aktiv sein können oder wollen. In der öffentlichen sowie gerontologischen Debatte um die Altersaktivierung in Deutschland wird weitestgehend von sozioökonomischen Rahmenbedingungen abstrahiert. Dass nicht alle älteren Menschen über die finanziellen Mittel, den Bildungsstand oder die gesundheitlichen Ressourcen verfügen, um aktiv zu werden, wird in der Regel ausgeblendet (vgl. van Dyk 2015, 40).[11]

9 Der Begriff geht auf Susanne Krasmann (2003) zurück.

10 van Dyk et al. (2010) stellen im Zuge ihrer empirischen Analysen eine Verschärfung des Tons hinsichtlich der Altersaktivierung fest, so dass aus dem optionalen ‚Aktiv-sein-Können' im Alter zunehmend ein verpflichtendes ‚Aktiv-sein-Müssen' wird (vgl. ebd., 29).

11 Anders in der in den 1980er Jahren aufkommenden US-amerikanischen Debatte um „ageism", innerhalb derer Probleme der (rechtlichen) Benachteiligung älterer Menschen von

5 Diskursive Rahmung

5.1 Altersbilder

Altersbilder als Ergebnis von Altersdiskursen (vgl. Schroeter 2008, 612) „sind konkurrierende, mitunter stereotype Vorstellungen von der Rolle, den Eigenschaften und dem Wert alter Menschen in der Gesellschaft“ (Pichler 2010, 415). Alter kann neben anderen zentralen Differenzlinien wie Geschlecht, Ethnizität, Klasse u. a. als eine Kategorie gesehen werden, durch die soziale Differenz markiert und Gesellschaft geordnet wird. Insbesondere „intellektuelle Traditionen, die in einem engen Zusammenhang zu sozialen Bewegungen stehen“ (Mecheril/Plößer 2009, 195) wie die Gender Studies, Postcolonial Studies und Disability Studies betonen den Zusammenhang zwischen Differenzlinien und Machtverhältnissen. Sie liefern damit wichtige Impulse für die deutschsprachige Erziehungswissenschaft (vgl. Mecheril/Plößer 2009, 195). Gemäß einem poststrukturalistischen Verständnis von Differenz ist diese sozial konstruiert und nicht naturgegeben, wenngleich auch nicht völlig beliebig mit Bedeutung aufzufüllen (vgl. Pichler 2010, 415). Analog zur sozialen Konstruktion von Geschlecht im Sinne eines „doing gender“, spricht Schroeter (2008) bei der sozialen Konstruktion von Alter(sdifferenz) von „doing age“ (vgl. Aner 2010, 11). Haller (2004) überträgt das bei Butler zum Tragen kommende Konzept der Performanz auf die Differenzlinie des Alters und verweist somit auf das Potenzial, dass Subjekte Altersnormen zu verschieben, d. h. zu verändern und sich widerständig anzueignen vermögen (vgl. Aner 2010, 12). Somit schlägt Haller eine Brücke zwischen Butlers „gender trouble“ und dem „ageing trouble“ als „Unbehagen an den wirkmächtigen Alterskonstruktionen“ (Pichler 2010, 416). In diesem Sinne können Altersbilder als Ausdruck machtvoller, gesellschaftlicher Aushandlungen von Bedeutungszuschreibungen verstanden werden. Sie wirken normativ auf die Wahrnehmungen und Handlungen von Subjekten und produzieren auf diese Weise Wirklichkeit (vgl. ebd.). Die normativ aufgeladene Unterscheidungspraxis von „produktiv“ und „unproduktiv“ strukturiere auch die (Selbst-)Wahrnehmung und -darstellung älterer Menschen und sei deutungs- und handlungswirksam in psychosozialen Beratungssettings (vgl. Aner 2010, 17f.).

Altersbilder werden in verschiedenen gesellschaftlichen Bereichen u. a. medial, politisch und wissenschaftlich verhandelt (vgl. Pichler 2010, 417–422). Die politische Propagierung eines neuen (aktiven) Altersbildes wird von kritischen Stimmen als Indiz für den Umbau vom versorgenden hin zum aktivierenden

---

Fragen der gesellschaftlichen Nutzung der Ressourcen älterer Menschen entkoppelt diskutiert werden (vgl. van Dyk et al. 2010, 26).

Sozialstaat gelesen (vgl. ebd., 416f.) Indem älteren Menschen Ressourcen und Potenziale zugeschrieben werden, werden sie zugleich eingebunden in die neoliberale Regierungsstrategie einer zunehmenden Übertragung wohlfahrtsstaatlicher Dienstleistungen in den Verantwortungsbereich einzelner Subjekte (Responsibilisierung) (vgl. Pichler 2010, 416). Es werden Anreize geschaffen, so dass sich ältere Menschen beispielsweise bürgerschaftlich engagieren und soziale wie pflegerische Dienstleistungen übernehmen (vgl. ebd.).

5.2 Aktives Altern vs. defizitäres Altern

Im Bereich der Entwicklung und Beratung zu technischen Hilfsmitteln für ältere Menschen sind Bezugnahmen auf „junge“, aktive Alte ebenfalls verbreitet. Zahlreiche Studien im Bereich Alter und Technik stellen Verbindungen zwischen subjektivem Wohlbefinden und der Nutzung des Internets her und betonen die Bedeutsamkeit von Techniknutzung für ein aktives Altern (vgl. Wanka/Gallistl 2018, 2). Weber (2014) konstatiert mit Verweis auf Bittner (2011): „Man muss sich dazu nur das Informationsmaterial auf den Webseiten der großen AAL[12]-Projekte anschauen oder auf eine Messe oder Tagung gehen, wo entsprechende Systeme vorgestellt werden: Fast ohne Ausnahme werden dort Senioren gezeigt, die vor Aktivität und Kraft nur so strotzen“ (vgl. Bittner 2011, zitiert nach Weber 2014, 1). Carolin Kollewe zeigt mit ihrer ethnographischen Forschung wiederum anschaulich, wie Aktivität in Form von Bewegung mit Hilfe von Technologien wie einem sensorbasierten Hausnotruf messbar gemacht werden soll und somit normierenden Einfluss auf das Verhalten der Nutzer*innen nimmt (vgl. Kollewe 2017, 116). Und auch Biniok und Kolleg*innen (2016) verweisen auf den Zusammenhang zwischen aktivem, autonomem Altern und der Nutzung assistiver Technologien:

> „The aging population is seen as a fit and adventurous population, consisting of ‚silver surfers‘ and ‚best agers‘. Through assistive technologies, the ‚activation so-

12 AAL steht für „Ambient Assisted Living“. Im deutschsprachigen Raum werden die Begriffe „Ambient Assisted Living“ (AAL) und „altersgerechte Assistenzsystemen“ meist synonym verwandt (vgl. Manzeschke et al. 2013, 8). Die Innovationspartnerschaft AAL vom BMBF/VDE definiert in ihrer Bestandsaufnahme AAL-Systeme folgendermaßen: „AAL-Systeme im engeren Sinn sind informationstechnische Systeme, die einen älteren Menschen im Alltag dadurch unterstützen, dass sie ihn auf Basis von Daten über die aktuelle Situation Entscheidungen übernehmen oder Handlungsvorschläge unterbreiten und damit ein selbständiges und selbstbestimmtes Leben im eigenen Heim ermöglichen. [...] Ein AAL-System im weiteren Sinn (auch Monitoring-System genannt) ermöglicht, durch die Bereitstellung von Informationen über die aktuelle Situation des Betroffenen, dass andere Menschen Entscheidungen für ihn übernehmen oder Handlungsvorschläge unterbreiten“ (BMBF/VDE 2011, 12f.).

ciety‘ (Aktivierungsgesellschaft) offers the necessary means to achieve more autonomy and self-determination and the underlying paradigm of active elderly manifests itself in the technology-prospective framework of AAL“ (ebd., 99).

Eine polarisierende Unterscheidung zwischen „jungen Alten“ und „alten Alten“ (vgl. Pichler 2010, 415) findet sich auch im diskursiven Feld von Technik im Alter wieder, wie Marquardt mit Verweis auf Aceros et al. (2015) und Mort et al. (2009) konstatiert: „Erste empirische Untersuchungen smarter Wohnwelten zeigen, wie widersprüchlich die gesellschaftlichen Konzeptionen von Alter sind, die technischen Assistenzsystemen eingeschrieben werden, die ihren Nutzer*innen gleichzeitig Hilfebedürftigkeit unterstellen und Selbstsorge von ihnen einfordern“ (Marquardt 2018, 290). Technikentwicklungsprojekten liegt häufig ein negativ konnotiertes Altersbild zugrunde, wenn beispielsweise „physische und psychische Funktionsverluste im Alter (z. B. schwindende Mobilität und Orientierung, Wahrnehmungs- und Erinnerungsdefizite)“ (Künemund 2015, 29) durch den Einsatz technischer Hilfsmittel kompensiert werden sollen. Beimborn und Kolleginnen (2016) bemühen gar das Bild einer zunehmend schlechter funktionierenden Maschine, die der technischen Unterstützung und Überwachung bedarf, um die im thematischen Feld assistiver Technologien häufig vorfindbare Sicht auf ältere Menschen (und ihre Körper), zu veranschaulichen (vgl. ebd., 313). „Möglichkeiten zu Kreativität oder zur Aufrechterhaltung von Hobbies, dem Lernen oder der Selbsterfüllung“ (Künemund 2015, 29) stehen demgegenüber kaum im Mittelpunkt von Technikentwicklungsprojekten für ältere Menschen.

5.3 Technizismus und Herstellung von Technikakzeptanz

Im Bereich des fachlichen Diskurses um AAL-Technologien fällt auf, dass sich die dort angesiedelten Forschungs- und Entwicklungsprojekte durch die technizistische Haltung auszeichnen, allen Lebensproblemen mit Hilfe wissenschaftlich-technischer Entwicklungen begegnen zu können (vgl. Hagen et al. 2018, 130).[13] Es gilt also in entsprechenden Projekten in der Regel als gesetzt, dass es um das Finden technischer Lösungen geht. Dies zeigt sich u. a. daran, dass in AAL-Projekten Technologien in den meisten Fällen schon vorgegeben sind und somit auch als Lösung für bestimmte soziale Probleme vorab festgelegt wurden. Demgemäß konstatieren Selke und Biniok (2015) bzgl. des BMBF-geförderten AAL-Projekts SONIA: „SONIA [ist] ein typisches Beispiel für die (staatliche) Förderung von Technisierungsprojekten, die fast explizit vom Nut-

13 Ähnliche Befunde werden auch als „Technikdeterminsmus“ (vgl. Biniok et al. 2016, 99) oder „technology-push“ (vgl. Krings et al. 2014, 71ff.) bezeichnet.

zen der Technik für soziale Fragen ausgehen“ (ebd., 77). Biniok und Kolleg*innen (2016) identifizieren eine im Feld von AAL typische Darstellungsweise, die Technologien einseitig positiv als Ressource in den Blick nimmt: „Technologies have to be seen as a crucial ressource of the environment of the elderly. On the one hand they help to compensate capacity losses and disabilities and on the other hand technologies optimize life quality and enrich day to day aging“ (Georgieff 2009, 26, zitiert nach Biniok et al. 2016, 99). In dieser technizistisch ausgerichteten Perspektive wird Technik nicht nur als Ressource für ältere, pflegebedürftige Menschen selbst dargestellt (z. B. um einen möglichst langen Verbleib in der eigenen Wohnung zu ermöglichen), auch soll sie pflegende Angehörige oder Pflegefachkräfte entlasten. Außerdem werden durch ihre Vermarktung ökonomische Gewinne sowie Kostenersparnisse im Gesundheitssystem angestrebt (vgl. Biniok et al. 2016, 99). Ein Indiz dafür, dass auch die Einrichtung der Technikberatungsstellen unter technizistischer Prämisse verläuft, zeigt sich bereits am Titel der Förderlinie „Besser leben im Alter durch Technik“. Die Vorteile assistiver Technologien werden einseitig betont, indem ihnen grundsätzlich ein wirksamer Beitrag zur autonomen Lebensführung älterer Menschen unterstellt wird, obwohl Langzeitstudien zu den Auswirkungen der Technologien fehlen und gerade bei altersgerechten Assistenzsystemen stets auch ethische Gesichtspunkte berührt sind (vgl. Depner/Kollewe 2017, 316; Künemund 2015, 34; Manzeschke et al. 2013). Hier geht es u. a. um die Fragen, inwiefern der Einsatz altersgerechter Assistenzsysteme die Privatheit der Nutzer*innen gefährdet, z. B. durch die Erhebung und Verarbeitung sensibler, personenbezogener Daten, ob die potenziell normierende Wirkung der Technologien einem Autonomiegewinn entgegensteht (vgl. hierzu auch die Forschung von Hergesell 2017 und Kollewe 2017) oder auch, ab welchem Punkt eine positiv gemeinte Fürsorgehaltung zur Bevormundung wird (vgl. Manzeschke 2013, 14f.). Insbesondere bezüglich des Diskurses um den Einsatz von Technik im pflegerischen Bereich haben verschiedene Autor*innen darauf hingewiesen, dass die Einführung von Technik v. a. zur Lösung struktureller Probleme in der Pflege häufig als alternativlos dargestellt wird (vgl. Bittner 2011, 47f.; Hergesell 2017, 214f.; in Bezug auf Service-Robotik im Pflegekontext vgl. Kehl 2018, 10f. und Krings et al. 2014, 90ff.). Als Folge dieser normativ ausgerichteten Perspektive ergibt sich für Forschungsprojekte im Themenfeld meist eine Fokussierung auf die Herstellung von Technikakzeptanz bei den potenziellen Nutzer*innen: „Charakteristisch für diese Debatten[14] ist jedoch auch hier, dass Fragen nach den *richtigen* (Hervorhebung im Original) Technologien im Rahmen zukünftiger Pflegeumgebungen im Vordergrund stehen,

14 Die Autor*innen beziehen sich an dieser Stelle auf den öffentlichen Diskurs, stellen dieses Charakteristikum jedoch auch für den Großteil wissenschaftlicher Studien fest.

bzw. die Frage, wie die *soziale Akzeptanz* (Hervorhebung durch Autor*innen) für technikbasierte Pflege und Betreuung bei allen Beteiligten erhöht werden kann" (Krings et al. 2014, 89). Folgerichtig geht es in dieser Logik dann auch weniger um das Identifizieren von Bedürfnissen älterer Menschen und das Finden hilfreicher Lösungswege (nicht-technischer wie technischer Art), sondern vielmehr um die Frage, welche *Hürden* es zur Realisierung des Technikeinsatzes zu überwinden gilt (vgl. Krings et al. 2014, 89; Hagen et al. 2018, 131f.).[15] Aus dem in Entwicklungsprojekten zu assistiven Technologien vorfindbaren normativ ausgerichteten Akzeptanzparadigma ergibt sich oft eine Argumentation, die das Individuum dafür verantwortlich macht, dass eine Technologie nicht angenommen wird („individual blame bias"; vgl. Hagen et al. 2018, 6f.): „Weil eine Akzeptanz im ‚wohl verstandenen' Interesse der Adressierten liegen soll, muss die Ablehnung [...] als eine ganz individuelle ‚Fehlentscheidung' " erscheinen (ebd.). Zugleich wird denjenigen, die die Technologien ablehnen, Irrationalität unterstellt (vgl. ebd.). Formulierungen wie „nutzerabhängige Innovationsbarrieren" (Glende et al. 2011) können als Indiz für diese Umdeutung einer mangelnden Nachfrage nach AAL-Technologien in ein Akzeptanzproblem gelten: „Eine fehlende Passung zum Bedarf erscheint als Problem der potenziellen Nutzer, nicht als eines der Technikentwicklung, Nebenwirkungen kommen gar nicht erst in den Blick" (Künemund 2015, 34).

6 Exemplarische empirische und analytische Befunde: Beratungsziele und Beratungsstrategien

In diesem Kapitel soll zunächst eine exemplarische Betrachtung der mittels des vorliegenden Interviewmaterials herausgearbeiteten Beratungsziele und -strategien erfolgen. Diese werden um eine Analyse einzelner Beratungsziele sowie einiger ausgewählter Handlungsempfehlungen des o. g. während der Begleitforschung „Besser leben im Alter durch Technik" entstandenen Ratgeberbuchs von Apfelbaum und Kolleg*innen (2016) ergänzt. Die Handlungsempfehlungen werden von den Autor*innen als „Kernelemente[n] eines zielgruppenorientierten Kommunikationskonzeptes für die Senioren-Technikberatung" (ebd., 93) bezeichnet, welches sowohl auf die adressat*innengerechte Ansprache und

15 Hagen et al. (2018) identifizieren für Forschungsprojekte im Bereich Alter/Pflege und Technik zudem einen sogenannten „normativity bias": „In formaler Hinsicht kann so von einem übergreifenden normativity bias die Rede sein, das sich schon in der Konstitution der Subjekt-Positionen der Partizipierenden geltend macht, insofern ihre Beteiligung durch den Zweck der Akzeptanzsteigerung bestimmt ist."

Aktivierung von älteren Menschen als auch von (informell und professionell) Pflegenden abziele (vgl. ebd.).

6.1 Ergebnisse aus den Interviews

Beratungsziele

Als Zielorientierung der Beratung wird von den befragten Technikberater*innen „Hilfe zur Selbsthilfe" (Interview II 2017, 40) und das Ermöglichen einer informierten Entscheidung der Ratsuchenden genannt (vgl. Interview III, 26). Demzufolge stehe den Ratsuchenden die Entscheidung für oder gegen eine Technologie frei, wie eine*r der Befragten hervorhebt („und wenn die Person dann sagt, ‚das ist alles shit, das ist nichts für mich'. Dann ist das auch vollkommen in Ordnung" (Interview III 2017, 26). Die Ermöglichung einer freiheitlichen Entscheidung für oder gegen eine Technologie, das Entwickeln „einer eigenen Haltung" (Interview III 2017, 26) stellt für die befragte Person offenbar ein ausgewiesenes Merkmal für einen gelungenen Beratungsprozess dar (Interview III 2017, 26). Andererseits wird eine Beratung ebenfalls als gelungen beschrieben, wenn bei den Ratsuchenden Interesse am Thema Technik geweckt werden kann, gerade bei den Personen, die noch nicht mit einer fokussierten Technikanfrage in die Beratung kommen:

> „Das heißt, ich freue mich natürlich dann, wenn Leute die Brille haben für technische Komponenten und auch so was aktiv nachfragen und sich dafür interessieren. Aber umso mehr freue ich mich dann natürlich auch, wenn ältere Menschen vor allem und auch Angehörige bereit sind sich Kompetenzen in diesen Bereichen zu erwerben, wenn sie sagen: ‚Okay, ich möchte das. [...] Und das hat einen Benefit, wenn ich das dann kann, aber die große Hürde ist erst mal, ich muss so ein Smartphone, Tablet beherrschen.' [...] Und die dabei zu unterstützen, zum Beispiel mit diesem Medien- und Techniklotsen, dass sie dann auch sagen: ‚Okay, das bringt mir auch wirklich was'. Und dass Technologie nicht zwingend nur was Schlechtes ist" (Interview I 2017, 32).

> Ähnlich in Interview II: „wenn man den Leuten das Interesse vermitteln könnte, [...] solche Hilfsmittelkataloge immer mal so durchgeblättert werden, wie man vielleicht früher den Versandhauskatalog durchgeblättert hat. Dass man da einfach mal interessiert ist, was gibt es denn und sich dann überlegt: ‚Was könnte mir helfen?' " (Interview II 2017, 52).

Beratungsstrategien

Alternativen zu Technik aufzeigen

Eine*r der befragten Technikberater*innen berichtet, zu Beginn einer Beratung zunächst die Motivation für die Beratungsanfrage zu klären. Im Zuge der Klärung des Beratungsanliegens wird geprüft, inwiefern es zur Bearbeitung des Beratungsanliegens überhaupt technischer Unterstützung bedarf oder ob auch alternative Lösungswege mittels anderer vorhandener Ressourcen der Ratsuchenden in Frage kommen: „Und genau, wir erörtern einfach die Situation: Wie kommt es zu dieser Anfrage? Gibt es vielleicht noch andere Ressourcen? Also muss es vielleicht gar kein technisches System sein?“ (Interview I 2017, 22)

Im gleichen Interview wird thematisiert, dass die Lebenssituation der ratsuchenden älteren Menschen sich mehrheitlich durch wenige soziale Kontakte auszeichne. In der Beratung habe daher das Bedürfnis nach Kommunikation Priorität vor der Vermittlung technischer Hilfen. Identifiziert die beratende Person ein solches Bedürfnis innerhalb des Beratungsgesprächs, bietet sie bevorzugt personale Unterstützungsformen gegenüber technischen an:

> „Die Situation der Personen ist häufig so, dass sie alleine leben. Klassisch, Mann oder Frau verstorben oder jeweils nicht gehabt, keinen Mann und keine Frau, Angehörige, also Kinder zum Beispiel, auch nicht in direkter Umgebung. Und ja, viele davon haben noch soziale Kontakte, also relativ regelmäßig, gehen irgendwie einmal in der Woche zum Seniorenclub oder zu so einer Gruppe, wo sie sich treffen. Und dann hört das aber auch auf. Und da muss man ganz klar aufpassen, auch da von der Lebenswelt, wie weit man Technik in deren Alltag integrieren kann, wenn man dann sagt, statt so einem Pflegedienst, der die Tabletten gibt, lieber ein Tablettendispenser, weil eben die Frage der Kommunikation steht an oberster Stelle“ (Interview I 2017, 42).

Um Alternativen zu technischen Hilfsmitteln aufzuzeigen, bietet eine*r der befragten Technikberater*innen z. B. auf den Öffentlichkeitsveranstaltungen zusätzlich zu den vorgestellten Technologien auch ein Verzeichnis mit lokalen Dienstleistungsunternehmen an: „Und dann kann man aber auch wählen, ein Verzeichnis, in dem dann Dienstleister drinstehen. Also jetzt nicht um ‚Guck mal, das ist die böse Technik, ich kann dir die besseren Menschen liefern‘, aber immer, um zu sagen: ‚Du hast viele Optionen, nicht nur die eine‘ “ (Interview III 2017, 86).

Für Technik werben

Die Präsentation und Bewerbung von ausgewählten technischen Hilfsmitteln ist ein integraler Bestandteil der Technikberatung im Rahmen von Öffentlichkeitsveranstaltungen. So wird in einem der geführten Interviews angesprochen, dass die Beratung nicht neutral sei, da im Zuge der Öffentlichkeitsarbeit bestimmte technische Hilfsmittel über das Vorführen sogenannter „Demokisten“ bzw. „Demokoffer“ empfohlen werden. Die interviewte Person stellt fest, dass diese Produkte vermutlich auch bevorzugt vom ‚Publikum‘ erworben werden. Auch an anderen Stellen im Interview klingen werbeförmige Logiken an. Beispielsweise werden die technischen Hilfsmittel grundsätzlich positiv dargestellt, indem sie im Kontext der Technikberatung als „hilfreiche Technik" bezeichnet werden. Ratsuchende, die sich Technik angeschafft haben und diese nutzen, werden von einer der interviewten Personen zu Öffentlichkeitsveranstaltungen eingeladen, um ihre Erfolgsgeschichten mit dem entsprechenden Hilfsmittel vorzustellen: „die erzählen schonmal so testimonial-mäßig: ‚Das hat mir total gut geholfen' " (Interview III 2017, 24). Weiterhin führt sie als eine Strategie, um mehr Menschen für die Technikberatung zu erreichen die Idee an, einen „Showroom"[16] (Interview III 2017, 60) einzurichten, – ähnlich wie „testimonial"[17] ein Begriff aus der Verkaufs- und Werbebranche.

6.2 Ergebnisse aus der Analyse des Ratgeberbuchs

Beratungsziele

Die o. g. Ausführungen der Interviewten zu den Zielen der Technikberatung decken sich weitestgehend mit den „Einzelziele[n]" von Technikberatung, welche Apfelbaum und Kolleg*innen (2016, 22) in Anlehnung an die „Aufgaben präventiver Gesundheitsberatung" (ebd.) formulieren. Eine genauere Betrachtung der Ziele deutet bereits auf deren widersprüchliche Ausrichtung hin, wenn bspw. einerseits die „Kompetenz zur Bewertung von Chancen und Risiken der Techniknutzung" (ebd.), andererseits das Wissen „über positive Synergie-Effekte assistiver Technologien, z. B. Potenziale zur Steigerung der Sicherheit und der Energieeffizienz in der Wohnumgebung" (ebd.) oder die „Lebensqualität im Alter durch Darstellung technischer Unterstützungspotenziale der selbstständigen Lebensführung" (ebd.) gefördert werden sollen. Während das erste Beratungsziel Ratsuchende zur Einschätzung des Für und Wider von Technologien befähigen möchte, stehen bei den beiden letztgenannten Zielen das Sichtbarmachen der Vorteile der Techniknutzung im Vordergrund. Einige Ziele knüpfen

16 Hierzu Wikipedia: „A showroom is a large space used to display products for sale, such as automobiles, furniture, appliances, carpet or apparel. It is a retail store of a company in which products are on sale in a space created by their brand or company" (vgl. https://en.wikipedia.org/wiki/Showroom, abgerufen am 24.01.2019).

17 Hierzu Wikipedia: „Testimonial (englisch *testimonial* „Zeugnis", „Referenz") bezeichnet in der Werbung im Englischen die konkrete Fürsprache für ein Produkt, eine Dienstleistung, eine Idee oder Institution durch eine Person, die der Zielgruppe meist bekannt ist und mit ihrem Auftritt die Glaubwürdigkeit der Werbebotschaft erhöht. Im Deutschen kann das Testimonial zum anderen auch eine werbende Person sein, die sich für eine Marke oder ein Produkt ausspricht, zum Beispiel für die Qualität und Nützlichkeit und/oder die Preiswürdigkeit eines Produkts. Dabei kann es sich um eine reale (lebende oder verstorbene) Person handeln oder auch um eine fiktive Gestalt (Werbefigur). Typische Testimonials sind Prominente, Experten, Mitarbeiter oder stilisierte Nutzer" (vgl. https://de.wikipedia.org/wiki/Testimonial, abgerufen am 24.01.2019).

somit an technizistische und somit normativ auf die positiven Aspekte von Technik und auf Steigerung der Technikakzeptanz ausgerichtete Diskursstränge an. Dies führt auf der Ebene der (empfohlenen) Beratungspraxis ebenfalls zu widersprüchlichen Beratungsstrategien, wenn auf der einen Seite die Bedürfnisse der Ratsuchenden im Vordergrund stehen, auf der anderen Seite darauf fokussiert wird, die Technik als hilfreich darzustellen und die Ratsuchenden zu deren Nutzung zu bewegen. Technikberatung läuft damit Gefahr, das konstitutive Merkmal von Beratung, die Unbestimmtheit ihres Ausgangs, zu untergraben (vgl. Mecheril 2004, 8f.).

Beratungsstrategien

De-Thematisierung von Alter

Die erste Handlungsempfehlung in o. g. Ratgeberbuch lautet: „Die Thematisierung der Kategorie ‚Alter‘ sollte sowohl in der Außendarstellung als auch im Beratungsprozess selbst nach Möglichkeit vermieden werden."

In dieser Handlungsempfehlung wird davon ausgegangen, dass die Verwendung der Kategorie „Alter" für die potenzielle Zielgruppe grundsätzlich negativ konnotiert sei. Und tatsächlich ist empirisch gut belegbar, dass viele Ältere das Altersattribut teils bis in die Hochaltrigkeit für sich zurückweisen (vgl. van Dyk 2016, 112–116). Da viele ältere Menschen den Bedarf an technischen Hilfsmitteln mit „Altsein" verbinden, deuten sie diese oft als Stigma. Dies kann auch dazu führen, dass sie sich nicht für das Angebot der Technikberatung interessieren. Als Reaktion auf diesen Umstand ist diese Handlungsempfehlung zu verstehen, die dazu rät, negative Altersstereotype umso mehr zu vermeiden, je älter die Ratsuchenden seien. Auch wenn diese Absicht durchaus im Rahmen psychosozialer Beratung älterer Menschen erstrebenswert erscheint, so sollen im Folgenden doch auf einige problematische Implikationen des dazu ausgeführten Begründungszusammenhangs hingewiesen werden. Das Phänomen „Altsein ist später" (van Dyk 2016, 112) wird hier als pauschal diagnostizierte „bewusste Ignoranz" (Apfelbaum et al. 2016, 94) des eigenen Alters problematisiert, „die das eigene Jung-Geblieben-Sein dokumentieren soll" (ebd.). Das „subjektive Gefühl fortgesetzten Nicht-Alters" (ebd., 84) werde „durch die Leugnung der Notwendigkeit von Unterstützung" (ebd.) bestärkt. Diesem Umstand wohne die „Gefahr" (ebd., 94) inne, dass Technikberatung und potenzielle technische Lösungen per se abgelehnt würden. Durch diese Darstellung wird die Selbstdeutung älterer Menschen als „jung" bzw. „noch nicht alt" als Problem konstruiert und als deren bewusste Uneinsichtigkeit in die unumstößliche Faktizität des eigenen Alters individualisiert. Die De-Thematisierung von Alter zielt in diesem Zusammenhang darauf, die Abwehr der Klientel gegenüber der Technikberatung abzuwenden. Offenbar fungiert die De-Thematisierung als Mittel zum Zweck nämlich dazu, die „Zugangsbarrieren“ zur Beratung abzubauen, wie es in der Überschrift des betreffenden Kapitels heißt. Die Zugangsbarriere wird im adressierten Subjekt selbst verortet und in dessen bewusster Verleugnung des eigenen Alter(n)s. Eine Problematisierung des Phänomens „Altersdiskriminierung“ als soziales und somit gesellschaftlich gemachtes unterbleibt hingegen.

Alter im Zuge von Technikberatung nicht zu thematisieren dient in diesem Sinne jedoch nicht der Veränderung gesellschaftlicher Diskriminierungsverhältnisse. Es ist einem diskriminierungsfreien Umgang mit älteren Menschen wenig zuträglich, wiederholt sich mit dem hier herangezogenen Argumentationsgerüst doch ein spezifisches negativ konnotiertes Altersbild von den älteren Menschen, die wider besseren Wissens nicht einsehen möchten, dass sie alt und eigentlich hilfsbedürftig sind. Auf diese Weise komme es dann zur Verweigerung von als hilfreich ausgewiesenen Interventionen, den technischen Möglichkeiten. Kurzum: Die Verantwortung für das Nicht-Wahrnehmen eines grundsätzlich als hilfreich angesehenen Unterstützungsangebots, der Technikberatung und die Anschaffung und Nutzung technischer Geräte liegt bei der Zielgruppe selbst. Die Argumentation folgt somit der Logik des „individual blame bias“ (s. Kap. 5).

Zudem bedarf es in einer lebensweltorientierten Perspektive gerade auch der Berücksichtigung des Lebensalters der Ratsuchenden im Sinne einer „lebensweltstrukturierende[n] Variable“ (Aner 2010, 145). Denn an die verschiedenen Lebensphasen knüpfen sich auch unterschiedliche gesellschaftliche Erwartungen und Vorstellungen an, aus denen spezifische Bewältigungskonflikte hervorgehen (vgl. ebd., 145f.). Aner (2010) stellt die Relevanz des Lebensalters für eine angemessene Beratung folgendermaßen heraus:

> „Gerade wenn mit Lebensweltorientierung und Bewältigungskonzept paradigmatisch der Alltag der Menschen in das Zentrum der Aufmerksamkeit gerückt wird, kann das Lebensalter nicht unberücksichtigt bleiben, weil das alltägliche soziale Zusammenleben der KlientInnen außerhalb der Beratungssituation geprägt ist von Interaktionen, in denen das Alter permanent bewusst und unbewusst relevant gesetzt wird und Generationenzugehörigkeiten von Bedeutung sind. Eine De-Thematisierung oder auch nur sporadische und eher zufällige pragmatische Berücksichtigung des Alters der Ratsuchenden stellt deshalb eine unzulässige Typisierung des Einzelfalls dar.“ (Aner 2010, 150)

Einsatz von Psychotechniken

„Der emotionale Appell (Angstappell) und eine daran anknüpfende Darstellung von technikimmanenten Schutzfunktionen sind der Thematisierung eines Ausgleichs von Altersdefiziten vorzuziehen“ (Apfelbaum et al. 2016, 94), lautet die dritte Handlungsempfehlung des Ratgeberbuchs. Dabei greifen die Autor*innen auf Strategien des Gesundheitsmarketings und der Konsument*innenpsychologie zurück (vgl. ebd., 64ff.), die sie nutzen wollen, um explizit Einstellungsänderungen herbeizuführen. Die Thematisierung von möglichen häuslichen Unfällen wird als altersneutrale Alternative zur Thematisierung altersbezogener Einschränkungen angeführt. So zeigten sich ältere Menschen gegenüber Unfallszenarien als zugänglicher, da Unfälle Personen jeden Alters passieren könnten (ebd., 94). Entsprechend empfehlen die Autor*innen: „Kommunikative Bemühungen sollten daher bewusst diese Sorge aufgreifen und technische Hilfsmittel als Ausweg präsentieren“ (ebd.). Weiter führen sie aus:

> „Überlagert in der subjektiven Wahrnehmung der Alternden die akute medizinische Notwendigkeit den Alterskontext, wird die Barriere eines (negativ konnotierten) defizitbehafteten Altersbildes niedergerissen. Die Älteren öffnen sich für Beratungs- und Unterstützungsangebote dann, wenn sie unter verschlechterten persönlichen Rahmenbedingungen Strategien zur Erhaltung der Lebensqualität entwickeln, die eine externe Hilfestellung als Teil der Lösung akzeptieren.“ (Ebd., 95)

Hier wird von den Autor*innen nahegelegt, bei der Zielgruppe negative Gefühle wie Angst hervorzurufen, indem mögliche Unfallszenarien skizziert werden. Unfälle seien altersunabhängige Phänomene, die Menschen jeden Alters treffen können. Durch das Ansprechen von Unfallgefahren könne an die Lebensrealität älterer Menschen angeschlossen werden, ohne ihr Alter defizitär zu thematisieren. Auf diese Weise soll eine Diskriminierung aufgrund des Alters verhindert werden. Doch statt die Ressourcen der potenziellen Zielgruppe hervorzuheben, sie in ihrer Autonomie anzuerkennen und ihr diese zu ermöglichen bzw. sie darin zu stärken, wird eine gegenläufige Handlungsstrategie angeraten: Durch die Manipulation von Gefühlen und das gezielte Erzeugen von Ängsten soll die Technik als probates Mittel zum Schutz vor vermeintlichen Gefahren konstruiert werden. Dabei geht es weniger darum herauszufinden, welche Bedürfnisse tatsächlich vorliegen und ergebnisoffen zu prüfen, welche Unterstützungsmöglichkeiten – technische sowie nicht-technische – überhaupt in Frage kommen. Stattdessen wird versucht, über das Erzeugen negativer Gefühle die Entscheidung für eine Technik gezielt herbeizuführen.

Solche Strategien des Gesundheitsmarketings und der Konsument*innenpsychologie breiten sich laut Hoffmann (2013) zunehmend im Gesundheitsbereich (Krankenhäuser, Ärzt*innen, Heilpraktiker*innen etc.) aus. Ziel dieser Marketingstrategien ist es, Verbraucher*innen „zu einem gesünderen Lebensstil zu bewegen“ (ebd., 152), um eine „Veränderung des individuellen Konsumverhaltens“ (ebd., 154) herbeizuführen. Eine kritische Auseinandersetzung mit den Zielen solcher Marketingmaßnahmen macht deutlich, dass die Orientierung an den Bedürfnissen und Wünschen der Kund*innen sowie die Arbeit an deren Einstellungen und Verhaltensweisen wesentliche Bestandteile einer vorrangig ökonomischen Erfolgsstrategie darstellen, da „die Änderung von Einstellungen,

Überzeugungen, Wünschen etc. meist die entscheidende Stellschraube ist, die bei kommerziellen Unternehmen zum späteren ökonomischen Erfolg führen" (ebd., 154) sollen.

Unter Hinzuziehung psychologischer Theorieansätze und der Anwendung ausgewählter Kommunikationspolitiken soll es gelingen, die Psyche der Konsument*innen in die gewünschte Richtung, z. B. hin zu gesundheitsbewussterem Verhalten oder einer Kaufabsicht zu lenken (vgl. ebd., 157, 159ff.). Je nachdem, welcher „regulatorische Fokus" (ebd., 157) für die jeweilige Zielgruppe relevanter sei, gelte es wahlweise die Verhinderung negativer Konsequenzen oder das Erzielen positiver Effekt in den Vordergrund zu stellen (vgl. ebd., 157). Dabei würden verschiedene Werbetechniken, u. a. der Einsatz von Humor, als gleichermaßen legitimes Mittel wie die Verwendung von Furchtappellen eingesetzt (vgl. ebd., 157). Auch „Erfahrung" und „Vertrauen" werden im Rahmen solcher Marketingstrategien zu „Erfahrungsgüter[n]" und „Vertrauensgüter[n]" (vgl. ebd., 159), die Gesundheitsbetriebe nutzen sollen, um ihr Leistungspotenzial den potenziellen Nachfrager*innen (z. B. einer Gesundheitsdienstleistung) darzulegen. Dabei werden gezielt Werbetechniken eingesetzt, z. B. eine „below the line"-Kommunikation, deren „Vorteil" darin bestehen soll, dass diese „von vielen Konsumenten nicht als Werbung aufgefasst wird und deshalb auf weniger Ablehnung stößt und oftmals als glaubhafter eingeschätzt wird" (ebd., 157).

Einflussnahme durch die Einbindung Dritter

Neben den oben ausgeführten direkten Versuchen der Einflussnahme auf die Zielgruppe werden auch indirekte Strategien der Lenkung durch den Einbezug Dritter empfohlen. Handlungsempfehlung 19 lautet dementsprechend: „Die Identifizierung der im Bedarfsfall unterstützenden Infrastruktur kann die Kosten-Nutzen-Analyse der Ratsuchenden positiv beeinflussen. Helfende Angehörige und andere informelle Unterstützer sollten in den Beratungs- und Implementierungsprozess einbezogen werden" (Apfelbaum et al. 2016, 101). Zu letzteren zählen sowohl medizinisches Fachpersonal als auch Handwerker*innen. Diese Personengruppen werden als zentrale Multiplikator*innen hinsichtlich der Thematik Technik für ältere Menschen ausgewiesen. Die oft langjährig gewachsene Vertrauensbeziehung zwischen älteren Menschen und dem Fachpersonal verleihe ihren Empfehlungen an Gewicht. Das gezielte Einbinden von älteren Menschen vertrautem Fachpersonal dient auch in diesem Falle also der Technikakzeptanzsteigerung bei der Zielgruppe. Denn wenn Vertrauenspersonen eine Technik empfehlen, so steigt die Wahrscheinlichkeit, so die Argumentationsfigur der Autor*innen, dass Ratsuchende die Technik als sinnvoll für sich erachten. Die Richtung der Einflussnahme steht indes bereits fest: Die „Kosten-Nutzen-Analyse" soll in eine positive Richtung gelenkt werden. Diese nahegelegte Vorgehensweise impliziert, dass ältere Menschen ohne den Rückgriff auf vertraute Dritte sich ggf. eher gegen ein technisches Hilfsmittel entscheiden. Die Möglichkeit, diesbezüglich eine für sie selbst angemessene Entscheidung zu treffen bzw. selbst darüber zu entscheiden, wen sie in ihre Entscheidungsfindung einbeziehen möchten, wird in dieser Handlungsempfehlung als nicht zielführend erachtet (vgl. ebd., 101).

7 Zusammenfassung und Ausblick

Im Rahmen der Interviewauswertung sowie der Analyse der Handlungsempfehlungen konnte eine Verquickung der dort getroffenen Aussagen mit dominanten Diskurssträngen im Bereich Alter und Technik aufgezeigt werden. Es wurden verschiedene Beratungsstrategien identifiziert, die einerseits die Bedürfnisse der Ratsuchenden zum Ausgangspunkt nehmen und andererseits solche, die vornehmlich eine Steigerung der Technikakzeptanz zum Ziel haben. Es sollte deutlich werden, wie eine Technikberatung, die normativ auf eine Steigerung von Technikakzeptanz bei den Ratsuchenden ausgerichtet ist mit dem konstitutiven Moment der kommunikativen Handlungsform „Beratung", nämlich *der Unbestimmtheit ihres Ausgangs* (vgl. Mecheril 2004, 8f., Hervorhebung durch Autor*innen), in Konflikt gerät. Diese gilt es jedoch zu bewahren, gerade im Zuge einer pädagogischen Handlungsform, welche die Handlungsfähigkeit und damit Autonomie der Ratsuchenden bestärken möchte:

> „Welchen Ertrag die Ratsuchende aus dem Beratungsprozess zieht und welche praktischen Konsequenzen aus dem Beratungsprozess resultieren, kann nicht vorausgesagt werden, weil die Voraussage die ‚Autonomie der Lebenspraxis' durch eine Art von Bevormundung beschneiden würde. Beratung als idealisierte Grundform pädagogischen Handelns zielt in einer nicht-bevormundenden Weise auf die Bestärkung und Erkundung von (kontextspezifischer) Handlungsfähigkeit des Gegenübers." (Mecheril 2004, 8f.)

Wird dies nicht berücksichtigt, geraten die Bedürfnisse der Ratsuchenden leicht aus dem Blick und problematische Aspekte von Technik(nutzung) werden möglicherweise nicht angemessen thematisiert. Ein Anknüpfen an dominante Altersbilder (aktives/‚junges' vs. defizitäres/‚altes' Alter) in der Technikberatung kann einerseits eine paternalistische Haltung gegenüber Ratsuchenden begünstigen und andererseits diese mit der Norm des aktiven Alterns und einem „Teilhabezwang" (Manzeschke et al. 2015, 27; Weber 2014, 5[18]) überfor-

18 Die Seitenzahlangabe bezieht sich auf das online verfügbare Dokument.

dern, was dem Ziel einer Autonomieförderung bzw. -stärkung älterer Menschen entgegenstehen kann. Im Anschluss an Kirsten Aner (2013) wird im Sinne einer Kritischen Gerontologie dafür plädiert, dass Sozialarbeiter*innen ihre Handlungsmethoden hinsichtlich des eigenen Beitrags zur „Konstruktion des Gegensatzes zwischen dem ‚guten' aktiven und dem ‚schlechten' inaktiven Alter" (ebd., 309f.) reflektieren können sollten. Das setzt einerseits Wissen um „die Lebensphase Alter einschließlich ihrer sozialstaatlichen Rahmung" (Aner 2010, 172) als auch um dominante Altersdiskurse voraus. In Anlehnung an ein machtkritisches Beratungsverständnis wäre dann zu hinterfragen: „Welche dominanten Diskurse wirken auf die Subjektivierung der Individuen ein? Inwiefern erweisen sich unsere Konzepte, unsere Deutungen und Methoden als von diesen Diskursen und damit von normativen Vorannahmen beeinflusst" (Plößer 2013, 1377)? Auf diese Weise kann Ratsuchenden ein Möglichkeitsraum für Erzählungen eröffnet werden, die vorherrschende Altersbilder nicht nur bestätigen, sondern in Frage stellen und erweitern (vgl. ebd.). Darüber hinaus wird zu einer selbstreflexiven Haltung hinsichtlich „des eigenen Älterwerdens, der eigenen Altersbilder und -erwartungen" (Aner 2013, 172) im Kontext einer lebensweltorientierten Sozialen Arbeit mit älteren Menschen angeregt (ähnlich hierzu auch Lamp 2010, 212).

Diese Überlegungen zu vorherrschenden Altersbildern und ihrem Einfluss auf das Selbstbild älterer Menschen machen deutlich, dass auch die Autonomieförderung im Kontext der Technikberatung kritisch reflektiert werden muss. Technikberatung, die zu mehr Handlungsfähigkeit älterer Menschen beitragen möchte, sollte die Motivation sowie Lebenssituation Ratsuchender betrachten und auch berücksichtigen, wann Autonomieförderung selbst zur Regierungsweise wird: Was versprechen sich Ratsuchende von der Techniknutzung? Inwiefern soll die Techniknutzung der eigenen Selbstoptimierung und Aufrechterhaltung der Normalität des mittleren Lebensalters dienen, um anderen nicht zur Last zu fallen? Wo ist die Autonomie älterer Menschen eher gefährdet, weil pflegende Angehörige sich durch den Technikeinsatz Entlastung versprechen, erstere dies jedoch nicht wünschen? (Oder umgekehrt: wenn ältere Menschen sich gerne Technik anschaffen möchten, das soziale Umfeld dies jedoch nicht unterstützt.) Wann werden z. B. seitens pflegender Angehöriger aufgrund von Leidensdruck überhöhte Erwartungen an die Wirkung von Technologien gestellt? Welche autonomiegefährdenden Aspekte bringt eine Technologie ggf. mit sich?

Interessant wären weitere Untersuchungen, die z. B. die konkrete Beratungspraxis ethnographisch analysieren, um Erkenntnisse über praktisch angewandte Beratungsstrategien und den Umgang mit Altersbildern zu generieren.

Wenig bekannt ist bisher auch die Perspektive älterer Menschen selbst: Wie nehmen sie Technikberatung wahr? Was bedeutet für sie Techniknutzung? Unter welchen Umständen erleben sie diese als autonomieförderlich?[19] Und schließlich: Wann kann Technikaneignung selbst (z. B. zur Unterhaltung oder als Beitrag zum Müßiggang im Ruhestand) aber auch ihre Ablehnung zugleich als widerständiger Akt gegen die Normen des aktiven Alterns gelesen werden?

Literatur

Aceros, Juan C./Pols, Jeanette/Domenech, Miquel (2015): Where is grandma? Horne telecare, good aging and the domestication of later life. In: Technological Forecasting and Social Change 93, 102–111.

Aner, Kirsten (2013): Kritische Gerontologie und Soziale Altenarbeit im aktivierenden Staat. In: Hünersdorf, Bettina/Hartmann, Jutta (Hrsg.): Was ist und wozu betreiben wir Kritik in der Sozialen Arbeit? Wiesbaden: Springer Fachmedien, 303–316.

Aner, Kirsten (2010): Soziale Beratung und Alter. Irritationen, Lösungen, Professionalität. 1. Auflage. Opladen & Farmington Hills MI: Budrich, UniPress.

Apfelbaum, Birgit/Efker, Nina/Schatz, Thomas (2016): Technikberatung für ältere Menschen und Angehörige. Praxistipps für ein Serviceangebot in der Kommune. 1. Auflage. Berlin: Deutscher Verein für öffentliche und private Fürsorge e.V.

Beimborn, Maria/Kadi, Selma/Köberer, Nina/Mühlbeck, Mara/Spindler, Mone (2016): Focusing on the Human: Interdisciplinary Reflections on Ageing and Technology. In: Domínguez-Rué, Emma/Nierling, Linda (eds.): Ageing and Technology. Perspectives from the Social Sciences. Bielefeld: transcript, 311–333.

Biniok, Peter/Menke, Iris/Selke, Stefan (2016): Social Inclusion of Elderly People in Rural Areas by Social and Technological Mechanism. In: Domínguez-Rué, Emma/Nierling, Linda (eds.): Ageing and Technology. Perspectives from the Social Sciences. Bielefeld: transcript, 93–117.

Biniok, Peter/Selke, Stefan (2015): Forschungsprojekt SONIA: Gesellschaftliche Teilhabe Älterer durch Technik und Soziales. In: Ländlicher Raum 66, Schwerpunktheft 3, 74–77.

Bittner, Uta (2011): Der „Silbermarkt“: Chancen und Probleme einer Technisierung des alternden Lebens, In: Brukamp, Kirsten/Laryionava, Katsiaryna/Schweikardt, Christoph/Groß, Dominik (Hrsg.): Technisierte Medizin – Dehumanisierte Medizin? Ethische, rechtliche und soziale Aspekte neuer Medizintechnologien. Kassel: Kassel University Press, 41–49.

Bundesministerium für Bildung und Forschung (BMBF) (2013): „Bekanntmachung des Bundesministeriums für Bildung und Forschung von Richtlinien zur Förderung von Kommunalen Beratungsstellen ‚Besser Leben im Alter durch Technik‘ vom 13. März 2013.“ https://www.bmbf.de/foerderungen/bekanntmachung-829.html, abgerufen am 24.01.2019.

19 Erste Erkenntnisse hierzu liefern Depner und Kollewe (2017).

Bundesministerium für Bildung und Forschung (BMBF)/Verband der Elektrotechnik Elektronik Informationstechnik e.V. (VDE) (Hrsg.) (2011): Ambient Assisted Living (AAL). Komponenten, Projekte, Services – Eine Bestandsaufnahme, Arbeitsgruppe „Bestandsaufnahme der BMBF/VDE Innovationspartnerschaft". Berlin: VDE Verlag GmbH.

Depner, Anamaria/Kollewe, Carolin (2017): High-Tech und Handtasche. Gegenstände und ihre Rolle in der Pflege und Unterstützung älterer und alter Menschen. In: Endter, Cordula/Kienitz, Sabine (Hrsg.): Alter(n) als soziale und kulturelle Praxis. Ordnungen – Beziehungen – Materialitäten. Bielefeld: transcript, 301–326.

Duttweiler, Stefanie (2004): Beratung. In: Ulrich Bröckling; Thomas Lemke; Susanne Krasmann (Hrsg.): Glossar der Gegenwart, Frankfurt/Main: Suhrkamp, 23–29.

van Dyk, Silke (2016): Doing Age? Diversität und Alter(n) im flexiblen Kapitalismus. Zur Norm der Alterslosigkeit und ihren Kehrseiten. In: Fereidooni, Karim/Zeoli, Antonietta P. (Hrsg.): Managing Diversity. Die diversitätsbewusste Ausrichtung des Bildungs- und Kulturwesens, der Wirtschaft und Verwaltung. Wiesbaden: Springer VS, 67–86.

van Dyk, Silke (2015): Soziologie des Alters. 1. Auflage. Bielefeld: transcript.

van Dyk, Silke/Lessenich, Stephan/Denniger, Tina/Richter, Anna (2010): Die ‚Aufwertung' des Alters. Eine gesellschaftliche Farce, In: Mittelweg 36, 19, H. 5, 15–33. https://www.ekwee.uni-muenchen.de/vkee_download/prekaerer-ruhestand/lessenich_beitrag-mittelweg.pdf, abgerufen am 24.01.2019.

van Dyk, Silke/Lessenich, Stephan (2009): ‚Junge Alte': Vom Aufstieg und Wandel einer Sozialfigur. In: van Dyk, Silke/Lessenich, Stephan (Hrsg.): Die jungen Alten. Analysen einer neuen Sozialfigur. Frankfurt/Main /New York: Campus, 11–48.

Endter, Cordula (2016): Ein Tablet für Herrn Wolf. Nutzer*innenbeteiligung in Innovationsprozessen am Beispiel altersgerechter Technologien. In: Stöckl, Claudia/Kicker-Frisinghelli, Karin/Finker, Susanne (Hrsg.): Die Gesellschaft des langen Lebens. Soziale und individuelle Herausforderungen. Bielefeld: transcript, 75–93.

Foucault, Michel (2004): Geschichte der Gouvernementalität II. Die Geburt der Biopolitik. Frankfurt/Main: Suhrkamp.

Georgieff, Peter (2008): Ambient Assisted Living. Marktpotenziale IT-unterstützter Pflege für ein selbstbestimmtes Altern, Stuttgart: MfG Stiftung.

Glaser, Barney G./Strauss, Anselm L. (1998): Grounded Theory. Strategien qualitativer Forschung. Bern: Huber.

Glende, Sebastian/Nedopil, Christoph/Podtschaske, Beatrice/Stahl, Maria/Friesdorf, Wolfgang (2011): Erfolgreiche AAL-Lösungen durch Nutzerintegration – Ergebnisse der Studie „Nutzerabhängige Innovationsbarrieren im Bereich Altersgerechter Assistenzsysteme". Berlin.

Goll, Sigrun/Nitschke, Michél (2015): Schlussbericht BMBF Forschungsvorhaben, Berufliche und akademische Weiterbildung im Bereich AAL – MHH-QuAALi, Teilvorhaben Evaluation. Hannover.

Goll, Sigrun/Nitschke, Michél/Witte, Mattias (2015): Beratungsleitfaden zu ELSI-Themen in der Beratung zu altersgerechten Assistenzsystemen. Hannover: https://f5.hs-hannover.de/fileadmin/media/doc/f5/aktivitaeten/publikationen/2015/HsH_ELSI_Beratungsleitfaden.pdf, abgerufen am 24.01.2019.

Hagen, Holger/Nitschke, Michél/Schlindwein, Daniela/Goll, Sigrun (2018): Akzeptanz als Problem, Partizipation als Lösung? In: Weidner, Robert/Karafillidis, Athanasios (Hrsg.): Technische Unterstützungssysteme, die die Menschen wirklich wollen. Konferenzband. Hamburg: Helmut-Schmidt-Universität, 127–137.

Haller, Miriam (2004): ‚Ageing trouble'. Literarische Stereotype des Alter(n)s und Strategien ihrer performativen Neueinschreibung. In: Initiativforum Generationenvertrag (IFG) (Hrsg.): Altern ist anders. Münster: LIT, 170–188.

Hergesell, Jannis (2017): Assistive Sicherheitstechniken in der Pflege von an Demenz erkrankten Menschen. In: Biniok, Peter/Lettkemann, Eric (Hrsg.): Assistive Gesellschaft. Multidisziplinäre Erkundungen zur Sozialform „Assistenz". Wiesbaden: Springer Fachmedien, 203–223.

Hoffmann, Stefan (2013): Gesundheitsmarketing. In: Luthe, Ernst-Wilhelm (Hrsg.): Kommunale Gesundheitslandschaften. Wiesbaden: Springer Fachmedien, 151–163.

Kehl, Christoph (2018): Robotik und assistive Neurotechnologien in der Pflege – gesellschaftliche Herausforderungen – Zusammenfassung. Berlin: Büro für Technikfolgen-Abschätzung beim Deutschen Bundestag (TAB). http://www.tab-beim-bundestag.de/de/pdf/publikationen/zusammenfassungen/TAB-Arbeitsbericht-ab177_Z.pdf, abgerufen am 24.01.2019.

Kollewe, Carolin (2017): (In-)Aktivitäten des täglichen Lebens. Die Kategorisierung und Gestaltung des Alltags älterer und alter Menschen durch Technologien des Ambient Assisted Living. In: Artner, Lucia/Atzl, Isabel/Depner, Anamaria/Heitmann-Möller, André/Kollewe, Carolin (Hrsg.): Pflegedinge. Materialitäten in Pflege und Care. Bielefeld: transcript, 91–126.

Kraft, Volker (2009): Beratung. In: Andresen, Sabine/Casale, Rita/Gabriel, Thomas/Horlacher, Rebekka/Larcher Klee, Sabina/Oelkers, Jürgen (Hrsg.): Handwörterbuch Erziehungswissenschaft. Weinheim/Basel: Beltz, 44–59.

Krasmann, Susanne (2003): Die Kriminalität der Gesellschaft. Zur Gouvernementalität der Gegenwart. Konstanz: UVK.

Krings, Bettina-Johanna/Böhle, Knud/Decker, Michael/Nierling, Linda/Schneider, Christoph (2014): Serviceroboter in Pflegearrangements. In: Decker, Michael/Fleischer, Torsten/Schippl, Jens/Weinberger, Nora (Hrsg.): Zukünftige Themen der Innovations- und Technikanalyse: Lessons learned und ausgewählte Ergebnisse. Karlsruhe: KIT Scientific Publishing, 63–121.

Künemund, Harald (2015): Chancen und Herausforderungen assistiver Technologien im Alter. Nutzerbedarfe und Technikakzeptanz im Alter. In: Technikfolgenabschätzung – Theorie und Praxis 24, H. 2, 28–35.

Lamp, Fabian (2010): Differenzsensible Soziale Arbeit – Differenz als Ausgangspunkt sozialpädagogischer Fallbetrachtung. In: Kessl, Fabian/Plößer, Melanie (Hrsg.): Differenzierung, Normalisierung, Andersheit. Wiesbaden: Springer VS.

Manzeschke, Arne/Weber, Karsten/Rother, Elisabeth/Fangerau, Heiner (2013): Ergebnisse der Studie „Ethische Fragen im Bereich Altersgerechter Assistenzsysteme", Berlin: VDI/VDE.

Marquardt, Nadine (2018): Digital assistierter Wohnalltag im *smart home*. Zwischen Care, Kontrolle und vernetzter Selbstermächtigung. In: Bauriedl, Sybille/Strüver, Anke (Hrsg.): Smart City-Kritische Perspektiven auf die Digitalisierung in Städten. Bielefeld: transcript, 285–297.

Mecheril, Paul/Plößer, Melanie (2009): Differenz. In: Andresen, Sabine/Casale, Rita/Gabriel, Thomas/Horlacher, Rebekka/Sabina, Larcher Klee/Oelkers, Jürgen (Hrsg.): Handwörterbuch Erziehungswissenschaft. Weinheim und Basel: Beltz, 194–208.

Mecheril, Paul (2004): Beratung in der Migrationsgesellschaft. In: Cyrus, Norbert/Treichler, Andreas (Hrsg.): Handbuch Soziale Arbeit in der Einwanderungsgesellschaft. Grundlinien, Konzepte, Handlungsfelder, Methoden. Frankfurt/Main: Brandes & Apsel, 371–387. http://www.staff.uni-oldenburg.de/paul.mecheril/download/beratung_mecheril2004.pdf, abgerufen am 24.01.2019.

Mort, Maggie/Finch, Tracy/May, Carl R. (2009): Making and unmaking telepatients: Identity and governance in new health technologies. In: Science, Technology & Human Values 34, 9–33.

Nitschke, Michél (i.E.): Lebensweltorientierte Beratung älterer Menschen zur selbstbestimmten Nutzung altersgerechter Assistenzsysteme. Empirisch gestützte Entwicklung einer Beratungskonzeption und praktischer Arbeitshilfen (vorläufiger Titel), geplante Veröffentlichung in der Buchreihe ‚Vechtaer Beiträge zur Gerontologie'.

Nitschke, Michél (2018): Anhang zur Dissertation: „Lebensweltorientierte Beratung von älteren Menschen zur selbstbestimmten Nutzung altersgerechter Assistenzsysteme Empirisch gestützte Entwicklung einer Beratungskonzeption und praktischer Arbeitshilfen" im Fach Gerontologie (Universität Vechta) und Soziale Arbeit (Hochschule Hannover); unveröffentlichtes Dokument.

Nitschke, Michél/Schlindwein, Daniela/Hagen, Holger/Goll, Sigrun (2018): Herausforderungen in der Beratung älterer Menschen im Kontext altersgerechter Assistenzsysteme. In: Weidner, Robert/Karafillidis, Athanasios (Hrsg.): Technische Unterstützungssysteme, die die Menschen wirklich wollen. Konferenzband. Hamburg: Helmut-Schmidt-Universität, 381–390.

Pichler, Barbara (2010): Aktuelle Altersbilder: „junge Alte" und „alte Alte". In: Aner, Kirsten/Karl, Ute (Hrsg.): Handbuch Soziale Arbeit und Alter. Wiesbaden: VS Verlag für Sozialwissenschaften, 415–426.

Plößer, Melanie (2013): Beratung poststrukturalistisch: Von sich erzählen. In: Nestmann, Frank/Engel, Frank/Sickendiek, Ursel (Hrsg.): Handbuch der Beratung – Band 3 „Neue Beratungswelten". Tübingen: dgvt-Verlag, 1367–1379.

Schroeter, Klaus R. (2008): Verwirklichungen des Alters. In: Amann, Anton/Kolland, Franz (Hrsg.): Das erzwungene Paradies des Alters? Fragen an eine Kritische Gerontologie, 235–274.

Wanka, Anna/Gallistl, Vera (2018): Doing Age in a Digitized World – A Material Praxeology of Aging With Technology. In: Frontiers in Sociology 3, H. 6, 1–16.

Weber, Karsten (2015): MEESTAR: Ein Modell zur ethischen Evaluierung sozio-technischer Arrangement in der Pflege- und Gesundheitsversorgung. In: Weber, Karsten/Frommeld, Debora/Manzeschke, Arne/Fangerau, Heiner (Hrsg.): Technisierung des Alltags. Beitrag für ein gutes Leben? Stuttgart: Franz Steiner Verlag, 247–262.

Weber, Karsten (2014): Normative Herausforderungen an Technik für die Pflege im Alter. In: Hauswirtschaft und Wissenschaft. Europäische Zeitschrift für Haushaltsökonomie, Haushaltstechnik und Sozialmanagement, 62, H. 3, 116–121. https://www.researchgate.net/publication/275328863_Normative_Herausforderungen_an_Technik_fur_die_Pflege_im_Alter/download (Abfrage: 24.01.2019)

Licht und Schatten bei Online-Experimenten – Living Labs aus Sicht eines Forschenden

Philipp Schaer

1 Einleitung

Living Labs sind virtuelle Forschungsumgebungen, in denen kontrollierte Experimente auf Online-Plattformen durchgeführt werden können. Während diese Living Labs in der industriellen Forschung schon seit vielen Jahren eingesetzt werden, sind sie der Öffentlichkeit erst seit wenigen Jahren bekannt. Zu einer zweifelhaften Berühmtheit haben es Online-Experimente spätestens nach dem sogenannten Facebook-Experiment gebracht (vgl. Kramer/Guillory/Hancock 2014). In dieser Versuchsreihe wurden die Timelines von Facebook-Nutzer*innen so manipuliert, dass gezielt positiv oder negativ konnotierte Postings von Freund*innen und Bekannten in der Darstellung bevorzugt wurden. Im Nachhinein konnten die Forschenden von Facebook so messen, ob dies Auswirkungen auf die Emotionalität der Postings der jeweiligen Nutzer*innen hatte. Die Forschenden wollten untersuchen, ob sich Nutzer*innen von positiven oder negativen Emotionen, die sie in Postings präsentiert bekommen, anstecken lassen. Der eigentliche Aufreger an diesem Experiment war spannenderweise nicht, dass die Timeline verändert wurde, sondern dass dies ohne das Wissen der Teilnehmenden passierte. Im Living Lab von Facebook waren die Nutzer*innen nur das sprichwörtliche Versuchskaninchen. Neben einigen methodischen Schwächen der Studie wurde aber vor allem die fehlende Einwilligung der Nutzer*innen beklagt, der „informed consent" (Panger 2016).

Obwohl nach Bekanntwerden des o. g. Experimentes die Aufregung groß war, bekam der Umstand, dass im Grunde alle großen Plattformbetreiber*innen, egal ob soziales Netzwerk, Online-Shop oder Suchmaschine, solche Experimente auf ihren Web-Portalen umsetzen, wenig Aufmerksamkeit. Oft passiert dies im Rahmen von Nutzungsstudien zur Steigerung der Usability (vgl. Hienert et al. 2011), zur Verbesserung der Verkaufszahlen oder zur Erhöhung der Klickrate auf Werbung (vgl. Buscher 2013). Nutzer*innen sind also nicht nur Versuchskaninchen, sondern Spielball der Interessen der Plattformbetreiber*innen. Nutzer*innen sollen gelenkt und gesteuert werden; zu mehr Käufen, mehr Klicks, mehr Likes. Vor diesem Hintergrund treten ganz entscheidende ethische Probleme zu Tage. Nicht nur ist die fehlende Einwilligung problematisch, sondern auch das hinter der Lenkung stehende Interesse der Plattformbetreiber*innen. Während es bei Shops noch verständlich sein mag, dass bestimmte Produkte mit einer besonders hohen Marge bevorzugt werden, so ist es z. B. im Falle von bewussten Manipulationen von Ergebnisseiten bei Suchmaschinen schon wesentlich fragwürdiger, ob die Interessen der Anbieter*innen immer so klar sind. Man stelle sich z. B. die bewusste politische Einflussnahme und Filterung vor, auf großen Plattformen wie Facebook und Google.

Die eingangs erwähnten sogenannten Living Labs werden anhand mehrerer Experimente mit Informationssystemen wie Suchmaschinen und Wikis vorgestellt, insbesondere mit einem Fokus auf deren reale Nutzung. Das Paradigma der Living Labs ermöglicht es Forscher*innen, in realen Umgebungen oder Systemen Experimente durchzuführen und zu forschen. Im Bereich der Informationswissenschaft und insbesondere dem Information Retrieval – der wissenschaftlichen Disziplin, die sich mit der Erforschung von Suchmaschinen, Informationssystemen und suchbezogenen Algorithmen und Techniken beschäftigt – ist es nach wie vor üblich, in-vitro- oder Offline-Evaluationen mit Hilfe statischer Testkollektionen durchzuführen. Living Labs sind für akademische Forschung auf diesen Gebieten weitgehend unbekannt oder nicht verfügbar. Ein besonderer Vorteil von Living Labs ist ihr Potenzial, neue Wege und Möglichkeiten zu bieten, mit Informationssystemen und insbesondere ihren Nutzer*innen zu experimentieren. Andererseits werfen sie eine ganze Reihe von ethischen Fragen auf, die in diesem Beitrag behandelt werden sollen.

Obwohl einige Fragestellungen zu den ethischen Herausforderungen, die sich aus Living-Lab-Experimenten ergeben, bereits diskutiert wurden (vgl. Sainz 2012), ist das Thema in der Informationswissenschaft relativ neu und es besteht nicht viel Einigkeit über die Auswirkungen und Konsequenzen für Plattformentwickler*innen.

Der Autor selbst und sein Team haben mehrere solcher Living-Lab-Experimente aufgesetzt und entsprechende Umgebungen konzipiert und in den Praxisbetrieb überführt (u. a. Balog et al. 2016; Schaer/Tavakolpoursaleh 2015; Schaer/Tavakolpoursaleh 2016a; Schaer/Tavakolpoursaleh 2016b). Aus diesen Projekten soll berichtet und die jeweils im entsprechenden Kontext aufgetretenen ethischen Probleme aufgezeigt und in Bezug auf die Dimensionen Lenkung und Selbstermächtigung diskutiert werden[1].

Der Artikel ist wie folgt aufgebaut: Nach einer Einführung in das Feld und einem kleinen Überblick über die möglichen Erscheinungsformen von Living

1 Teile dieser Arbeit wurden bereits im Sammelband „Internet Research Ethics for the Social Age“ veröffentlicht (Schaer 2017). Sie werden hier noch einmal in ausführlicherer Form dargestellt und den aktuellen Gegebenheiten angepasst.

Labs werden in diesem Kapitel drei Anwendungsszenarien vorgestellt, an denen unsere Forschungsgruppe in den letzten Jahren beteiligt war:

- Benutzungsmotivationsstudien in einem Semantic MediaWiki: Wir haben verschiedene Varianten einer Benutzeroberfläche implementiert, die wir den Benutzer*innen eines Wiki-basierten Forschungsinformationssystems vorgestellt haben. Die Idee war, verschiedene Motivationsstrategien auszulösen, um die Nutzer*innen zu ermutigen, aktiver an der Plattform teilzunehmen.
- Ranking-Studien in einem Online-Spielzeugladen: Wir haben an der Living Lab for Information Retrieval-Kampagne (LL4IR) teilgenommen, die es verschiedenen Forschungsgruppen ermöglichte, die Wirksamkeit ihrer Retrieval-Systeme zu testen und zu vergleichen. Wir haben verschiedene Ranking-Ergebnisse für einen Online-Spielzeugladen basierend auf historischen Klickdaten (d. h. Nutzungspopularität) und einer textbasierten Relevanzbewertung berechnet (vgl. Schaer/Tavakolpoursaleh 2015).
- Implementierung einer Living-Lab-Umgebung in einem Repository-System: Wir haben eine Programmschnittstelle in ein Open-Access-Repository für die Suche nach freier Literatur implementiert. Die Schnittstelle ermöglicht es externen Mitarbeiter*innen, Online-Retrieval-Experimente in unserem eigenen System durchzuführen.

2 In-vivo-Experimente mit Hilfe von Living Labs

Die Grundidee von Living Labs geht auf die 1980er Jahre zurück, erlangte aber mehr Aufmerksamkeit in den Jahren nach 2006, als die Europäische Kommission mit der Finanzierung von Living-Labs-Projekten begann (vgl. Dutilleul/Birrer/Mensink 2010, 63). In ihren Kernbereichen verschieben Living Labs den Rahmen, in dem Forschungsdaten gesammelt werden, von *In-vitro-* zu *In-vivo-*Umgebungen, also von Laborsituationen hin zu echten Lebensräumen. Hierzu werden Forschungsdaten aus realen Lebensumgebungen wie Gebäuden oder öffentlichen Räumen (online und offline) gesammelt und für die Forschung bereitgestellt. Folglich beobachten Forscher*innen nicht mehr nur künstliche Laborsituationen (z. B. in Form von Umfragen oder Interviewsituationen), sondern versuchen, die reale Nutzung oder Interaktion von Menschen in diesen Forschungsumgebungen zu beobachten. Hierzu müssen diese Lebensumgebungen zuvor entsprechend präpariert werden, um als Living Labs genutzt werden zu können. So kann beispielsweise ein Geschäft mit Kameras und Mikrofonen verkabelt werden, um die Kund*innen und Mitarbeitenden aufzuzeichnen und so mehr über ihre Interaktionen oder Kauf- und Arbeitsmuster zu erfahren.

Im Marktforschungs- und Innovationsmanagement wurde das große Potenzial dieser Forschungsansätze recht früh erkannt und führte dazu, Kund*innen und Anwender*innen frühzeitig und generell aktiver in den Produktentwicklungsprozess einzubeziehen. Chesbrough (2003, 41) beschreibt diesen Prozess als zwangsläufig, da das traditionelle Innovationsmodell obsolet sei. Innovationen bewegten sich von einem hauptsächlich internen Fokus, der von externen Ideen und Technologien abgeschottet ist, zu einem neuen Paradigma namens Open Innovation, das oft mit Ideen von Living Labs und sogenannten Innovationssystemen verbunden ist.

Neben der Bedeutung von Living Labs als Grundlage für Innovationssysteme haben sich im Laufe der Zeit weitere Bedeutungen entwickelt, die von verschiedenen Schwerpunkten und Anwendungsfällen abhängig sind. Dutilleul et al. (2010, 64) beschrieben u. a. vier wesentliche und unterschiedliche Bedeutungen von existierenden Living Labs: 1) die bereits erwähnten Innovationssysteme, 2) In-vivo-Monitoring von sozialen Plattformen bzw. Systemen und dem Einsatz von Technologie innerhalb dieser Systeme, 3) Einbeziehung der Nutzer*innen in den Produktentwicklungsprozess und 4) Organisationen, die ihre technologische Infrastruktur entwickeln und pflegen und Dienstleistungen anbieten.

Einen interessanten weiteren Punkt bringen neue Diskussionen bzgl. der Einbindung von Living Labs in das interaktive maschinelle Lernen ein (vgl. Holzinger 2015). Bei dieser Technik zur Überprüfung von Inhalten bei Google, Facebook und anderen Online-Plattformen werden die Nutzer*innen-Interaktionen als direkter Feedback-Mechanismus genutzt, um die Algorithmen zu trainieren. Übertragen lässt sich das Prinzip auch auf weitere Anwendungsfälle z. B. in den Bereichen User Experience Research und Ergonomie (vgl. Javier/Charles 2012).

3 Benutzermotivationsstudien mit Living-Lab-Methoden

Online-Communities sind stark von ihren Nutzer*innen und deren persönlichem Engagement bei der Teilnahme an der Community abhängig. Die Aktivität auf einer Online-Plattform, z. B. in Form von Kommentaren, Hochladen von Content oder dem Weiterleiten von Postings, ist das Schlüsselkonzept, das diese Gemeinschaften erfolgreich macht. Aus der Sicht von Betreiber*innen einer Online-Community-Plattform könnte gefragt werden, was nun jeweils konkret die zentralen Konzepte und Mechanismen sind, die eine Online-Community erfolgreich machen, denn diese Mechanismen unterscheiden sich von Plattform zu Plattform. Um mehr über die Dynamik zu erfahren, die erfolgreiche Online-Communities und insbesondere Wiki-basierte Systeme antreibt, haben wir ein Living-Lab-Online-Experiment auf dem sozialwissenschaftlichen SOFISwiki durchgeführt. Das SOFISwiki (ehemals FORIS bzw. SOFIS) startete als redaktionell betreutes, hochspezialisiertes sozialwissenschaftliches Informationssystem, wurde dann aber 2012 in ein Wiki-System überführt und Ende 2017 eingestellt.

SOFISwiki war eine Online-Plattform, die Informationen zu sozialwissenschaftlichen Forschungsprojekten aus Deutschland, Österreich und der Schweiz sammelte. Hierzu wurden Informationen zu Projektmittelgeber*innen, Projektzielen, beteiligten Personen, Veröffentlichungen usw. gesammelt und aufbereitet. Das Wiki enthielt mehr als 50.000 Projektdatensätze aus Disziplinen wie Soziologie oder Politikwissenschaften. Bis Ende 2012 wurden durch eine jährliche Umfrage, die an mehr als 5.000 sozialwissenschaftliche Einrichtungen wie Universitäten oder Forschungs- und Infrastrukturinstitute verschickt wurde, neue Datensätze für SOFIS hinzugefügt. Die Umfrage fand in Papierform statt und wurde von einem Team von Informationsexpert*innen und Bibliothekar*innen durchgeführt. Ende 2012 startete dann die neue SOFISwiki-Plattform auf Basis eines Semantic MediaWiki (SMW-)Systems.

Für das hier beschriebene Experiment wurde die MediaWiki-Software manipuliert, um ein zusätzliches Informations-Dashboard direkt nach der Anmeldung der Benutzer*innen am System einzubinden. Auf diesem Dashboard sahen die Benutzer *innen verschiedene Leistungsindikatoren für ihre eigenen Projekte und ihr Benutzer*innenkonto (s. Abb. 1). Leistungsindikatoren waren jeweils auf Artefakte im Wiki bezogen, z. B. Seitenaufrufe innerhalb des Wikis oder Änderungen durch andere Personen.

Abbildung 1: Darstellung des Dashboards im SOFISwiki. Nach dem Login-Prozess wurden Benutzer*innen unterschiedliche Erklärungen des Dashboards angezeigt („Erklärung"), eine Liste von Top-5-Einträgen unterschiedlicher Kategorien wie meistbesuchte Seiten („Top-5-Einträge") sowie Vergleichswerte der gleichen Kategorie von eigenen Seiten im Wiki („Persönlicher Vergleich").

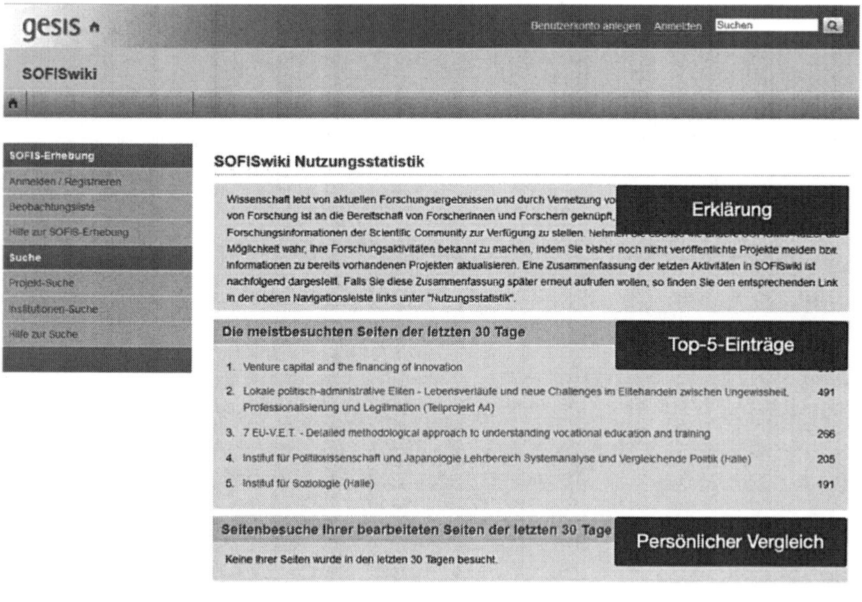

Jede*r Benutzer*in, der*die sich auf der Plattform anmeldete, wurde zufällig einer Benutzer*innen-Gruppe zugeordnet. Die Benutzer*innen-Gruppen unterschieden sich in einigen Aspekten des Performance-Dashboards. Während des Experiments wurden alle Aktivitäten im System jedes*r teilnehmenden Benutzers*in von der Plattform protokolliert, um die Auswirkungen von Funktionsänderungen und verschiedenen Informationen, die den Benutzer*innen präsentiert wurden, messen zu können. Aus den Experimentdaten konnten wir den Einfluss der Darstellung der persönlichen Performance-Indikatoren auswerten. Wenn die Nutzer*innen also wussten, dass ihnen die gute Leistung eines ihrer Projekte in der View-Statistik der Plattform zugeschrieben wurde (z. B. durch Angabe ihrer Namen), waren sie motivierter, sich zu beteiligen und mehr zur Plattform beizutragen.

Wie eingangs erwähnt soll in diesem Artikel auf die ethischen Fragestellungen eingegangen werden, die durch den Einsatz von Living Labs auftreten können und in unserem Forschungskontext auftraten. Die folgenden Abschnitte schließen daher jeweils mit einer Übersicht über diese ethischen Fragestellungen.

Das grundlegende Prinzip des „informed consent" war uns vor Beginn des Experiments durchaus bewusst und so veröffentlichten wir eine neue Version der Nutzungsbedingungen für das SOFISwiki. Es enthielt einen Absatz zum Thema Online-Experimente und dass wir die Interaktionsdaten der Plattform zu Forschungszwecken nutzen würden. Damit wurden die ersten ethischen Probleme eingeführt:

- Obwohl wir die Nutzer*innen durch ein eingeblendetes Pop-up über die laufenden (allgemeinen) Änderungen an der Website und die Nutzungsbedingungen informierten, haben wir sie nicht ausdrücklich über jedes Detail der Experimente informiert. Aber sollten wir den Menschen, die an unseren Systemen arbeiten, nicht sagen, dass sie Teil eines Experiments sind bzw. ihre Nutzungsdaten zu Forschungszwecken genutzt werden können?
- Was ist mit der Wahlfreiheit, nicht an diesen Experimenten teilzunehmen? Es gab keine Möglichkeit, sich aus dem Experiment zurückzuziehen. Entweder haben die Nutzer*innen die neuen Nutzungsbedingungen stillschweigend akzeptiert und damit automatisch an unserem Experiment teilgenommen, oder sie hatten die Möglichkeit, auf die weitere Nutzung unseres Systems zu verzichten. Wir haben keine Möglichkeit vorgesehen, die Teilnahme am Experiment abzulehnen, und gleichzeitig die vollen Nutzungsmöglichkeiten der Plattform aufrechtzuerhalten. Es war eine klassische Ganz-oder-gar-nicht-Entscheidung, die die Nutzer*innen treffen mussten.
- Wie viel können/sollten wir den Benutzer*innen sagen, ohne das Experiment selbst zu stören? Indem wir zu viel über die Motivation hinter dem Experiment selbst erzählt hätten, hätten wir möglicherweise den gesamten

Versuchsaufbau zerstört. Unsere Teilnehmer*innen wären aufgrund ihres Hintergrundwissens über unsere Hypothesen und Modifikationen des Systems voreingenommen gewesen.
- Da Wiki-Systeme von Grund auf offen gestaltet sind, waren die meisten Nutzungsdaten, die wir in den Dashboards gezeigt haben, öffentlich zugänglich. So sind die Leistungsindikatoren sichtbar, solange man weiß, wo man innerhalb des Systems suchen muss. Aufgrund der Offenheit des MediaWiki-Systems konnten wir nicht alle dieser Informationen verbergen. Da nicht jede*r Nutzer*in der Plattform ein Pseudonym verwendete, hätte man Projekte mit Benutzer*innen-Konten und schließlich mit tatsächlichen Personen rückverlinken können. Hier könnte sich die Frage stellen, ob offene (Wiki-)Systeme eine geeignete Umgebung für die nutzer*innenzentrierte Forschung sind, insbesondere wenn die Anwender*innen nicht genau wissen, welche analytischen Schritte ihren Interaktionen folgen könnten.

Die meisten der zuvor genannten Probleme kamen erst spät während des Experiments oder sogar später während der Phase der Datenanalyse zur Sprache und wir konnten diese Probleme zu dem Zeitpunkt, als wir die Living-Lab-Experimente durchführten, nicht (mehr) lösen.

Wir haben uns entschieden, uns zurückhaltend zu verhalten, so dass wir das Experiment oder die laufenden Modifikationen der Plattform nicht aktiv angekündigt oder kommentiert haben. Dies führte zu einem passiven Verhalten oder Unwissenheit gegenüber unserem Experiment: Die zusätzlichen Schritte, die die Benutzer*innen durchführen mussten, wurden stillschweigend akzeptiert. Unser First-Level-Support verzeichnete keinen deutlich höheren Beratungsbedarf. Es schien, als hätten unsere Nutzer*innen die Plattform wie gewohnt genutzt, unabhängig davon, was wir ihnen präsentierten. Übertragen auf die Fragestellung des vorliegenden Bandes, konnten wir also (stark) lenkend in den Prozess auf der Webseite eingreifen, ohne dass die Nutzer*innen dies bemerkt bzw. dagegen aufbegehrt hätten.

4 Living Labs in Informationssystemen und Retrieval-Aufgaben

Der Bereich des Information Retrieval – zusammengefasst als die wissenschaftliche Disziplin, die sich mit der Erforschung von Suchmaschinen, Informationssystemen und suchbezogenen Algorithmen und Techniken beschäftigt – ist traditionell auf ein rigoroses empirisches Evaluationsschema namens Cranfield- oder TREC-Paradigma ausgerichtet (vgl. Sanderson 2010). In diesem Evaluationsparadigma werden drei wesentliche Komponenten benötigt: 1) ein Datensatz von Informationsobjekten (meist Textdokumente), 2) eine Menge von Themen (sogenannten Topics), die unterschiedliche Informationsbedürfnisse beschreiben, und 3) eine Menge von Relevanzbewertungen, die Dokumente als relevant oder nicht relevant für die gegebenen Themen beurteilen. Die Einholung der Relevanzbewertungen ist ein schwieriger und kostspieliger Prozess, der auf menschlichem Fachwissen basiert und eine kognitiv und intellektuell anspruchsvolle Aufgabe ist. Obwohl es inzwischen Bestrebungen gibt, diese Aufgabe an Crowdsourcing-Plattformen wie Amazons Mechanical Turk zu übergeben, werden meist Domänen-Expert*innen eingesetzt, um die Ergebnisse der Suchmaschinen zu beurteilen.

Um die Grenzen des Cranfield-Paradigmas zu überwinden, wurden neue Evaluierungstechniken vorgeschlagen, darunter Nutzer*innen-Studien, Online-Experimente z. B. in Form von A/B-Experimenten und insbesondere Living Labs zur Durchführung von In-vivo-Experimenten auf den Suchplattformen selbst. Im Falle der Suchmaschinen ist die Bedeutung des Begriffes „in vivo" etwas anders geprägt als in unserem Wiki-Beispiel. Im Falle von Retrieval-Systemen erlauben Living Labs Forscher*innen, eigene Algorithmen und Suchmethoden in ein produktives Informationssystem zu integrieren. Der Vorteil für die Forscher*innen: Sie erhalten Zugang zu den Nutzungsdaten der realen Nutzer*innen des Informationssystems, die mit den Ergebnissen ihres Suchalgorithmus konfrontiert werden.

Große Suchmaschinenunternehmen wie Google oder Microsoft nutzen diese Technik der Suchmaschinenevaluation in ihren eigenen Systemen bereits seit vielen Jahren. Dort tragen diese Experimente zur Verbesserung von Suchmaschinen und Informationssystemen bei, z. B. bei der Algorithmenbewertung oder der Oberflächenentwicklung. Die Ergebnisse und Details dieser Experimente sind natürlich der Öffentlichkeit verborgen und stehen nur den Plattform-Entwickler*innen selbst zur Verfügung. Akademische Forschende sind in der Regel nicht in der Lage, an solchen Experimenten teilzunehmen und können somit die proprietären Nutzungsdaten nicht nutzen. Mit der Einführung der Evaluationskampagne *Living Labs for Information Retrieval* (LL4IR) soll dieses Evaluierungsparadigma für die akademische Welt geöffnet werden. Die Idee hinter dieser Kampagne ist es, reale Plattformen zu finden, die bereit sind, die LL4IR-Infrastruktur zu implementieren und ihre Plattform für die akademische Gemeinschaft zu öffnen. Auf diese Weise sollen Living Labs eine Möglichkeit sein, die Datenlücke zwischen Wissenschaft und Industrie zu schließen (vgl. Balog et al. 2014). Im Jahr 2015 erhielt die Kampagne eine externe Finanzierung durch ELIAS, das Forschungsnetzwerkprogramm der europäischen Wissenschaftsstiftung ESF. Mit den Fördermitteln wurden bisher drei Evaluierungskampagnen im Rahmen der internationalen Konferenzen TREC und CLEF durchgeführt. Beide Konferenzen zählen zur Kategorie der sogenannten Evaluierungskonferenzen, bei denen weltweit Forschungsteams teilnehmen, um ihre Systeme im Wettstreit gegeneinander antreten zu lassen und zu ermitteln, welche Systeme die beste Leistung bringen.

Wir waren im Rahmen von LL4IR in zwei verschiedenen Rollen tätig: 1) Wir haben als aktiv Forschende an einer Evaluationskampagne teilgenommen und auf fremden Plattformen unsere Rankingalgorithmen evaluiert und 2) wir haben zusätzlich die LL4IR-API (Application Programming Interface – eine Programmierschnittstelle) für eine von uns selbst betriebene Suchmaschine implementiert und damit dieses System für externe Forschungsgruppen und deren Rankingmethoden geöffnet (vgl. Balog et al. 2016). Der Aufwand hierfür war im Vergleich zur Implementierung einer eigenständigen Softwarelösung für verschiedene Web-Frameworks und Suchmaschinen moderat.

4.1 Herausforderungen bei der Teilnahme an Living-Lab-Experimenten

Im Jahr 2015 haben wir erstmalig am CLEF LL4IR-Lab teilgenommen (vgl. Schaer/Tavakolpoursaleh 2015). Wir haben mit dem Online-Spielzeugladen REGIO JÁTÉK zusammengearbeitet und ein alternatives Produktranking für deren Suchmaschine implementiert, das auf Popularitätsdaten der Produkte basiert. Der eigentliche Ranking-Mechanismus bestand aus einer Kombination von Stichwortsuche und der Mischung aus Worthäufigkeitsbewertung und Popularitätsdaten, die aus den von REGIO JÁTÉK bereitgestellten Klickdaten gewonnen wurden. So waren beliebte und häufig angeklickte Produkte aus der Vergangenheit aufgrund unseres Ansatzes eher höher in der Ergebnisliste platziert.

Die Ergebnisse unseres Produktrankings wurden mit Hilfe einer Interleaving-Methode namens *Team Draft Interleaving* präsentiert. Diese Verschachtelungstechnik unterscheidet sich von klassischen Online-Experimentierszenarien wie dem A/B-Test, da sie zwei verschiedene Rankings gleichzeitig präsentiert, indem sie die Ergebnisse von zwei verschiedenen Ranking-Ansätzen verschachtelt. Zwei Vorteile sind offensichtlich: Die verschachtelte Darstellung der Ergebnisse senkt die Chance, den Benutzer*innen schlechte Ergebnisse zu präsentieren, indem experimentelle (und potenziell schlechte) Rankings und Rankings der ursprünglichen produktiven Suchmaschine genutzt werden. Ein weiterer Vorteil ist, dass durch die Verwendung von verschachtelten Vergleichen weniger Ergebnispräsentationen zur Bewertung der Systeme benötigt werden. Im Rahmen dieser Bewertung wurden wir mit folgenden ethischen Fragen konfrontiert:

- Ist es in Ordnung, in der eigenen Implementierung voreingenommen zu sein? Durch die Implementierung von Algorithmen, die stark von der früheren Popularität abhängen, kann es zu einer starken Ausprägung des sogenannten Matthäus-Effekts kommen, bei dem nur populäre Inhalte die größte Aufmerksamkeit erhalten. Dieses Prinzip ist auch bekannt als das „rich getting richer“-Prinzip. Verfolgt man diesen Gedanken zu Ende, haben neue Produkte oder unbeliebte Produkte nie die Chance, den Anwender*innen in einer der Spitzenpositionen präsentiert zu werden. Dies wäre nicht der Fall, wenn man Nutzer*innen explizit zwischen Popularitäts- und Relevanzranking basierend auf Textfunktionen wählen lassen würde.

- Wir waren uns einiger Probleme in unserer Implementierung bewusst, die es zu einem „schlechten Ranking“ machen, haben aber dennoch die Ergebnisse an die LL4IR-Kampagne übermittelt, nur um zu sehen, ob sie Wirkung zeigen oder nicht. Ist es in Ordnung, den Nutzer*innen suboptimale Suchergebnisse zu präsentieren, während der Hauptzweck einer Bewertungskampagne darin bestehen sollte, ihnen die bestmöglichen Ergebnisse zu liefern?

Die genannten Probleme werden durch die Verwendung der Verschachtelungsmethode anstelle von A/B-Tests gemildert, aber dennoch ist das Potenzial vorhanden, unbeabsichtigt etwas Ungewolltes und möglicherweise auch für den*die Nutzer*in Schlechtes zu tun.

4.2 Herausforderungen als Plattformbetreibende von Living Labs

Nachdem wir im Jahr 2015 erfolgreich an der Evaluierungskampagne teilgenommen hatten, entschieden wir uns, die API in unser eigenes System, das Open-Access-Repository SSOAR, zu integrieren. Dieses System wurde zum damaligen Zeitpunkt in unserem Team technisch betreut, so dass wir in der Lage waren, die entsprechenden technischen Änderungen durchzuführen. Wir haben die interne Suchmaschine für externe Forscher*innen geöffnet und an der Evaluationskampagne TREC OpenSearch – Academic Search Edition 2016 teilgenommen. Neben CiteSeerX und Microsoft Academic Search waren wir eine von drei Plattformen, die den Zugriff auf ihre Suchmaschinen ermöglichten. Im Unterschied zur reinen Teilnahme an solch einer Kampagne ergaben sich nun als Ausrichtende und Anbietende eines solchen Labs für TREC OpenSearch folgende Fragen:

- Wer ist für den Algorithmus und die Ergebnisse verantwortlich? Wir haben unser System geöffnet und potenziell Vandal*innen oder Fanatiker*innen ihre Ergebnisse präsentieren lassen. Keines der von den teilnehmenden Forschenden bereitgestellten Suchergebnisse wird tatsächlich von einer menschlichen Kontrollinstanz überprüft.
- Was ist mit verzerrenden oder diskriminierenden Algorithmen, die hasserfüllte, politische oder religiöse Extremisteninhalte ganz oben auf jeder Ergebnisliste präsentieren? Durch die Öffnung der Systeme überlässt man anderen – oft nur auf der Grundlage des guten Willens – die Entscheidung

über die zugrunde liegenden Relevanzkriterien. Diese können aber voreingenommen sein und auf fragwürdigen moralischen Grundlagen beruhen. Ein Ranking-Algorithmus in einem Living Lab kann also folglich auf jede erdenkliche Weise diskriminieren.

Obwohl wir glauben, dass die Wahrscheinlichkeit einer solchen extremen Diskriminierung in einem Open Access-Repository sehr gering ist, können wir nicht sagen, ob jemand unsere guten Absichten missbrauchen konnte. Wir haben keine praktikable Möglichkeit, die Gültigkeit der Rankings zu überprüfen, die die externen Forscher*innen in unserem System präsentierten.

5 Living Labs – Lenkung oder Selbstermächtigung?

Das zentrale Sujet dieses Bandes liegt in der Frage, welchen Einfluss digitale Technologien auf unsere persönliche Lebensführung und damit auch auf die Gestaltung unseres sozialen Miteinanders haben und wie weit der Einfluss reicht, den diese Technologien haben. In diesem Artikel haben wir uns dieser Frage über die Beschreibung dreier konkreter Experimente im Bereich der Informationssysteme genähert. In Online-Informationssystemen können sogenannte Living Labs eingesetzt werden, die es Forschenden erlauben, mittels der Beobachtung der Aktivitäten von Nutzer*innen Experimente auf den Plattformen durchzuführen.

Dass diese Online-Experimente tatsächlich einen Einfluss auf die Nutzenden der Plattformen haben können, zeigte sich sehr plakativ an den Experimenten, die wir im SOFISwiki durchgeführt haben. Durch die Einblendung des Dashboards und der damit erzeugten Konkurrenz- bzw. Wettbewerbssituation unter den Nutzer*innen der Plattform konnten die Aktivitätsraten immens gesteigert werden. Dabei zeigte sich klar, dass hier nicht alle Maßnahmen eine vergleichbare Wirkung erzielen. So konnte z. B. durch die Einbindung entsprechend motivierender Texte und weiterer sprachlicher Anregungen keinerlei statistisch signifikante Veränderung im Nutzer*innenverhalten erzeugt werden. Anders war die Situation, wenn Performanceindikatoren und/oder entsprechende Vergleiche mit den eigenen Aktivitätswerten eingeblendet wurden. Hier lag der Unterschied zwischen der Kontrollgruppe, bei der keinerlei Veränderungen am System durchgeführt wurden, und der effektivsten Variante beim Faktor 3: Nutzer*innen, die also mit dem Dashboard konfrontiert wurden, waren bis zu dreimal so aktiv auf der Plattform, wie Nutzer*innen, die kein Dashboard sahen.

In diesem Falle haben wir es mit einer Variante des sogenannten „Digital Nudging“ zu tun (vgl. Schneider/Weinmann/vom Brocke 2018). Wir wollten die Nutzer*innen bewusst lenken, in diesem Fall hin zu mehr Aktivitäten auf der Plattform. Dies war, wie die Experimente eindeutig zeigten, keine große Herausforderung. Sowohl technisch als auch konzeptionell waren unsere Experimente recht einfach gestrickt. Dies zeigt im Grunde jedoch das große Potenzial, das in Bezug auf die Lenkung in der Veränderung von Online-Systemen liegt – im positiven wie negativen Sinne. Es zeigt vor allem auch sehr eindrücklich, dass das Lenkungspotenzial eben nicht nur ein Phänomen ist, das auf großen internationalen Plattformen wie Facebook oder Google existent ist. Vielmehr können lenkende Elemente auch in relativ kleine Plattformen mit wenig Aufwand eingebunden werden. Dies ermöglicht es folglich Plattformbetreiber*innen, steuernd in ihre Systeme einzugreifen, z. B. zum Zwecke der Verkaufsmaximierung oder der Kundenbindung – soweit so bekannt. Es zeigt aber auch, dass die Lenkung nicht nur auf ökonomische Gesichtspunkte hin optimiert werden kann und wird, sondern, dass dies eben auch für emotionale Kriterien gelten kann (vgl. das eingangs erwähnte Facebook-Experiment) oder z. B. auch für politische Motivationen genutzt werden kann. Am eindrücklichsten haben dies Epstein und Robertson (2015) demonstriert, mit dem von ihnen geprägten Begriff des „Search Engine Manipulation Effect". Auch wenn die tatsächliche statistische Effektgröße ihrer Untersuchungen angezweifelt wurde, zeigte sich in der Arbeit doch, was machbar ist, wenn große Quasi-Monopolist*innen wie Google in Prozesse der politischen Meinungsbildung eingreifen (würden).

Abseits der Diskussion um die positiven oder negativen Auswüchse gezielter Online-Manipulation im Rahmen von Living Labs zeigt sich aber auch, dass sich eine gewisse Perspektive für die Selbstermächtigung der Nutzer*innen ergibt. Aktuell diskutieren wir nur ein Bild des*der Nutzer*in als willenloses Versuchskaninchen, das in Unwissenheit und ohne einen entsprechenden „informed consent" den Betreiber*innen von Online-Plattformen quasi hilflos ausgeliefert ist. Jedoch gibt es auch Gegenbewegungen, die explizit auf die aktive und wissentliche Mithilfe von Nutzer*innen bauen. Ein Beispiel hierfür mag die Plattform Algorithmwatch.org sein, die zur offenen Teilnahme an ihren Online-Experimenten einlädt und z. B. Nutzer*innen bittet, über Browser-Plugins bewusst Teile der eigenen Daten (z. B. Interaktionsdaten) für Forschungszwecke zu spenden. Die Betreiber*innen selbst sprechen dabei von einer Datenspende. Wichtig hierbei ist, dass die Nutzer*innen willentlich auf Teile ihrer privaten Daten verzichten bzw. diese im vertraulichen Rahmen weitergeben, um einem höheren Ziel zu dienen, wie z. B. der Offenlegung versteckter Scoring-Mechanismen (z. B. „OpenSchufa") oder der Nachvollziehbarkeit von Ranking-Algorithmen (z. B. „#Datenspende" im Rahmen der Bundestagswahl 2017). Die Ergebnisse sind für die Allgemeinheit von großer Bedeutung, da sie für eine gewisse Transparenz und Nachvollziehbarkeit zuvor verborgener Mechanismen und Systeme sorgen und somit auch zu einem gesteigerten Vertrauen führen können. Ein weiterer Effekt kann neben der Transparenz natürlich auch die tatsächliche Verbesserung der Systeme sein, die ja durchaus auch im Eigeninteresse der Nutzer*innen liegt, die mit diesen Systemen interagieren. Das Verbesserungspotenzial liegt z. B. in einer höheren Usability, einer besseren Erfolgsrate im Falle von Suchprozessen oder insgesamt besseren Informationssystemen, die die Nutzer*innen bestmöglich in ihren Anliegen unterstützen können.

Ein Grundpfeiler solcher Überlegungen zur Selbstermächtigung sind natürlich klare ethische Richtlinien und Regeln, die die Grundlage für Untersuchungen und Experimente dieser Art sein sollten. Wie unsere Praxisberichte jedoch zeigten, sind solche Richtlinien oft nicht bekannt oder werden auch nicht eingefordert, noch können sie von Endanwender*innen nachvollzogen werden. Zwar ist durch die neue Europäische Datenschutzgrundverordnung (EU-DSGVO) hier ein wichtiger Schritt in Richtung des Nutzer*innen- und Verbraucher*innenschutzes getan worden, jedoch muss auch wiederum als Resümee unserer Experimente festgehalten werden, dass keine signifikant große Anzahl an Nutzer*innen die Allgemeinen Geschäftsbedingungen (AGB) oder Datenschutzbestimmungen liest. Im Falle der Experimente auf Grundlage des SOFISwikis gab es bei mehr als 2200 angemeldeten Nutzer*innen auf der Plattform nicht eine kritische Nachfrage oder sonstige ablehnende Reaktion auf die (indirekte) Ankündigung unserer Experimente.

6 Zusammenfassung

Wir haben in diesem Artikel das Konzept der Living Labs als Möglichkeit eingeführt, In-vivo-Experimente in realen Informationssystemen wie Wikis und Suchmaschinen durchzuführen. Wir haben verschiedene Versuchsaufbauten nach den Prinzipien des Living Labs durchgeführt und sind dabei auf eine Reihe von ethischen Fragen und Problemen gestoßen. Wir waren in beiden Bereichen aktiv: Forschung nach den Prinzipien des Living Lab und Bereitstellung von Living-Lab-Services und -schnittstellen für unsere eigenen Plattformen. Beide Szenarien brachten neue Erkenntnisse über die Methodik und ihre ethischen Herausforderungen. Viele davon waren für uns völlig neu, und wir hatten nicht an sie gedacht, bevor wir unsere Experimente durchgeführt haben. Viele dieser Fragen sind noch offene Fragen und ungelöst, sollten jedoch vor dem Hintergrund der Verantwortung gegenüber den Nutzer*innen klar und eindeutig diskutiert werden. In unseren Experimenten ignorieren wir meist viele dieser Themen – obwohl wir uns teilweise der möglichen negativen Ergebnisse für Einzelpersonen oder der Implikationen für die Gültigkeit der Experimente bewusst waren. Wir plädieren daher dafür, ethische Bedenken und Best Practices in die Forschungsgestaltung Living-Labs-basierter Online-Experimente einzubeziehen, da diese bisher kaum ein Thema in der Community sind.

Danksagung

Ein Großteil der in diesem Artikel vorgestellten Arbeiten wurden während meiner Zeit bei GESIS – Leibniz-Institut für Sozialwissenschaften durchgeführt. Ich danke meinen ehemaligen Kolleg*innen Narges Tavakolpoursaleh, Simon Bachenberg, Stefan Jakowatz, Annika Marth und Felix Schwagereit.

Literatur

Balog, Krisztian, David Elsweiler, Evangelos Kanoulas, Liadh Kelly und Mark D. Smucker. 2014. Report on the CIKM workshop on living labs for information retrieval evaluation. ACM SIGIR Forum 48, Nr. 1: 21–28.

Balog, Krisztian, Anne Schuth, Peter Dekker, Narges Tavakolpoursaleh, Philipp Schaer und Po-Yu Chuang. 2016. Overview of the TREC 2016 Open Search track. In: TREC, hg. von Ellen M. Voorhees und Angela Ellis, Special Publication 500–321: National Institute of Standards and Technology (NIST).

Buscher, Georg. 2013. IR Evaluation: Perspectives From Within a Living Lab. Gehalten auf: Workshop on Living Labs for Information Retrieval Evaluation @ CIKM 2013, 1. November, San Francisco, USA.

Chesbrough, Henry W. 2003. The Era of Open Innovation. MIT Sloan Management Review 44, Nr. 3: 35–41.

Dutilleul, Benoit, Frans Birrer und Wouter Mensink. 2010. Unpacking European Living Labs: Analysing Innovation's Social Dimensions. SSRN Scholarly Paper. Rochester, NY: Social Science Research Network. http://papers.ssrn.com/abstract=2533251 (zugegriffen: 14. Juni 2019).

Epstein, Robert und Ronald E. Robertson. 2015. The search engine manipulation effect (SEME) and its possible impact on the outcomes of elections. Proceedings of the National Academy of Sciences 112, Nr. 33 (18. August): E4512–E4521. doi:10.1073/pnas.1419828112.

Hienert, Daniel, Philipp Schaer, Johann Schaible und Philipp Mayr. 2011. A Novel Combined Term Suggestion Service for Domain-Specific Digital Libraries. In: Research and Advanced Technology for Digital Libraries, hg. von Stefan Gradmann, Francesca Borri, Carlo Meghini, und Heiko Schuldt, 6966:192–203. Lecture Notes in Computer Science. Berlin, Heidelberg: Springer.

Holzinger, Andreas. 2015. Interactive Machine Learning (iML). Informatik-Spektrum 39, Nr. 1 (29. November): 64–68. doi:10.1007/s00287-015-0941-6.

Javier, Barcenilla und Tijus Charles. 2012. Ethical issues raised by the new orientations in ergonomics and living labs. Work, Nr. Supplement 1: 5259–5265. doi:10.3233/WOR-2012-0015-5259.

Kramer, Adam D. I., Jamie E. Guillory und Jeffrey T. Hancock. 2014. Experimental evidence of massive-scale emotional contagion through social networks. Proceedings of the National Academy of Sciences 111, Nr. 24 (17. Juni): 8788–8790. doi:10.1073/pnas.1320040111.

Panger, Galen. 2016. Reassessing the Facebook experiment: critical thinking about the validity of Big Data research. Information, Communication & Society 19, Nr. 8: 1108–1126. doi:10.1080/1369118X.2015.1093525.

Sainz, Fausto J. 2012. Emerging ethical issues in living labs. Ramon Llull Journal of Applied Ethics, Nr. 3: 47–62.

Sanderson, Mark. 2010. Test Collection Based Evaluation of Information Retrieval Systems. Foundations and Trends in Information Retrieval 4, Nr. 4: 247–375. doi:10.1561/1500000009.

Schaer, Philipp. 2017. Living Labs – An Ethical Challenge for Researchers and Platform Providers. In: Internet Research Ethics for the Social Age: New Challenges, Cases, and Contexts, hg. von Michael Zimmer und Katharina Kinder-Kurlanda. Digital Formations. Peter Lang.

Schaer, Philipp und Narges Tavakolpoursaleh. 2015. Historical Clicks for Product Search: GESIS at CLEF LL4IR 2015. In: CLEF2015 Working Notes, 1391:. CEUR Workshop Proceedings. urn:nbn:de:0074-1391-8.

---. 2016a. Popularity Ranking for Scientific Literature Using the Characteristic Scores and Scale Method. In: TREC, hg. von Ellen M. Voorhees und Angela Ellis, Special Publication 500–321: National Institute of Standards and Technology (NIST).

---. 2016b. Ideas for a Standard LL4IR Extension – Living Labs from a System Operator's Perspective. In: Working Notes of CLEF 2016 – Conference and Labs of the Evaluation forum, Évora, Portugal, 5–8 September, 2016, hg. von Krisztian Balog, Linda Cappellato, Nicola Ferro, und Craig Macdonald, 1609:591–592. CEUR Workshop Proceedings. urn:nbn:de:0074-1609-5.

Schneider, Christoph, Markus Weinmann und Jan vom Brocke. 2018. Digital nudging: guiding online user choices through interface design. Communications of the ACM 61, Nr. 7 (25. Juni): 67–73. doi:10.1145/3213765.

Soziale Arbeit im Dialog mit der Entwicklung: Soziotechnik aus interdisziplinärer Perspektive

Annemarie Matthies

1 Einleitung

Die Beiträge des vorliegenden Bandes zeigen: Soziotechnische Produkte wie mobile Anwendungen sind nicht einfach als benutzbare Technik zu begreifen, sondern als in vielfacher Hinsicht auf Anwender*innen rückwirkende Produkte. Das ist besonders wichtig dort zu konstatieren, wo soziotechnische Produkte auf Feldern zur Anwendung gelangen, auf denen der Mensch als Element gesellschaftlicher Teilbereiche, in privaten, ökonomischen, rechtlichen Beziehungen zu anderen ebenso wie zu sich selbst, tangiert wird. Fragen nach intendierten wie unintendierten, positiven wie negativen, langfristigen wie sofort einsetzenden Wirkungen der Anwendung soziotechnischer Produkte auf diesen Feldern liegen daher nahe. Gefragt wird aus Perspektive der Sozialen Arbeit in diesem Kontext einerseits nach den Möglichkeiten, mittels Soziotechnik aus Sicht des Fachs erwünschte Effekte zu erzeugen; in Anbetracht sich konturierender negativer Auswirkungen wird andererseits aber auch nach den Grenzen und Beschädigungen von Handlungsautonomie gefragt. Das Einnehmen einer interdisziplinären Perspektive ist dabei plausibel: Das Anliegen, als problematisch wahrgenommene Auswirkungen zu verstehen, diese möglicherweise sogar „materiell" modifizieren zu können, erfordert eine Blickweise, die über die Rationalität der eigenen Disziplin hinausweist.

Lohnend ist dabei, so wird im Folgenden argumentiert, neben der Begutachtung von Wirkungsweisen im besonderen Maße auch die Inblicknahme der *Entstehungslogik* soziotechnischer Produkte. Dabei können zwei je eigenständige Orte der Entstehung soziotechnischer Produkte in den Blick genommen werden, an denen die für die Entwicklung soziotechnischer Produkte relevanten Rationalitäten gelernt und gelehrt, vermittelt und schließlich in anwendbare Technologie transformiert werden: Unternehmen und Hochschulen.

Unternehmen

Unternehmen in der IT-Branche, „tradierte" bis hin zu Start-Ups, stehen aktuell im Fokus zahlreicher Forschungen der Arbeits- und Industriesoziologie, der Techniksoziologie sowie der sich etablierenden Digitalisierungsforschung. Dies ist weniger deshalb der Fall, weil von den Unternehmen innovative, sozial wirksame Produkte hervorgebracht werden; von Interesse ist vor allem, dass sie eine insofern innovative Sphäre der Arbeitswelt darstellen, als die Arbeit kaum entlang der Kriterien von Beruflichkeit organisiert ist. Dieser Befund, in der Industrie- und Arbeitssoziologie bereits in den 2000er Jahren empirisch erarbeitet (exemplarisch Trautwein-Kalms/Ahlers 2003; Boes/Baukrowitz 2002; Sauer 2002), hat wenig an Aktualität verloren (vgl. Baukrowitz/Boes/Kämpf/Marrs 2015). Stattdessen ist eine Normalisierung von ehedem als atypisch bestimmten Beschäftigungsverhältnissen zu verzeichnen: In der IT-Branche etablierte Beschäftigungs- und Arbeitsformen, befristete und/oder selbständige Arbeit in Projekten und agilen Teams nehmen nicht ab, sondern erfahren Verallgemeinerungen über die IT-Entwicklung hinaus (vgl. Keller/Seifert 2013). Nicht nur hinsichtlich der Arbeitsformen weicht die Organisation von Arbeitsvermögen in der IT-Branche von derjenigen in tradierten Berufsgruppen ab, auch Arbeitsinhalte in der Entwicklung von Informationstechnologien sowie berufliche Selbstkonzepte der Arbeitenden sind theoretisch schwer mit dem Berufskonzept zu vereinbaren. Anzuführen sind beispielhaft ein permanenter Wandel tätigkeitsstrukturierender Technologien, die strukturelle Absenz eines fest umrissenen Berufsfelds und typischer Mobilitätspfade, die Abwesenheit eines berufsspezifischen, sich auf historische Vorformen gründenden Ethos sowie ein dezidierter Bezug auf berufsspezifische soziale Normen. Soziologische Arbeiten, die etliche Jahre vor dem aktuellen Boom in der Erforschung von Arbeit in der „Industrie 4.0" und dem Zeitalter der „Digitalisierung" mit dem Konzept des „Arbeitskraftunternehmers" (Pongratz/Voß 2004) operieren, den eine spezifische Form der Subjektivierung seines Arbeitsauftrags auszeichnet, schöpfen ihr empirisches Material nicht zufällig zu weiten Teilen aus Erhebungen in der IT-Branche.

Hochschulen

Dem zweiten Entstehungsort soziotechnischer Produkte, den Hochschulen, wird aus wissenschaftlicher Perspektive deutlich weniger Aufmerksamkeit zuteil – obgleich die (zumeist akademische) Ausbildung der Betätigung als Gestalter*in, Entwickler*in und Programmierer*in von Soziotechnik in Unternehmen vorgelagert ist. Nicht nur in zeitlicher Logik ist die Ausbildung der Arbeit dabei vorangestellt: Ausbildungsorte, an denen die Qualifikation zum Gestalten, Entwickeln und Programmieren erworben wird, sind laut Hochschulrahmengesetz beauftragt, „den Studenten auf ein berufliches Tätigkeitsfeld vor[zu]bereiten und ihm die dafür erforderlichen fachlichen Kenntnisse, Fähigkeiten und Methoden dem jeweiligen Studiengang entsprechend so [zu] vermitteln, daß er zu […] verantwortlichem Handeln in einem freiheitlichen, demokratischen und sozialen Rechtsstaat befähigt wird" (2017, § 7). Hochschulen sind dieser selbst gesetzten Aufgabe folgend nicht nur für die fachliche Qualifikation der Absolvent*innen zuständig. Ihrem Ideal nach befähigen sie diese auch, „dem jeweiligen Studiengang entsprechend", eine Tätigkeit reflexiv und verantwortlich auszuüben. Während jedoch in Fächern, in denen Studierende für die klassischen Professionen ausgebildet werden, implizit wie explizit verhandelt wird, wie der Topos der Verantwortlichkeit je spezifisch zu definieren und qua beruflichem Handeln zu realisieren ist, herrscht weitgehende Unklarheit darüber im Falle derjenigen Fächer, welche im Kontext der aktuell diskutierten „Quantifizierung des Sozialen" (Mau 2017) aktiv in die Gestaltung und Entwicklung ebendieser Tendenz eingebunden sind.

Was unter einer dem jeweiligen Studiengang „entsprechende[n]" Vermittlung in denjenigen Fächern, deren Absolvent*innen Soziotechnik gestalten, verstanden werden kann, gehört zu den offenen Fragen der Hochschulforschung. Möglichkeiten interdisziplinärer Zusammenarbeit im Kontext der Anwendung soziotechnischer Produkte, die auf einem Verstehen der fachspezifischen Rationalitäten basieren, setzen Klarheit über diese Fragen allerdings voraus. Mein Beitrag versucht daher, die rationalen Grundlagen eines Fachs, das an der Ausbildung von Entwickler*innen maßgeblich beteiligt ist, darzulegen. Dafür erörtere ich zunächst das Spezifikum hochschulischer Ausbildung unter Aspekten der beruflichen bzw. professionellen Sozialisation. Dies geschieht, in einem zweiten Schritt, unter Verweis auf die besonderen Rollen, welche die Konstrukte der Disziplin und des Fachs für die Vermittlung von Forschung und Lehre einnehmen. Daran anknüpfend wird für den Fall der Wirtschaftsinformatik[1] gefragt, welcher Logik die Vermittlung eines beruflichen Handelns, wie sie in der Hochschulausbildung stattfindet, folgt, und inwiefern dabei zur reflexiven, verantwortlichen Tätigkeit ausgebildet wird. Gefragt wird ferner, in welchem Verhältnis die Bestimmung von Verantwortlichkeit, die dem Fach inhärent ist, zu denjenigen Resultaten der Anwendung soziotechnischer Produkte stehen, mit denen professionelles Handeln in der So-

1 Ungeachtet dessen, dass die Entwicklung mobiler Anwendungen zumindest bislang noch häufig in extracurricularen Veranstaltungen, nicht selten finanziert von Privatunternehmen, sowie in sogenannten App-Camps (Udacity) gelehrt wird, sind sowohl Gründer*innen als auch klassisch angestellte Entwickler*innen idealtypisch Absolvent*innen der Wirtschaftsinformatik oder der BWL, kombiniert mit Informatik. Wenn im Folgenden also nur über die Wirtschafsinformatik gesprochen wird, ist unterstellt, dass nicht alle App-Entwickler*innen dieses Fach studiert haben müssen, dass aber in diesem Fach im Kern sich zeigt, gemäß welcher Rationalität deren berufliches Handeln an der Hochschule vermittelt wird.

zialen Arbeit und verwandten Professionen konfrontiert ist. Darauf basierend wird abschließend diskutiert, worin die Möglichkeiten und Voraussetzungen eines interdisziplinären Zusammenarbeitens im Falle der Entwicklung solcher soziotechnischer Systeme liegen können, welche nicht nur die Klient*innen, sondern auch zentrale Aspekte des professionellen Handelns in der Sozialen Arbeit tangieren.

2 Hochschul(aus)bildung und berufliches Handeln

In den späten 1980er und frühen 1990er Jahren widmeten sich insbesondere Soziologie und Erziehungswissenschaften dem für die Frage nach einer qua akademischer Ausbildung erworbenen Fähigkeit zu verantwortlicher Ausübung von Tätigkeiten zentralen Thema „Hochschulsozialisation" (für einen Überblick siehe Huber 1990). Trotz disziplinär unterschiedlicher Zugänge wird Sozialisation an Hochschulen von beiden Fächern gleichermaßen unter den Foci (1) der Voraussetzungen, (2) der Prozesse und (3) der Ergebnisse der Hochschulbildung (vgl. Huber/Vogel 1984, 132) untersucht. Empirisch klar zu trennen seien diese Ebenen zwar schwer: Im „Prozeß *zwischen* Ergebnissen und Voraussetzungen besteht das eigentliche theoretische und empirische Problem der Hochschulsozialisationsforschung" (ebd., Hervorhebung durch Autorin). Auffällig ist demgegenüber das Primat der Untersuchung von Voraussetzungen (bei Studierenden wie im Hochschulsystem) sowie, wo Prozesse der Hochschulsozialisation fokussiert werden, das Primat der Schwerpunktsetzung auf die Untersuchungsgruppe der Studierenden (Huber/Vogel 1984, 108). Wo es sich bei der Hochschulsozialisationsforschung primär um Sozialisationsforschung handelt, ist „ein Pendeln des theoretischen und methodischen Interesses zwischen Elaborierung der Subjektseite (Differenzierung der Dimensionen und Profile der Sozialisationseffekte) und der Umweltseite (Differenzierung der äußeren Faktoren und Konstruktion von Bedingungsgefügen)" zu beobachten (ebd., 132). Wo es sich um Hochschulforschung handelt – die nicht theoretisch und nicht methodisch, sondern über ihren Gegenstand integriert ist (Teichler 1994) –, stehen die vielfältigen Bestimmungen der Hochschule als Umwelt im Fokus. Unterschieden werden vier „fachliche Referenzschichten" der Hochschulforschung, in denen Fragen nach einer spezifischen Sozialisation auch institutionell marginal sind (vgl. die grafische Übersicht in Pasternack 2006, 106).

2.1 Sozialisation, Qualifikation, Profession

Antwort auf die Frage, *wie* das Subjekt in der spezifischen Umwelt Hochschule sozialisiert wird, erhält man zum einen implizit mittels der Abgrenzung von akademischer und nicht-akademischer Ausbildung. In beiden Fällen handelt es sich um die Ausbildung von Handlungskompetenzen, die auf spezifische Handlungsfelder bezogen sind. Unterschiede ergeben sich aber bereits aus der rechtlichen Kodifizierung der konkreten Ziele je spezifischer Berufsausbildungen im Berufsbildungsgesetz und der im Hochschulrahmengesetz abstrakt gefassten Ziele des Hochschulstudiums. Was die akademische Ausbildung im Resultat von der schulischen oder betrieblichen Ausbildung unterscheidet, ist zudem auf derjenigen Ebene ersichtlich, die nicht der Fachlichkeit zugeordnet ist, sondern die Bourdieu und Passeron als die sogenannte explizite Pädagogik bestimmt haben, welche „den Inhaber von Prinzipien (z. B. Ingenieur) durch eine unüberwindbare Schranke vom bloßen Praktiker (z. B. Techniker)“ trenne (Bourdieu/Passeron 1972, 67).

Antworten auf die Frage nach dem Prozess der Hochschulsozialisation finden sich zum anderen explizit, etwa in heute weniger bekannten Arbeiten von Jürgen Klüver. Obgleich terminologisch nahe an Fachkultur- und Sozialisationsforschungen, welche den Fokus auf Voraussetzungen und/oder Ergebnisse der Hochschulsozialisation legen, bezieht dieser sich auf eigene Weise auf die Hochschule als Umwelt: Die Begriffe „Sozialisation“ und „Qualifikation“, so Klüver, seien im Kontext der Hochschulausbildung nur theoretisch zu trennen, insofern sie zwar auf unterschiedliche Dimensionen der Ausbildung verweisen (konkretes berufliches Handlungswissen auf der kognitiven Dimension, normative Einstellungen auf der affektiven Dimension), diese Unterschiede aber in der akademischen Ausbildung als „praktische Einheit“ erscheinen (Klüver 1983a, 136). Hochschulsozialisation ist definitorisch festgelegt als „Sozialisation durch Wissenschaft“ (ebd., 139); die Träger der Hochschulsozialisation sind mithin die Disziplinen, die sich über ihre Sozialisationsleistungen „als relevante und langfristig erfolgreiche Reproduktionen gesellschaftlicher Differenzierung ausweisen“ (ebd., 140). Terminologisch nahe der Fachkulturforschung bezeichnet Klüver das Resultat hochschulischer Sozialisation als Ausprägung eines „fachspezifischen Habitus“ im Sinne einer „Umsetzung des Curriculums in zwar allgemeine, wohl aber *disziplinspezifische* Verhaltensweisen und Kompetenzen“ (Klüver 1983a, 140; Hervorhebung durch Autorin). Mit dem Bourdieu und Passeron (1972) (später: Bourdieu (1976) und Portele/Huber (1981)) entlehnten, allerdings modifizierten Ansatz, den qua akademischer Ausbildung erworbenen Habitus als Handlungsgrammatik zu begreifen, wird nicht ein definiertes „System von Wahrnehmungs-, Denk-, Beurteilungs- und Aktionsschemata“ (Bourdieu/Passeron 1972, 49) sondern der Erwerb von Dispositionen verstanden, die „situationsspezifisch konkrete einzelne Verhaltensweisen ‚generieren‘ “ (Klüver 1983a, 140f.). Gleichwohl impliziert der Begriff der Grammatik auch bei Klüver, dass die Strukturen und Logiken des Handelns, die sich in Dispositionen niederschlagen, den konkreten Handlungen vorausgesetzt sind.

Die abstrakten systemtheoretischen Bestimmungen Klüvers lassen wichtige (vor allem auf Ebene der Interaktion und Performanz anzusiedelnde) Momente hochschulischer Sozialisation, wie sie etwa Bourdieu aufgreift, außer Acht. Diese Abstraktion wird in der Hochschulforschung kritisch hervorgehoben (vgl. hierzu Huber 1990). Die für meinen Beitrag zentralen Annahmen Klüvers werden jedoch geteilt:

> „Daß Studierende in der Hochschule nicht nur ihr Verhalten zu anderen Subjekten (Interaktion), sondern auch zu ihren Objekten (Gegenstandsbezug) als soziales ausformen, daß Hochschulsozialisation auch Wissenschaftssozialisation und nur als jeweils fachspezifisch geprägte zu haben ist, daß darin wieder der fachspezifische Blick, eine spezifische Weise der Selektion von Wahrnehmungen und Orientierungen, eine theoretisch und in ihren praktischen Folgen zentrale Bedeutung hat, daß der fachspezifische Habitus in diesem Sinne, die Spezialisierung vorangehender offenerer Dispositionen, den ‚Erfolg' wissenschaftlicher Sozialisation ausmacht – das alles sind uns gemeinsame Grundannahmen." (Huber 1990, 150)

Unstrittig ist, dass die Hochschulen insofern auf spezifische Weise auf spätere Tätigkeiten ausbilden, als Studierende im Hinblick auf berufliche Handlungsfelder unter Bezugnahme auf die wissenschaftlichen Grundlagen ihres jeweiligen Fachs – und in diesem Sinne *durch* Qualifizierung – sozialisiert werden. Deutlich ist das im Falle derjenigen Fächer, in denen die Reflexion der eigenen Tätigkeit im beruflichen Handlungsfeld geradezu konstitutiv scheint – in denjenigen, deren Absolvent*innen den klassischen oder auch Semi-Professionen zugerechnet werden. Wird Hochschulsozialisation nicht nur als explizite Pädagogik, sondern als Sozialisation durch Qualifikation im Sinne Klüvers verstanden, dann ist damit allerdings unterstellt, dass auch diejenigen Fächer, die nicht für die ‚klassischen Professionen' ausbilden, Handlungsgrammatiken vermitteln, welche die kognitive und normative Dimension gleichermaßen betreffen und zur Ausbildung spezifischer Handlungsdispositionen führen. Dass dem so ist, wird bislang nur implizit gezeigt – etwa in solchen Fachkulturuntersuchungen, die sich mittels Fachvergleichen der Physik, der Biologie oder den Ingenieurswissenschaften widmen (exemplarisch Engler 1993; Frank 1990; Friebertshäuser 1992; Krais 1996). Lohnend ist es, den in diesen Untersuchungen allenfalls unterstellten Annahmen über die Rolle von Disziplin und Fach nachzugehen.

2.2 Disziplin, Fach, Curriculum

Dass Hochschulsozialisation zugleich immer *Fach*sozialisation ist, folgt nicht nur aus der theoriegeleiteten Perspektive der Soziologie, sondern zeigt sich empirisch daran, dass Prozesse und Ergebnisse hochschulischer Sozialisation mittels der Analyse von Einzelfällen oder Fachvergleichen untersucht werden. Relevant ist dabei die Unterscheidung zwischen Disziplin und Fach. In Anlehnung an die angelsächsische Tradition schlägt Ludwig Huber die Unterscheidung zwischen *discipline* und *subject* auch für den deutschen Kontext vor. Trotz Unschärfen und Überschneidungen, die sich partiell aus den verschiedenen Hochschulkulturen ergeben, ist diese Unterscheidung grundsätzlich anschlussfähig. In ihr zeigen sich relevante Differenzen wie auch für die Hochschulsozialisation wichtige immanente Zusammenhänge, die sich im Curriculum ausdrücken. Disziplin (*discipline*) bezeichnet dabei die Wissenschaftsdimension eines Fachs, die sich kognitiv äußert in Gegenstand, Methoden, Prämissen und explizierten Kriterien der wissenschaftlichen Forschung. Fach (*subject*) hingegen verweist auf die soziale Organisation, ausgedrückt u. a. in Lehrformaten, Rekrutierungsmustern für das professionelle Personal und institutionellen Strukturen der Forschung und Lehre (vgl. Huber 2013, 6f.). Merkmale eines Fachs, die in der Fachkulturforschung an Einzelfällen sowie kontrastiv analysiert wurden (etwa von Engler 1993; Krais 1996), umfassen darüber hinausgehend dezidiert normative Aspekte ebenso wie Interaktionsstrukturen, Lehrstile und Lernorganisationen, curriculare Codes, Lebensstile sowie epistemische Merkmale (s.a. Huber 2013, 9).

Viele Fächer sind hinsichtlich der ihnen inhärenten sozialen, normativen und affektiven Aspekte gut erforscht – etwa auch im seit dem Jahr 2016 am Deutschen Zentrum für Hochschul- und Wissenschaftsforschung (DZHW) angesiedelten Forschungscluster *Fachkulturen*.[2] Deutlich weniger beachtet wird die *kognitive* Dimension, obgleich unstrittig ist, dass die auf je spezifischen kognitiven Aspekten basierenden epistemischen Merkmale eines Fachs in den jeweiligen Fachkulturen ihren Ausdruck finden. Eine nach wie vor kaum erforschte These ist, dass es nicht die Fachkultur, sondern gerade die kognitive Dimension sei, welche für die Sozialisation an Hochschulen maßgeblich ist. Aus dieser Dimension abgeleitete epistemische Merkmale stellten gleichermaßen Handlungsgerüst wie Handlungsbeschränkung dar (vgl. Huber 2013, 7). Was im wissenschaftlichen Kontext als „particular blindness" (Ulriksen et al. 2017, 424) beschrieben wird, entspricht dabei dem alltagsweltlichen Verständnis der „Fachbornierung". Die handlungsleitende Seite – im Studium vermittelt etwa qua legitimer Praktiken (vgl. Ulriksen et al. 2017, 425) und der Ausprägung besonderer Sprech- und Denkweisen (vgl. ebd.) – ist der Beschränkung dabei logisch vorgeordnet. Handlungsgerüst und Schranke bedingen einander insofern, als die vermittelten „Handlungsgerüste" alternative Handlungsoptionen

2 Das Cluster interessiert sich für die wesentlichen Analysedimensionen der Fachkulturforschung und baut hierzu eine Literaturdatenbank auf. Siehe https://www.dzhw.eu/forschung/projekt?pr_id=590, abgerufen am 22.02.2019.

nicht explizit, sondern immanent ausschließen. Dem tragen Studien zu Fachkulturen nur implizit Rechnung, wenn sie das Wechselspiel von Handlungsleiten und -begrenzen als Resultat der Aneignung einer mit den epistemischen Merkmalen des Fachs lose verknüpften Kultur begreifen, wie es beispielsweise Engler (1993) für die Fächer Erziehungswissenschaft, Rechtswissenschaft, Elektrotechnik und Maschinenbau anschaulich präsentiert. Die kognitive Dimension des Studiums – die Disziplin – spielt demgegenüber eine untergeordnete Rolle. In den Fokus gerät sie bislang nur dort, wo Hochschulsozialisation nicht empirisch, sondern theoretisch verhandelt wird.

Idealtypisch, so die systemtheoretische Perspektive, besteht zwischen Disziplinstruktur und Fachsystematik eine isomorphe Relation, die ihren Ausdruck im Curriculum findet. Während aktuelle (primär hochschuldidaktische) Arbeiten das Curriculum als Element unter anderen Elementen begreifen, die in der Summe ein Fach und dessen spezifische Kultur determinieren, ist das Curriculum aus der hier eingenommenen Perspektive insofern zentral, als es die ansonsten praktisch nicht anzutreffende Einheit von Wissenschaft und Lehre nicht nur abbildet, sondern im Zuge seiner Verwirklichung in der Lehre auch herstellt: Im Curriculum sind die auf der kognitiven Dimension basierenden Ziele der akademischen Ausbildung objektiviert. Die Relevanzsetzungen eines Fachs bilden sich dabei, folgt man Klüvers Lesart, dergestalt im Curriculum ab, dass der höchste zeitliche Anteil diesen entspricht; die Vermittlung der fundamentalen kognitiven Logik einer Disziplin ist mithin zeitlich früh im Studium zu verorten (vgl. Klüver 1983a, 128; Klüver 1983b, 84f.). Die Rolle des Curriculums in Bezug auf die Ausbildung für berufliche Handlungsfelder ist forschungspraktisch daher insofern von besonderem Interesse, als am Curriculum ersichtlich ist, durch welche „systeminternen Strukturierungen" an der Hochschule die Bedingungen für das Entsprechen „externer Anforderungen" aus dem „Anwendungssystem" hergestellt werden (Klüver 1983a, 132). Den Fächern kommt daher nicht einfach die Funktion zu, extern bestehenden Anforderungen nachzukommen, sondern sie selbst nehmen intern Vorstrukturierungen externer Gegenstände und Handlungsfelder vor. Im Curriculum fixierte Handlungsgrammatiken sind daher gekoppelt an äußere Anforderungen; ihr Verhältnis ist jedoch nicht unidirektional. Als „wirksam" bestimmt Klüver Sozialisation an der Hochschule dann, wenn Handlungsgrammatiken kategorial mit externen Anforderungen und Logiken, die sie selbst mit- und vorstrukturieren, übereinstimmen (vgl. Klüver 1983a, 142f.). Daraus folgt, dass ein

> „disziplinspezifischer Habitus nur indirekt, nicht an einzelnen Verhaltensweisen erschlossen werden kann. Forschungsstrategisch wird deshalb die inhaltliche Bestimmung eines disziplinspezifischen Habitus nur durch die theoretische Rekonstruktion der konstitutiven Merkmale einer Disziplin und ihrer Umsetzung in sozialisatorische curriculare Situationen erfolgen können [...]" (Klüver 1983a, 142).

Disziplinspezifisch ist ein Habitus, darin liegt die hier relevante Differenz zur Fachkulturforschung, aus dieser Perspektive aufgrund seiner kognitiven Dimension. Von einer in diesem Sinne qua Studium erfolgenden „Konstituierung“ einer „bestimmten Weltsicht“ spricht Klüver (1983a, 144f.); eine Folge dessen, dass „gelernt wird, Situationen, sofern erforderlich, in einer ganz bestimmten regelgeleiteten Weise zu strukturieren, also aus den vielen Möglichkeiten [...] immer wieder die gleichen Interpretationsmöglichkeiten als spezifische Sichtweisen [...] auszuwählen“ (ebd.).

3 Soziotechnik aus Perspektive der Disziplin(en)

Folgt man dieser Perspektive der Hochschulsozialisationsforschung, die das Curriculum als praktische Einheit von Forschung und Lehre versteht, so verspricht dessen Analyse Aufschluss über die grundlegende Rationalität eines Fachs, vor allem auch in Bezug darauf, wie seitens des Fachs das berufliche Handeln der Absolvent*innen antizipiert wird. Im Folgenden sollen daher mit der Zielsetzung, Voraussetzungen interdisziplinärer Dialoge zum Gegenstandsbereich der Soziotechnik zu eruieren, Kernelemente des Curriculums der Wirtschaftsinformatik vorgestellt werden. In einem zweiten Schritt werden diese mit solchen der Sozialen Arbeit vermittelt.

3.1 Wirtschaftsinformatik

Unter der Zielsetzung, Möglichkeiten der interdisziplinären Zusammenarbeit zu eröffnen, ist Wissen darüber, welche Dispositionen diejenigen Studierenden qua Hochschulstudium erwerben, die zu Gestalter*innen von Soziotechnik ausgebildet werden, wichtig. Vor der Analyse des Curriculums, das unter dieser Zielsetzung als zentraler Forschungsgegenstand in den Blick kommt, ist ein Blick auf die Historie des Fachs Wirtschaftsinformatik gleichwohl hilfreich. Was sich aktuell als eine der Kernaufgaben der Wirtschaftsinformatik darstellt, wird ab den 1960er Jahren von Seiten der Hochschulen begründet – forciert durch die Betriebswirtschaftslehre und bezogen auf antizipierte Anforderungen zunächst einzelner Branchen (vgl. Heinrich 2011). Das – in der Sprache des Fachs gesprochen – ‚Management von Informationssystemen‘ beinhaltet dabei, um eine exemplarische Definition zu zitieren, „primär die Aufgabe, den für das Unternehmen (nach Kapital und Arbeit) ‚dritten Produktionsfaktor‘ Information zu beschaffen und in einer geeigneten Informationsstruktur bereitzustellen, und davon ausgehend die Aufgabe, die dafür erforderliche IT-Infrastruktur, d. h. die informationstechnischen und personellen Ressourcen für die Informationsbereitstellung, zu planen, beschaffen und einzusetzen“ (Stahlknecht/Hasenkamp 2005, 437).

Wenn aktuelle wie auch frühe Lehrbücher der Wirtschaftsinformatik in ihren einführenden Kapiteln abstrakt eine ‚Gestaltungsorientierung' als Kern des Fachs bestimmen, so kann hier konkreter gefasst werden, auf welchen Gegenstand sich die Gestaltung zunächst bezieht: Der Gegenstand ‚Information', in Differenz zu ‚Wissen' bestimmt als ein nicht an das Subjekt gebundenes Rohmaterial mit abstrahiertem und formalisiertem Inhalt, ist insofern seitens der Hochschule ‚erschaffen', als die Bestimmung von Information als „drittem Produktionsfaktor" disziplinäres Konstrukt der kognitiven Formation der Betriebswirtschaftslehre ist, welcher die Wirtschaftsinformatik entspringt. Arbeitssoziologisch betrachtet heißt das: „Sachverhalte werden von vornherein als Informationsprozess verstanden, formuliert und modelliert"; diese bilden die „Ausgangsbasis" für „Prozesse der Reorganisation und der Technisierung" (Schmiede 2006, 461). Das Management eben dieser Art von Information betreiben Gründer der späteren Wirtschaftsinformatik zunächst praktisch-experimentell, bezogen auf antizipierte ökonomische Anforderungen, bevor sie das Informationsmanagement zu einem eigenen fachlichen Gegenstand erheben – und damit die Wirtschaftsinformatik mit großem Erfolg als studierbares, an Hochschulen zunehmend etabliertes Fach begründen. Auf Grundlage dieser Entwicklung und im Kontext des vorliegenden Beitrags fragt sich nun, wie diese Kerntätigkeit, die gerade deshalb so bedeutsam ist, weil mittels der Identifizierung von als relevant konstatierter Informationen und deren Gestaltung Auswirkungen auf *nicht*-technologischen Ebenen zu verzeichnen sind, im Studium vermittelt wird. Zu fragen ist auch, in welchem Verhältnis diese Vermittlung zu den Besonderheiten soziotechnischer Produkte steht, deren Anwendung das Potenzial birgt, weitreichend in die individuelle Autonomie der Nutzenden einzugreifen.

Im Curriculum, dessen Realisierung im Studium insofern sozialisierend wirkt, als es Handlungsdispositionen vermittelt, ist die spezifische Rationalität des Fachs in Bezug auf die kognitive Dimension (Disziplin) sowie auch auf normative, „fachkulturelle" Aspekte enthalten. Im Folgenden sollen daher zentrale Befunde der inhaltsanalytischen Auswertung von 16 Curricula der Wirtschaftsinformatik (Universität und Fachhochschulen zu gleichen Teilen) vorgestellt werden.[3] Zunächst sind diese bezogen auf das gesamte Curriculum eines grundständigen Bachelorstudiums. In einem zweiten Schritt werden, der Annahme folgend, dass in der Einführungsveranstaltung eines Fachs diese Ratio-

3 Die Erhebung und Auswertung der Curricula sowie der Interviews erfolgte im Kontext des DFG-Forschungsprojekts „Expansion der Hochschulbildung und Akademisierung von Beschäftigung" am Institut für Soziologie der MLU Halle-Wittenberg unter Leitung von Prof. Dr. Manfred Stock. An dieser Stelle möchte ich Stephanie Johanna Albicker, die als Wissenschaftliche Hilfskraft an der Erhebung beteiligt war, herzlich für ihre Unterstützung danken.

nalität nicht nur immanent, sondern explizit zum Vermittlungsgegenstand wird, Befunde der Auswertung einzelner Einführungsveranstaltungen präsentiert. Interviews mit Absolvent*innen sowie in der Lehre tätigen Expert*innen des Fachs ergänzen die Befunde.

Auf Ebene der Fachdimension ist ein zentrales Ergebnis, dass (1) der Praxisanteil in den Lehrveranstaltungen der Wirtschaftsinformatik ausgesprochen hoch ist und (2) viel studentische Kooperation verlangt ist. Auch in denjenigen Modulen, die nicht explizit als praktisch, praxisnah oder angewandt gekennzeichnet sind, finden Gruppenarbeiten in Kombination mit Fallstudien/Case Studies/Praxisstudien statt. Der Austausch der Studierenden, das bestätigen Interviews mit Lehrenden, ist erwünscht und curricular zudem insofern verankert, als auch Belegarbeiten, Leistungsnachweise und Hausarbeiten häufig als kooperative Projekte angelegt sind. Auffällig ist dabei, dass IT-gestützte Abbildungen sozialer und ökonomischer Prozesse einen großen Anteil am Curriculum haben. Die Praxisanteile des Studiums konzentrieren sich primär – theoretisch gerahmt durch die Betriebswirtschaftslehre und deren Perspektive auf Funktionalität – auf das Verstehen und die Anwendung solcher Abbildungen, die auf je spezifische (über)betriebliche Prozesse abzielen (Supply Chain Management, Enterprise Resource Planning, Customer Relationship Management). Einen verhältnismäßig geringen Anteil nimmt dagegen das Programmieren an sich ein. Wie Interviews bestätigen, ist ein wichtiges Qualifikationsziel aus Perspektive des Fachs die Befähigung zum Einschätzen des Aufwands spezifischer Programmiertätigkeiten – mit dem Ziel, Programmierteams anleiten, nicht aber unbedingt Programmiertätigkeiten selbst durchführen zu können. Die Auswertung der Curricula weist dabei Unterschiede aus, die zum einen regional, zum anderen in der nicht nur formalen Hierarchisierung des tertiären Bildungsbereichs begründet sind. So zeigt sich, dass fachliche Schwerpunkte mit regionalen Branchenprofilen korrelieren. Auch die Gewichtung von E-Business, E-Commerce sowie der Entwicklung mobiler Anwendungen (Apps) variiert in Abhängigkeit von regionalen Schwerpunktsetzungen. Unterschiede zwischen Fachhochschulen, Technischen Hochschulen und Universitäten lassen sich insbesondere in Bezug auf die Gewichtung von reinen Anwendungs- und reinen Entwicklungsanteilen im Studium ausmachen. Auf die Befähigung zur Analyse und Entwicklung (Architektur und Design) wird in den Curricula der Universitäten häufig verwiesen, wohingegen die Curricula der Fachhochschulen stärker auf die Befähigung zur Anwendung abzielen.

Ungeachtet der Unterschiede liegt eine im Kontext dieses Beitrags relevante Gemeinsamkeit der Curricula darin, dass in nahezu allen Qualifikationszielen der jeweiligen Module das Verstehen der Konstruktionsmechanismen bereits als Produkt *vorliegender* Soziotechnik bedeutsamer Inhalt des Studiums ist. Eine wichtige Gemeinsamkeit in den Interviews mit Lehrenden liegt dabei in der aus ökonomischer Sicht nutzenbringenden Anwendung dieser Technologien. Exemplarisch wird im Folgenden ein Professor der Wirtschaftsinformatik an einer für das Fach renommierten Universität zitiert:

> Ich denke, was auf keinen Fall fehlen darf, so eine Lehrveranstaltung, die es ermöglicht, ganzheitliche Projekte zu bearbeiten. Also wo der Student wahrscheinlich eher eben, wir machen das ganz am Ende jetzt [...] des Studiums, damit meine ich jetzt nicht die Bachelor-Arbeit [...] sondern dass man wirklich mal so ganzheitlich, im Team mit anderen Studenten an einer konkreten ganzheitlichen Aufgabe arbeitet. Am liebsten mit einem Praxispartner, also einem Unternehmen, was wirklich was davon hat, dass die Leute auch spüren, was wir hier machen, muss jetzt auch was bringen für ein echtes Unternehmen. Also dieses ganz nah an der Praxis, ich denke, das sollte nicht fehlen. Egal, welche Vor-Wissensvermittlungen da getätigt werden.

Demgegenüber sind die Rolle der Wirtschaftsinformatiker*innen und die auf sozialer Ebene anzusiedelnden Auswirkungen ihres gestalterischen Handelns curricular nahezu abwesend. Der Begriff der Verantwortung erscheint drei Mal, und zwar im Kontext von Corporate Social Responsibility (CSR); den Begriff der Ethik fanden wir in den erhobenen Curricula zwei Mal; erstaunlicherweise erschien das Thema der Technikfolgenabschätzung in keinem der Curricula. In Interviews mit Lehrenden sowie mit Studierenden wird zwar darauf verwiesen, dass diese Themen im Masterstudium stärker curricular integriert seien. Auch dort nehmen sie jedoch nur dann eine zentrale Rolle ein, wenn individuelle Lehrpersonen diese als zentral gewichten und ihnen in der Lehre und in den Praxisanteilen entsprechend Reflexions- und Anwendungsmöglichkeiten einräumen. Wenn auch das Thema der Verantwortung Eingang in den Diskurs des Fachs zu finden scheint und etwa die Wirtschaftsinformatikerin Sarah Spiekermann mit „Digitale Ethik: Ein Wertesystem für das 21. Jahrhundert" (2019) eine neue Wertethik im Zusammenspiel von Werten und Technik fordert, so ist zumindest die curricular verankerte Rationalität des Fachs (bislang) kein Abbild dessen. Nach der gesellschaftlichen Rolle von Wirtschaftsinformatiker*innen befragt, zeigt sich bei einer Mehrzahl der Lehrenden des Fachs dementsprechend Erstaunen; ein Befragter expliziert: *Das sind so grundsätzliche Fragen, da muss ich passen.* Häufig stießen wir auf Reaktionen, die darauf schließen lassen, dass eine Reflexion dessen, was genau die Rolle derjenigen sei (und sein könne), deren Fähigkeiten einen nicht geringen Einfluss auch auf nicht-technologischen Ebenen haben, nicht Teil der Ausbildung ist. Allerdings zeigten sich auch in der Frage der Zwecksetzung entschiedenere Positionen: *Ja, das ist ein ganz wichtiger Aspekt, dass wir quasi nicht, Informationsmanagement macht man nicht informationsmanagementhalber, sondern um Leute zu unterstützen, bessere Entscheidungen zu treffen, im Unternehmen irgendwie mehr Geld zu verdienen.* Die Tätigkeit von Wirtschaftsinformatiker*innen wird hier recht deutlich als Dienstleistung am Unternehmenszweck der Geldvermehrung bestimmt, nicht jedoch als darüber hinausgehende eigenständige Rolle.

Derjenige Bestandteil des Studiums, in dem die Reflexion der eigenen Tätigkeit zu erwarten ist – die Einführungsveranstaltung –, stellt in dieser Hinsicht keine Ausnahme dar. In allen untersuchten Fällen ist diese klassisch als Vorlesung gestaltet. Hier variieren die Inhalte, wobei aus Perspektive der Geistes- und Sozialwissenschaften auffällt, dass das „Fach an sich" kaum Gegenstand ist. Der Geschichte des Fachs wird in einigen Curricula zwar eine Sitzung im Rahmen der Einführungsveranstaltung gewidmet. Fragen der praktischen Betätigung seiner Absolvent*innen unter ethischen Aspekte, etwa des Topos der Verantwortung, finden aber auch hier nur vereinzelt und in Abhängigkeit der individuellen Schwerpunktsetzungen des Lehrpersonals statt. Aufschlussreich ist gleichwohl, auf welche Gegenstände die Einführungsveranstaltung ihren Fokus legt. Bereits in den ersten Lehrveranstaltungen des Studiums, das erschließt sich mit Hilfe von Interviews mit Lehrenden des Fachs, sind die Studierenden angehalten, ‚praktisch' zu arbeiten. Dabei, das ein Resultat der Interviewauswertung, wird nicht die Praxis selbst zum Gegenstand der theoretischen Reflexion, sondern reflektiert wird die Funktionalität des Handelns in Bezug auf das vorgelegte und qua Technologie zu lösende Problem bzw. auf die vom Lehrenden artikulierte Handlungsanweisung. Dabei gibt es durchaus eine Spannbreite, die an zwei Interviewaussagen von Lehrenden veranschaulicht werden soll. Das erste Zitat entstammt einem Interview mit einem Professor der Wirtschaftsinformatik an einer Fachhochschule, der von einem großen IT-Unternehmen angebotene Schulungssoftware in seiner Einführungsveranstaltung einsetzt:

> Und das wird halt dann, verstehen Sie, diese Umgebung, diese vorgegebenen Daten, dass man dann alles vorfindet, was notwendig ist, um diese Szenarien durchzuspielen, als wenn man im Unternehmen sitzt, das ist jetzt technisch gegeben, und wird also bereitgestellt. Und dazu bekommen wir je nach Anbieter natürlich, bekommen wir aber sehr stark ausgefeilte Arbeitsanleitungen. Wenn man das möchte, kann man das auch einsetzen, und am Anfang muss man das oft auch. [...] Also dass man ganz klar den Studenten quasi sagt, hier, jetzt klimpert mal eben am System, klickt mal dahin, tut mal dies, und so. Das steht dann auf Papier.

Das folgende Zitat entstammt einem Interview mit einem Professor, der diesem Vorgehen – der Anwendung von Bausteinen, die von einem großen IT-Hersteller für die Ausbildung der Studierenden hergestellt wird – kritisch gegenübersteht:

> Das ist ganz wichtig für uns, ja, also nicht die Produkte lehren, ja, auch wenn man am Ende vielleicht, wenn man was umsetzt, natürlich dann auch konkrete Pro-

dukte nehmen. Es ist viel wichtiger zu verstehen, was habe ich für eine Situation, und welches, welche Art von Produkt brauche ich dafür, welche, um das zu lösen.

In Abhängigkeit vom Lehrpersonal und der jeweiligen Hochschulkultur existieren durchaus unterschiedliche Gewichtungen in der Vermittlung von Eigenständigkeit des Handelns und damit einhergehenden Reflexionsgraden. Gemeinsam ist diesen in ihrem theoretischen Anspruch divergierenden Aussagen jedoch eines: Die Rationalität des Fachs erschließt sich den Studierenden in der Lehre implizit, im Vollzug der jeweiligen Betätigung (bspw. als Entwickler*in). Topoi wie Verantwortung und Selbstreflexion haben in diesem Kontext dann durchaus ihre Relevanz – bezogen allerdings ganz auf die technologische Seite der Soziotechnik, was seinen Grund in der kognitiven Dimension des Fachs hat. Grundlagen der Wirtschaftsinformatik sind, das lässt sich den bereits zitierten Schriften zur Genese des Fachs gleichermaßen entnehmen wie aktuellen Lehrbüchern und Curricula, schließlich nicht Anwender*innen und/oder gesellschaftliche oder individuelle Problemlagen, sondern *Daten*. Diese gelten, in grober Vereinfachung gesprochen, als potenzielles Ausgangsmaterial für Informationen, die, zweckmäßig geordnet, zu Informationssystemen erwachsen.[4] Dass Daten und Informationen[5] keineswegs identisch sind, dass der Blick für Relevanzsetzungen und darauf basierenden Transformationen bedeutsam ist, erscheint dabei einerseits als durchaus wichtiges Anliegen der Vermittlung in der Lehre. Andererseits und zugleich aber, das zeigen Interviews mit Studierenden, scheint die Besonderheit von Daten und die Abhängigkeit der Information von der jeweiligen Perspektive auf die Daten nicht präsent. Eine Aussage einer Studentin etwa lautet: *Daten, ach so, Sie meinen wahrscheinlich dieses Dreieck.*[6] *Naja, das haben wir schon, aber ist jetzt nicht so wichtig, nee.* Zugleich aber: *Klar, Daten sind schon, ich sag mal, so der Dreh- und Angelpunkt.*

Dass Daten und daraus ableitbare Informationen der eigentliche Gegenstand sind, führt in der Ausbildung dazu, das soll im Folgenden anhand einiger Interviewpassagen verdeutlicht werden, dass dasjenige, worauf diese Daten verweisen, eine untergeordnete Rolle einnimmt – eine für die kognitive Dimen-

---

4 Nahezu alle Lehrbücher der Wirtschaftsinformatik verweisen im einführenden Kapitel darauf, dass es Aufgabe der Wirtschaftsinformatik sei, Daten zu verwertbaren Informationen aufzubereiten. Eine elaborierte fachliche und zugleich für Nicht-Informatiker*innen nachvollziehbare Bestimmung dessen, was ein *Informationssystem* konstituiert, findet sich in Seibt (2011).

5 Zur Spezifik des Informationsbegriffs in Abgrenzung zu anderen disziplinären Perspektiven auf den Begriff siehe Ott (2004).

6 Gemeint ist vermutlich das semiotische Dreieck, das Gegenstand zahlreicher Einführungswerke in die Informatik sowie die Wirtschaftsinformatik ist und das klassische Modell von Ogden/Richards (1923) abwandelt. Geklärt werden soll, so der Anspruch, das Verhältnis zwischen Sinn/Intention und Referenzgegenstand.

sion des Fachs erhebliche Hierarchie. Im Kontext des vorliegenden Beitrags ist diese insbesondere im Hinblick auf die Figur der Anwender*in von Relevanz. Danach befragt, ob und inwiefern diese Gegenstand der Lehre ist, antwortet eine Professorin der Wirtschaftsinformatik:

> Also quasi inwieweit diese im Studium drin sind, das ist eine sehr gute Frage. Tatsächlich, lassen Sie mich kurz überlegen, in den Informatikmodulen tauchen die, wenn dann in diesem Diagramm auf, das, aber dass es quasi in der Veranstaltung explizit darum geht, mal verschiedene Unterschiede aufzuzeigen, wie man den gut, oder wie man den schlecht anspricht, oder wie man ihn gut oder schlecht abholt, das ist mir zumindest Informatik-seitig, sind wir darauf gar nicht eingegangen. In der Wirtschaftsinformatik selbst, zumindest in den Modulen, die wir lehren, ist es tatsächlich auch nicht so. Also wir sprechen das immer mal an, aber dass es jetzt quasi irgendwie systematisch mal ausgearbeitet wurde, das machen wir nicht.

Kognitiv präsent ist der Mensch als Technologieanwender, wobei diese Funktionsbestimmung offenkundig selten zum Gegenstand der Reflexion wird. Eine längere Dialogpassage zwischen Interviewerin und interviewtem Professor der Wirtschaftsinformatik an einer großen Universität verdeutlicht die implizite Hierarchie, die der kognitiven Dimension und ihrem Blick auf Daten immanent ist:

> I: Wenn man jetzt an diejenigen denkt, die diese Informationssysteme, ja, nutzen, in den Curricula stoße ich auf die Begriffe User und Anwender. Einfach eine Sachfrage, meint das das gleiche, oder sind das verschiedene Perspektive auf ein und dieselbe Sache?
> B: Nee, in meiner Begriffswelt ist das dasselbe.
> I: Das ist dasselbe, ja? Okay.
> B: Genau. Also das sind die Endnutzer quasi.
> I: Endnutzer.
> B: Genau. Die einfach die Sachen benutzen.
> I: Einen Endnutzer, das muss ich mir jetzt als eine natürliche Person unbedingt vorstellen? Oder das kann auch ein Betrieb sein, das kann eine Abteilung sein, das kann, was ist das für eine, wer ist der User?
> B: Tatsächlich ist das immer eine Person. Also die Frage ist tatsächlich, muss es eine Person sein? Oder kann das quasi auch ein anderes, keine Ahnung, eine andere Software sein, die dann darauf zugreifen muss? Aber eigentlich, wenn man vom Benutzer redet, dann ist das immer derjenige, der quasi physisch vor dem Monitor sitzt, oder der quasi die Software dann bedient und benutzt. Genau. Weil, also dann ist immer die Frage, weil Software baut man in so einem hierarchischen Modell auf, und ganz oben ist quasi der Nutzer. Das heißt, ganz unten sind irgendwie die Daten, und dann kommt man irgendwie hoch, und am Ende kommt das irgendwie alles auf den Bildschirm. Und wie das quasi dahin kommt, das sollte man immer nicht vergessen. Dass man

quasi den, und das wird zumindest gerne in den Entwicklungsprozessen vergessen, dass man noch Aufwand treiben muss, damit der End-, damit dieser Nutzer die Software auch benutzen kann. Das hat so ein bisschen was mit Software-Ergonomie zu tun. Und wie sieht die Oberfläche aus, und komme ich einfach dahin, wo ich hin will? Oder ist das alles irgendwo versteckt?

Rekapituliert man an dieser Stelle die Annahme, dass Hochschulsozialisation durch Qualifikation erfolgt, die den Studierenden kein fixes Handlungsgerüst, wohl aber Dispositionen des Handelns vermittelt, so erhalten die hier aufgeführten Aussagen einige Relevanz: Die Thematisierung der Möglichkeiten eingeschränkter oder erweiterter Autonomie, Aspekte wie Lenkung und Selbstermächtigung, sind im Studium derjenigen, die Soziotechnik entwickeln, gestalten, mindestens aber technologisch umsetzen, (bislang) bereits dadurch strukturell ausgeschlossen, dass diejenigen, die diese Produkte nutzen, kaum überhaupt als „Person" definiert scheinen.

3.2 Soziale Arbeit

Geradezu konträr zur Wirtschaftsinformatik stellt sich die Vermittlung von Handlungswissen im Studium der Sozialen Arbeit dar. Eine im Kontext dieses Beitrags bedeutsame Differenz liegt darin, dass sowohl die antizipierte Tätigkeit im beruflichen Handlungsfeld als auch deren potenziell ambivalente Folgen als Gegenstände der Lehre curricular fest verankert sind. Nicht zuletzt über dieses für das Fach konstitutive Moment begründet sich, dass der Professionsdiskurs ein Dauerthema sowohl in der Forschung als auch in der Lehre ist (vgl. hierzu die Beiträge in Schwarz et al. 2014). Diesen hier zu rekapitulieren, ist natürlich weder möglich noch nötig. Verwiesen sei gleichwohl auf zwei diesem Diskurs wichtige immanente Aspekte, welche kognitive Kernbereiche des Fachs benennen, die von der Anwendung soziotechnischer Produkte tangiert werden: (1) das Verhältnis zwischen Theorie und Praxis, das Aufschluss gibt über Dispositionen, die qua hochschulischer Ausbildung erworben werden, sowie (2) die Frage nach der grundlegenden Rationalität des professionellen Handelns.

(1) Das Verhältnis zwischen Theorie und Praxis wird, das zeigt bereits ein oberflächlicher Blick in die Curricula des Fachs, aus Perspektive der Sozialen Arbeit kritisch verhandelt, wobei insbesondere bemängelt wird, dass die hochschulische Qualifikation die (in Abhängigkeit vom Handlungskontext zudem je spezifische) Praxis nicht angemessen abzubilden vermöge. Ohne die konstatierte Theorie-Praxis-Lücke an dieser Stelle näher diskutieren zu können – in Bezug auf die in der Hochschulbildung allgemein gesetzten Ziele der Verantwortung und der Reflexion des eigenen Handelns ist bereits deren Existenz im Curriculum aufschlussreich –, verweisen die auf Fachebene institutionalisierten Selbstzweifel doch auf die dem Fach zugehörige Frage nach einem dem Ge-

genstand adäquaten beruflichen Handeln und damit ganz prinzipiell auf Reflexivität und Verantwortlichkeit. Auf eine dem Gegenstand angemessene Handlungsweise rekurriert (2) auch die Frage, worauf sich das Handeln gründen könne und dürfe. Die kognitive Grundlegung des Fachs in der Wissenschaft nimmt hier eine besondere Rolle ein. Dass die Soziale Arbeit, legt man strukturlogische Bestimmungen zu Grunde, die Kriterien einer ‚richtigen Profession' deshalb nicht erfüllt, weil die Handlungsdisposition der Studierenden nicht durch den von Oevermann und Anhänger*innen betonten „Forschungshabitus" (Oevermann 2002, 23; vgl. auch Oevermann 2003; 2005) geleitet ist, mag zutreffen. Allerdings ist die Frage, ob die Tätigkeiten extern angelegten Merkmalen von Profession genügen – auch denen einer bescheidenen oder Semiprofession –, dann nicht von Relevanz, wenn ihr *Gegenstand* beachtet wird. Die Soziale Arbeit unterscheidet sich insofern nicht von klassischen Professionen, als auch sie darauf gerichtet ist, „stellvertretend Krisen zu bewältigen, d. h. zuständig zu sein für die primäre Lebenspraxis" (Oevermann 2002, 23). So different die konkreten Fassungen der Krisenhaftigkeit, der Problemlagen und des jeweiligen Lösungsanspruchs auf Fachebene sein mögen, in dieser Kernfrage gibt es doch einen Konsens: Im Falle der Sozialen Arbeit und ihren Handlungskontexten ist, wie dies für alle Professionen festgehalten werden kann, die Wiederherstellung der Integrität einer autonomen Lebenspraxis Zielsetzung des Handelns (vgl. ebd.). Folgerichtig ist für das Fach der Fokus auf der Frage nach dem Wie des Handelns. Dass professionelle Arbeit, wo sie mit „menschlichen Problemen" befasst ist, nicht nur generalisierbares, sondern notwendig auch „nichtstandardisiertes bzw. nichtgeneralisiertes Wissen" benötigt, steht fest (Becker-Lenz 2014, 189). Eine fraglos wichtige Komponente ist dabei die „besondere Art der Sozialbeziehung zwischen Professionellen und Klienten" (ebd., 190), in der Terminologie Oevermanns und Nachfolger*innen: das *Arbeitsbündnis.* Empirische Falluntersuchungen belegen, was aus Perspektive des Fachs zum epistemischen Kernbestand der Profession gehört: Klient*innen und Professionelle bearbeiten die Krise / das Problem gemeinsam, weil eine fremdbestimmte Intervention die fragile Autonomie nicht stärken, sondern zusätzlich in Frage stellen würde (ebd., 191). Folgerichtig verweist der Kompetenzbegriff der Sozialen Arbeit nicht nur auf methodische Kompetenz im Sinne der Anwendung von Regelwissen, sondern auf eine „innere Haltung oder Einstellung in Bezug auf die Gestaltung des Arbeitsbündnisses und die Rekonstruktion des Falls" (ebd.). Die Vermittlung jener Haltung ist als Qualifikationsziel curricular verankert – und wird durch die Anwendung soziotechnischer Produkte, die den Anspruch der Problembewältigung haben, bspw. dann herausgefordert, wenn mit diesen suggeriert wird, dass ein soziotechnisches Arbeitsbündnis funktional äquivalent sein könne zur vielfach erprobten Sozialbeziehung. Deutlich wird die weitreichende Modifikation dessen, was als angewandtes Wissen der Profession gelten kann, auch beim Blick auf Oevermanns Bestimmung derjenigen methodisierten Wissensanwendung, die (nicht nur er) gerade nicht zum professionellen Handeln zählt: In der „subsumtionslogischen, der technologischen Applikation zugrundeliegenden [Anwendung von Wissen] wird Wissen nach der Logik der nomologischen Deduktion in praktikable technische Problemlösungen, also letztlich in standardisierte, werkzeugvermittelte Handlungsabläufe oder in Apparate umgesetzt“ (Oevermann 2002, 25). Soziotechnische Produkte, die an denjenigen Stellen ihre Anwendung finden, an denen der Mensch in prekärer Beziehung zu sich und seiner Umwelt steht, tangieren disziplinäre Kernbereiche der Sozialen Arbeit mithin in weiteren Hinsichten – nicht nur in Bezug auf das professionelle Handeln, sondern auch in Bezug auf die Klient*innen:

> „[W]ürde man die je konkrete leib-seelische Verfassung eines Menschen nicht als je konkret motivierte Verkörperung einer [...] konkreten Lebensgeschichte, also als Bestandteil eines Bildungsprozesses, betrachten [...] dann wäre eine darauf bezogene interventionspraktische Therapie faktisch krank machend, eben weil sie einen abstrakten, lebensgeschichtlich nicht vermittelten technischen Standard von Gesundheit bzw. Normalität zur subsumtionslogischen Abgleichbasis machen und die lebensgeschichtlich konkreten Möglichkeitsspielräume sowie die sie konstituierende Eigenlogik des individuellen fallstrukturgesetzlichen Transformations- und Bildungsprozesses missachten würde“ (ebd.).

Anders gesagt: Würde man Klient*innen mit konkreten Problemen, individuellen Deutungen der Ursachen der Probleme und subjektiv gesetzten Willensinhalten wie Anwender*innen technologischer Programme behandeln, dann wäre zumindest die Frage danach eröffnet, inwieweit die je konkrete Ausgestaltung einer Intervention sowie einer daran anschließenden Lebenspraxis noch Sache der daran Beteiligten ist.

4 Fazit: Zum Mehrwert von Interdisziplinarität in der Entwicklung von Soziotechnik

Eine grundsätzliche, durch die Anwendung von Soziotechnik quasi naturgesetzlich eintretende und „durch formale methodische Rationalität angeleitete[] Fremdbestimmung“, wie sie Oevermann (2002, 25) antizipiert, muss, das zeigen empirische Fälle, die Integrität und Autonomie von Klient*innen natürlich nicht zwingend beschädigen. Auch ist das Fach der Sozialen Arbeit nicht per se herausgefordert, wo soziotechnische Anwendungen das Arbeitsbündnis begleiten oder unterstützen. In diesem Beitrag soll nicht das Schreckgespenst einer kommenden ‚Übernahme der Professionen durch Technologie‘ gemalt werden. Dass allerdings die Soziale Arbeit (zunehmend) mit Klient*innen zu tun hat, die in soziotechnischen Beziehungen, und zwar mit dem Zweck einer Krisenbewältigung, stehen und/oder gerade aufgrund ihrer Rolle als Anwender*innen in ihrer Autonomie und Integrität tangiert sind, dürfte fraglos geworden sein. Anstatt eilig Szenarien möglicher Entwicklungen zu entwerfen, dürfte es daher für alle Beteiligten ratsam sein, die Rationalität, die der auf das Handeln der nicht-technologischen Professionen maßgeblich einwirkenden Technik zugrunde liegt, zu verstehen. Die Möglichkeiten und Grenzen interdisziplinärer Zusammenarbeit zum Nutzen sowohl der Gestalter*innen von Soziotechnik als auch der davon in mehrfacher Hinsicht affizierten Professionen bemessen sich schließlich nicht zuletzt daran, ob eine solche Basis geschaffen werden kann. Interdisziplinarität muss dabei nicht bereits im Ausgangspunkt auf eine anwendungsorientierte Kooperation mit ‚materiellem Resultat' hin angelegt sein. Wichtiger scheint zunächst der prinzipielle Nachvollzug dessen, welche kognitiven Dimensionen für die jeweils andere Seite zentral sind. Insofern geht Interdisziplinarität im Wortsinne über Multidisziplinarität hinaus: Der „spezifische kooperationsbedingte Mehrwert" der Interdisziplinarität ergibt sich daraus, dass „Personen miteinander interagieren, die mehr als nur einen fachlichen Problemhorizont überschauen sowie in mehr als einer Fachsprache heimisch sind und daher Übersetzungsleistungen erbringen" können (Pasternack 2006, 107).

Als ein Kernpunkt des diskrepanten Verhältnisses zwischen denjenigen Fächern, deren Absolvent*innen Soziotechnik entwickeln, gestalten, umsetzen, und denjenigen, deren Absolvent*innen mit den Folgen dessen konfrontiert sind, hat sich im vorliegenden Beitrag die unterschiedliche Blickweise auf *Anwender*innen* herausgestellt. Dem Fach Soziale Arbeit ist die ausführliche Reflexion der Klient*innen in deren je eigener lebensweltlicher Hinsicht als kognitiver Kern inhärent – insbesondere in Form von Problematisierungen derjenigen professionellen Handlungen, die auf eine angemessene, nutzbringende Intervention ausgerichtet sind. Das curricular verankerte und auch auf der wissenschaftlichen Ebene bearbeitete Problem der Theorie-Praxis-Diskrepanz belegt auf eigene Weise, dass das auf Praxishandeln gerichtete Fach in seiner grundlegenden Rationalität nicht nur auf methodisierte Problemlösung, sondern auch auf nicht-standardisierbares, auf den individuellen Menschen bezogenes Handeln orientiert ist. Aus Perspektive der Wirtschaftsinformatik sind ebenjene Menschen hingegen als Anwender*innen, bedingt durch den ganz anders gelagerten kognitiven Kern des Fachs, im rein technologischen Zusammenhang bestimmt. Selbstverständlich spielt der ‚User' eine nicht zu vernachlässigende Rolle im Prozess der Gestaltung von Soziotechnik. Allerdings in geradezu umgekehrter Perspektive: Er steht bei der Gestaltung zwar formal hierarchisch ‚oben', ist im Entwicklungsprozess aber, im Wortlaut eines Interviewpartners, quasi *das letzte Glied in der Kette*. Individuelle Dimensionen und Abweichungen von Standardverläufen sind daher nicht vorgesehen, bzw. nur dann möglich, *wenn die Architektur das hergibt.* Der Topos der Softwareergonomie verweist darauf: Nutzbarkeit ist ein Thema; erstens aber eines, das curricular kaum verankert ist, mithin kein im Studium selbstverständliches Moment der antizipierten Handlungsdisposition der Absolvent*innen ist. Und, wichtiger noch, liegt zweitens kein Begriff der Nutzung vor, der in der Perspektive der Professionen und ihres Klientenbegriffs elaboriert oder auch nur anschlussfähig wäre. Das Moment der *Rückwirkung* von Soziotechnik, gerade auch der unintendierten, ist, zumindest in der gängigen technologischen Architektur und ihrer Verankerung im zeitgenössischen Curriculum, nicht vorgesehen. Notwendig wäre für eine interdisziplinäre Kooperation mithin nicht einfach eine Stärkung der Thematisierung generalisierter Technikfolgenabschätzungen oder allgemeiner ethischer Reflexionen in den Curricula der Entwickler*innen sowie derjenigen, die diese Folgen professionell bearbeiten. Dem vorgelagert, auch der materiellen Entwicklung von Soziotechnik vorangestellt, ist ein im Wortsinne interdisziplinärer Mehrwert dann zu erwarten, wenn eine Reflexion der disziplinär je zentralen und spezifischen Begriffe – namentlich: Gestaltung und User, Arbeitsbündnis, Lebenswelt und Klient*in – stattfindet. Wissen um diese im Studium vermittelten und für das berufliche Handeln zentralen Begriffe haben bislang noch primär die Vertreter*innen der Fächer selbst: derjenigen Fächer, die entwickeln, und derjenigen, deren Absolvent*innen mit Anwender*innen arbeiten und antizipieren können, wie bspw. ein soziotechnisches Produkt in ein Arbeitsbündnis hineinwirkt.

Literatur

Baukrowitz, Andrea/Boes, Andreas/Kämpf, Tobias/Marrs, Kira (2015): Globalisierung in der IT-Branche. Qualifizierungspolitik zwischen Beruflichkeit und Employability. Referat im Rahmen der Tagung „Perspektiven von Beruflichkeit – Was bedeutet Beruflichkeit für Mitbestimmungspraxis und Bildungspolitik?". Frankfurt/Main.

Becker-Lenz, Roland (2014): Nichtstandardisierbares Wissen und Können im professionellen Handeln. In: Schwarz, Martin P./Ferchoff, Wilfried/Vollbrecht, Ralf (Hrsg.): Professionalität: Wissen – Kontext. Sozialwissenschaftliche Analysen und pädagogische Reflexionen zur Struktur bildenden und beratenden Handelns. Bad Heilbrunn: Verlag Julius Klinkhardt, 184–196.

Boes, Andreas/Baukrowitz, Andrea (2002): Arbeitsbeziehungen in der IT-Industrie. Erosion oder Innovation der Mitbestimmung? Berlin: Edition Sigma.

Boes, Andreas (2005): „Informatisierung". In: SOFI, IAB, ISF München und INIFES (Hrsg.): Berichterstattung zur sozioökonomischen Entwicklung in Deutschland – Arbeits- und Lebensweisen. Wiesbaden: Springer Fachmedien, 211–244.

Bourdieu, Pierre/Passeron, Jean-Claude (1972): Die Illusion der Chancengleichheit. Untersuchung zur Soziologie des Bildungswesens am Beispiel Frankreichs. Stuttgart: Ernst Klett Verlag.

Bourdieu, Pierre (1976): Entwurf einer Theorie der Praxis auf der ethnologischen Grundlage der kabylischen Gesellschaft. Frankfurt/Main: Suhrkamp.

Engler, Steffanie (1993): Fachkultur, Geschlecht und soziale Reproduktion. Eine Untersuchung über Studentinnen und Studenten der Erziehungswissenschaft, Rechtswissenschaft, Elektrotechnik und des Maschinenbaus. Weinheim: Deutscher Studien Verlag.

Frank, Andrea (1990): Hochschulsozialisation und akademischer Habitus. Eine Untersuchung am Beispiel der Disziplinen Biologie und Psychologie. Weinheim: Deutscher Studien Verlag.

Friebertshäuser, Barbara (1992): Übergangsphase Studienbeginn. Eine Feldstudie über Riten der Initiation in eine studentische Fachkultur. Weinheim und München: Juventa.

Heinrich, Lutz (2011): Geschichte der Wirtschaftsinformatik. Entstehung und Entwicklung einer neuen Wissenschaftsdisziplin. Berlin und Heidelberg: Springer Gabler.

Huber, Ludwig/Vogel, Ulrike (1984): Studentenforschung und Hochschulsozialisation. In: Goldschmidt, Dietrich (Hrsg.): *Forschungsgegenstand Hochschule.* Frankfurt/Main: Campus, 107–153.

Huber, Ludwig (1990): Fachkulturen und allgemeine Bildung. In: Lohmann, Knut (Hrsg.): Der Beitrag der Unterrichtsfächer zur Allgemeinbildung. Bericht über den 23. Seminartag des Bundesarbeitskreises der Seminar- und Fachleiter e.V. (BAK) vom 2. bis 6.10.1989 in der Universität Bielefeld in Zusammenarbeit mit dem Oberstufen-Kolleg der Universität Bielefeld. Rinteln: Merkur, 76–94.

Huber, Ludwig (2013): Lehre und Lernen in den Disziplinen. Anerkennung und Transzendierung von Fachkulturen. In: HDS Journal 1, 5–21.

Keller, Berndt K./Seifert, Hartmut (2013): Atypische Beschäftigung zwischen Prekarität und Normalität. Entwicklung, Strukturen und Bestimmungsgründe im Überblick. Berlin: Edition Sigma.

Klüver, Jürgen (1983a): Universität und Wissenschaftssystem. Die Entstehung einer Institution durch gesellschaftliche Differenzierung. Frankfurt/Main: Campus.

Klüver, Jürgen (1983b): Hochschule und Wissenschaftssystem. In: Huber, Ludwig (Hrsg.): Ausbildung und Sozialisation in der Hochschule. Enzyklopädie Erziehungswissenschaft, Band 10. Stuttgart: Klett-Cotta, 78–91.

Krais, Beate (1996): Bildungsexpansion und soziale Ungleichheit in der Bundesrepublik Deutschland. In: Bolder, Axel/Heid, Helmut/Heinz, Walter R./Kutscha, Gunter/Kruger, Helga/Meier, Artur/Rodax, Klaus (Hrsg.): Die Wiederentdeckung der Ungleichheit. Aktuelle Tendenzen in Bildung für Arbeit. Wiesbaden: Springer Fachmedien, 118–146.

Lind, Georg (2000): Ist Moral lehrbar? Ergebnisse der modernen moralpsychologischen Forschung. Berlin: Logos.

Mau, Steffen (2017): Das metrische Wir. Über die Quantifizierung des Sozialen. Berlin: Suhrkamp.

Oevermann, Ulrich (2002): Professionalisierungsbedürftigkeit und Professionalisiertheit pädagogischen Handelns. In: Kraul, Margret/Marotzki, Winfried/Schweppe, Cornelia (Hrsg.): Biographie und Profession. Bad Heilbrunn: Verlag Julius Klinkhardt, 19–63.

Oevermann, Ulrich (2003): Kodifiziertes methodisiertes Wissen und persönliche Erfahrung in der professionalisierten Praxis stellvertretender Krisenbewältigung. In: Fried, Johannes/Kailer, Thomas (Hrsg.): Wissenskulturen. Beiträge zu einem forschungsstrategischen Konzept. Berlin: Akademie Verlag, 195–210.

Oevermann, Ulrich (2005): Wissenschaft als Beruf. Die Professionalisierung wissenschaftlichen Handelns und die gegenwärtige Universitätsentwicklung. In: Die Hochschule. Journal für Wissenschaft und Bildung 14, H. 1, 15–51.

Ott, Sascha (2004): Information: zur Genese und Anwendung eines Begriffs. Konstanz: UVK.

Pasternack, Peer (2006): Was ist Hochschulforschung? Eine Erörterung anlässlich der Gründung der Gesellschaft für Hochschulforschung. In: Das Hochschulwesen. Forum für Hochschulforschung, -praxis und -politik 54, H. 3, 105–112.

Pongratz, Hans J./ Voß, Gerd Günter (2004): Arbeitskraftunternehmer: Erwerbsorientierungen in entgrenzten Arbeitsformen. 2., unveränd. Aufl. Berlin: Ed. Sigma.

Portele, Gerhard/Huber, Ludwig (1981): Entwicklung des akademischen Habitus: zum Problem der Konzeptbildung in der Hochschulsozialisationsforschung. In: Sommerkron, Ingrid (Hrsg.): Identität und Hochschule. Blickpunkt Hochschuldidaktik. Hamburg: Arbeitsgemeinschaft für Hochschuldidaktik, 185–197.

Sauer, Dieter (Hrsg.) (2002): Dienst – Leistung(s) – Arbeit. Kundenorientierung und Leistung in tertiären Organisationen. München: Institut für sozialwissenschaftliche Forschung.

Seibt, Dietrich (2011): Informationssysteme oder nur Anwendungssysteme? In: Heinrich, Lutz J. (Hrsg.): Geschichte der Wirtschaftsinformatik. Entstehung und Entwicklung einer neuen Wissenschaftsdisziplin. Berlin/Heidelberg: Springer Gabler, 152–164.

Schmiede, Rudi (2006): Wissen und Arbeit im „Informational Capitalism“. In: Baukrowitz, Andrea/Berker, Thomas/Pfeiffer, Sabine/Schmiede, Rudi (Hrsg.): Informatisierung der Arbeit – Gesellschaft im Umbruch. Berlin: Edition Sigma, 457–490.

Spiekermann, Sarah (2019): Digitale Ethik: Ein Wertesystem für das 21. Jahrhundert. München: Droemer HC.

Stahlknecht, Peter/Hasenkamp, Ulrich (2005): Einführung in die Wirtschaftsinformatik. Berlin/Heidelberg: Springer Gabler.

Teichler, Ulrich (1994): Hochschulforschung. Situation und Perspektiven. In: Das Hochschulwesen. Forum für Hochschulforschung, -praxis und -politik 42, H. 4, 169–177.

Trautwein-Kalms, Gudrun/Ahlers, Elke (2003): High Potentials unter Druck – Gestaltung der Arbeits- und Leistungsbedingungen von Software-Experten und IT-Dienstleistern. In: Pohlmann, Markus/Sauer, Dieter/Trautwein-Kalms, Gudrun/Wagner, Alexander (Hrsg.): Dienstleistungsarbeit: Auf dem Boden der Tatsachen. Befunde aus Handel, Industrie, Medien und IT-Branche. Berlin: Edition Sigma, 243–295.

Ulriksen, Lars/Holmegaard, Henriette/Madsen, Lene (2017): Making sense of curriculum – the transition into science and engineering university programme. In: Higher Education. The International Journal of Higher Education Research 73, H. 3, 423–440.

Die Lenkung des forschenden Blicks: Zur Funktion von Sozialwissenschaften und Philosophie in der Technikentwicklung

Holger Hagen, Michél Nitschke & Petra Gaugisch

> *„Auf einem der schönen Höfe lebte im Jahr 1796 als Magd Elsi [...]; sie war ein seltsam Mädchen, und niemand wußte, wer sie war und woher sie kam. [...] Es war eine gewisse adeliche Art an dem Mädchen, die sich weder verleugnen noch annehmen läßt, und es kam allen vor, als säße sie da unten als des Meisters Tochter oder als eine, die an einem Tische zu befehlen oder zu regieren gewohnt sei. [...]"*
> Jeremias Gotthelf: Elsi, die seltsame Magd

1 ELSI-Forschung und ihre Karriere: Eine „seltsame Magd"?

1.1 Begleitforschung: Erfindung, Kritik, Integration

Im Rahmen des 1990 in den USA angelaufenen internationalen „Human Genome Project" (HGP), in dem es darum ging, das Genom des Menschen vollständig zu „entschlüsseln" – d. h. die menschlichen Gene und die Sequenz der Basenpaare der DNA zu identifizieren –, wurde die Förderung eines naturwissenschaftlich-technischen Forschungsprojekts erstmals um die Förderung einer *begleitenden sozialwissenschaftlich-philosophischen Forschung* erweitert. Mit dem „Ethical, Legal and Social Implications Research Program" wurde deren Zielsetzung in abstracto dahingehend festgelegt, die „ethischen, rechtlichen und sozialen Implikationen" des humanbiologischen Forschungsprojekts zu identifizieren und ihre Ergebnisse für die parallel noch laufende Forschung und Entwicklung selbst, aber auch für Politik, Wirtschaft und nicht zuletzt die Öffentlichkeit bereitzustellen. Geschaffen wurde so nicht ein neues Forschungsgebiet oder eine neue Disziplin,[1] aber ein neuer *Rahmen*, in dem die angesprochenen

1 In diesem Sinne ist Myskja, Nydal und Myhr zuzustimmen, wenn sie an Bruno Latour angelehnt die These formulieren, „that the researchers have never been ELSI researchers"– „the ELSI field consists of several disciplines working with a number of issues connected to technology developments, employing a wide range of theories and methods" (Myskja/ Nydal/Myhr 2014, o.S.). Siehe dazu auch Zwart, Landeweerd und van Rooij (2014, o.S.).

Wissenschaften sich engagieren konnten und sollten: als „Begleitforschung“ zu einem in der Hauptsache stattfindenden naturwissenschaftlich-technologischen Forschungsprojekt.

Bei der Einführung der europäischen Version dieser neuen, unter dem Akronym „ELSI“ bekannt gewordenen Begleitforschung wurde die an einer thematisch zu engen Fassung des Programms lautgewordene Kritik aufgenommen und der Gegenstandsbereich nicht mehr auf die sogenannten „Implikationen“ eingeschränkt: Programmatisch wurde ein Terminus gewählt, der die größere thematische Bandbreite und *Offenheit* des europäischen Ansatzes ausdrücken sollte. Es geht demnach um die ethischen, rechtlichen und sozialen „Aspekte“ – daher die eigene Abkürzung „ELSA“, auf die allerdings oft zugunsten des etablierten „ELSI“ verzichtet wird (vgl. z. B. BMBF 2018).[2]

Seit ihren Anfängen in der Humanbiologie hat die ELSI-Förderung sukzessive in immer mehr Forschungsbereichen, Disziplinen und Ländern Einzug gehalten, so dass sie heute in vielen Forschungs- und Entwicklungsprojekten obligatorisch ist – wobei sich die ELSI-Forschung allerdings mit der Zeit gewandelt hat. Das hat zweifellos mit der am ursprünglichen Programm geübten Kritik zu tun,

> „die sich insbesondere an dessen Begleitforschungscharakter festmachte: Als reines wissenschaftliches Add-on öffentlich geförderter Forschungs- und Entwicklungsprogramme seien ELSI-Forschungen in der Regel zu sehr vom eigentlichen Forschungsgeschehen abgekoppelt (und auch finanziell viel zu stark von diesem abhängig), um dieses kritisch hinterfragen, geschweige denn konstruktiv beeinflussen zu können.“ (Kehl 2018, 150)

Angesichts dieser Unzufriedenheiten mit dem ELSI-Programm kam die Forderung auf, den mit ihm gegebenen Rahmen zu überwinden und stattdessen vielmehr ein „ ‚post-ELSI‘ program“ (Rabinow/Bennett 2012, 18) zu verfolgen.[3] Unter Berücksichtigung dieser Kritik wird der ELSI-Ansatz in Deutschland mittlerweile in das umfassendere Konzept der *„Integrierten Forschung“* eingeordnet, das beispielweise auch den Anspruch der „Nutzerintegration“ (BMBF 2018, 20) beinhaltet. In Bezug auf „ethische, rechtliche und soziale Aspekte“ betont ein „integrierter Ansatz“, dass dieselben nicht nur Begleitung, sondern „Bestandteil der wissenschaftlich-technischen Aufgabenstellungen“ (ebd., 6) selbst sein und die Projekte sie „direkt in ihre Entwicklungsarbeiten einbeziehen“ (ebd., 9) sollten. Die Kennzeichnung dieses Ansatzes als „verantwortungsvolle Entwicklung“ (ebd., 6) weist dabei zugleich auf eine gewisse Nähe zu

2 Im Folgenden wird daher auch hier in umfassender Bedeutung von „ELSI“ gesprochen.
3 Eine kurze Darstellung zur Thematik findet sich bei Balmer et al. (2015, 4 und 6–8).

dem auf europäischer Ebene formulierten Ansatz *„Responsible Research and Innovation" (RRI)* hin.[4] Ethische, rechtliche und soziale Aspekte sollen auch hier nicht mehr „als bloße Rahmenbedingungen der Technikentwicklung" aufgefasst werden, sondern „als Designfaktoren direkt in die Gestaltung der Technologien einfließen" (Kehl 2018, 151).[5] Angesichts solcher Konzepte der engen inter- und transdisziplinären Zusammenarbeit ist bereits von einem *„collaborative turn"* (Fitzgerald/Callard 2014, o.S.) in Forschung und Entwicklung die Rede.

1.2 ELSI, Post-ELSI, RRI etc.: Desiderata der Kritik

Ein näherer Blick auf diese Umgestaltung der ELSI-Forschung zeigt jedoch, dass hierin nur einige Gesichtspunkte der erwähnten Kritik Berücksichtigung fanden, während anderen anscheinend keine Beachtung zuteilwurde – obwohl sie sachlich nicht weniger schwerwiegend sind. So muss es insbesondere fraglich erscheinen, ob mit der Reform der ELSI-Forschung auch der oben genannte Kritikpunkt adressiert wurde, die naturwissenschaftlich-technische Forschung lasse sich in diesem Rahmen nicht „kritisch hinterfragen".

Die hier angesprochene Kritik weist darauf hin, dass der ELSI-Forschung schon bei ihrer Gründung im Rahmen des HGP – ausgehend von den Erfahrungen mit kontroversen Technologien wie z. B. der Atomkraft – vonseiten der Förderinstanzen die „klar umrissene Aufgabe" zugeschrieben wurde, die „Implikationen" der Genomforschung zu untersuchen, *damit* letztlich die perspektivisch „neu entwickelten Technologien optimal [...] *implementiert* werden" (Kemper 2010, 15f.; Hervorhebung im Original) könnten (vgl. auch Balmer et al. 2015, 6). Eben das galt als „ELSI approach: genomics scientists on the one hand, experts from the social sciences and the humanities on the other, working side by side, as flanking endeavours, to create optimal conditions for an adequate embedding of genomics" (Zwart/Landeweerd/van Rooij 2014, o.S.).

Die Erwartung eines solchen „komplementären" (Kehl 2018, 150) Beitrags der ELSI-Forschung zum Erfolg der Technologieentwicklung und -verbreitung machte sich auch in ihren näheren Bestimmungen geltend: So gab beispielsweise eine Aufgabenbeschreibung wie die, „die Verwendung und den Zugang zu der neuen genetischen Information für die ‚Verbesserung menschlicher Gesundheit' zu untersuchen, [...] der ELSI Forschung relativ klare Richtlinien vor" (Kemper 2010, 16). Die im Titel des Forschungsprogramms angesprochenen „Implikationen" wurden damals – und werden heute noch in erster Linie –

4 Zum Verhältnis der RRI zu ELSI siehe Zwart, Landeweerd und van Rooij (2014).

5 Als ein bekanntes Beispiel hierfür kann etwa *Privacy by Design* angeführt werden, das mittlerweile auch durch die europäische Datenschutz-Grundverordnung vorgeschrieben ist.

als potenzielle *Auswirkungen* der Forschungs- und Entwicklungsresultate, die ethisch, rechtlich oder sozial negativ bewertet werden könnten, verstanden (vgl. Balmer et al. 2015, 4). In diesem Sinne bestand auch nach Francis Collins, dem zweiten Direktor des HGP, eine der wichtigsten „Grand Challenges" für die ELSI-Forschung darin, die „möglichen Barrieren der Umsetzung" (Kemper 2010, 16) der neuen Technologien zu identifizieren. Insgesamt hatte somit die Konzeption als Begleitforschung Implikationen für die adressierten Disziplinen:

> Ihre „Forschung war strategischen Zielsetzungen unterworfen, die direkt aus dem naturwissenschaftlichen Programm heraus generiert wurden und [...] den Forschungsergebnissen grundsätzlich positiv gegenüberstanden. Eine grundsätzliche Reflexion [...] etwa der Genomforschung [...] durch die ELSI Forschung ist damit nahezu ausgeschlossen" (ebd., 24f.).

Wenngleich die europäische Variante dieses Forschungsprogramms mit ihrem demonstrativ offeneren Ansatz solche Einwände der Form nach berücksichtigt hat, wurde auch hier erneut die Kritik laut, „that research agendas of ELSA research were often pre-formatted by the scientific research programs they intended to study" (Zwart/Landeweerd/van Rooij 2014, o.S.). Auch hier wird die ELSI-Forschung oft betrachtet „as being responsible for the identification and remediation of potential negative downstream consequences of science" (Balmer et al. 2015, 4). Die bloße Rede von „Aspekten" hat offenbar nichts Wesentliches an der näheren Zielbestimmung geändert:

> „Das Ziel klassischer ELSI-Forschung ist es, ethischen, rechtlichen und sozialen Aspekten im Rahmen interdisziplinärer Begleitforschung auf den Grund zu gehen, um so möglichen negativen Auswirkungen präventiv begegnen können, etwa durch die Schaffung geeigneter regulativer Rahmenbedingungen." (Kehl 2018, 150)

Die hauptsächliche Erwartung an die ELSI-Forschung und die Umsetzung ihrer Resultate besteht nach dieser Logik vor allem darin, „that [...] [it] will produce public acceptability" (Balmer et al. 2015, 4) bzw. letztlich *„public and/or market acceptance"* (ebd., 14, Hervorhebung durch Autor*innen). Indem hiermit die der ELSI-Forschung zentral zugeschriebene Funktion kenntlich wird, ist offenbar ein entscheidender Punkt der Kritik erreicht – der bislang, wie es scheint, in der Diskussion um die ELSI-Forschung dennoch eher am Rande behandelt wurde.[6] Wird er im Rahmen der bestehenden „Post-ELSI-Ansätze" wie integrierter Forschung und RRI adressiert?

6 Ein Versuch, diesen Punkt stärker in das Zentrum der Diskussion zu rücken, wurde mit Hagen et al. (2018) unternommen.

1.3 „Akzeptanzparadigma“ und „Acceptance Bias“

War schon im Ausgangspunkt der ELSI-Forschung die *Beförderung öffentlicher Akzeptanz* für die humanbiologischen Forschungsresultate und ihre erst perspektivisch angedachte Anwendung („upstream“) ein wichtiger Gesichtspunkt, so tritt bei den jüngeren Förder- und Forschungsprogrammen, die unmittelbarer auf die Entwicklung marktreifer Technologien abzielen („downstream“), immer mehr der Aspekt der *Akzeptanz auf dem Markt* in den Vordergrund. So betont beispielsweise das BMBF, dass sich mit „ethische[n], rechtliche[n] und soziale[n] [...] Fragen auseinanderzusetzen, [...] nicht nur ein Gebot der ethischen, sondern auch der ökonomischen Vernunft“ sei: „Denn Innovationen, die sich konstruktiv mit diesen Fragen befassen, erhöhen dadurch auch die Aussichten auf ihren Markterfolg“ (BMBF 2018, 21).

Verfolgt wird hier das Konzept der *„akzeptanzorientierten Technikentwicklung“*[7]: Bei Kenntnis der zu erwartenden Akzeptanzlage sollte es demzufolge möglich sein, Akzeptanzprobleme „bereits in der Technikentwicklung zu berücksichtigen“; wobei durch „prospektive Untersuchungen [...] herauszufinden [sei], welche Technik (einschließlich ihrer Risiken und sonstiger Nachteile) faktisch wohl akzeptiert würde“ (Grunwald 2005, 55). „Technikakzeptanz“ wird dabei in den „Ansätze[n] der Begleit-, Projekt- und Wirkungsforschung“ also – etwas anders als z. B. in der Technikfolgenabschätzung – verstanden „als das Maß der faktisch erfolgten Durchsetzung einer Technik auf dem Markt oder deren faktische Nutzung“ (Petermann/Scherz 2005, 8). So gesehen zielen die praktisch realisierten, über klassische ELSI-Formate hinausgehenden Ansätze mit der „Akzeptanzorientierung“ direkt auf den wirtschaftlichen Erfolg der entwickelten Technologien:

> „Gemeinsam ist ihnen die Leitidee, dass gesellschaftliche Bedarfe sowie die Bedürfnisse der Betroffenen frühzeitig im Innovationsprozess zu reflektieren sind – und zwar als zentrales regulatives Element der Technik- und Produktentwicklung –, um letztlich im Vergleich zur primär technologiegetriebenen Herangehensweise nicht nur sozial akzeptablere, sondern auch wirtschaftlich erfolgreichere Produkte zu generieren.“ (Kehl 2018, 146)

Während traditionell in der thematisch verwandten Technikfolgenabschätzung (TA) mit dem – nicht vollkommen identischen – „Begriff der Technikakzeptanz zurückhaltend [...] umgegangen [wird], um nicht den gelegentlich geäußerten Vorwurf zu bestätigen, eine Akzeptanzbeschaffungsinstanz für Technik zu sein“ (Grunwald 2003, 114), wird die ELSI-Forschung auch in ihren neueren Formaten bis heute wie selbstverständlich durch das Konzept der Akzeptanz-

---

7 Eine ausführliche Darstellung bieten Brauer, Fischer und Grande (2015).

orientierung gerahmt. Dieses Framing der (Post-)ELSI-Forschung durch das „Akzeptanzparadigma" (Königstorfer 2008, 68) wirft allerdings einige Fragen auf. Ein maßgebliches Bedenken ist darin zu sehen, dass dieses „Paradigma" notwendig zu einer „Verzerrung" („bias") der Forschung führt: „Regardless whether we use the word as an indicator of frequency or some deeper meaning of integrating technology in our life, it still expresses a clear bias. We favour use of new technology, integration rather than rejection" (Stockmann 2018, 46). Das als Implikation der Akzeptanzorientierung identifizierte *„acceptance bias"* (ebd.) macht deutlich, dass sie für die (Post-)ELSI-Forschung einen spezifischen „Blick" mit sich bringt.

1.4 Ein Moment von Lenkung in der Reflexion von Lenkung?

Durch die Akzeptanzorientierung wird die (Post-)ELSI-Forschung in einer Weise gerahmt, dass die beteiligten Wissenschaften ihren Blick auf die technische Entwicklung, die dabei stattfindende Partizipation sowie ihre spezifischen Gegenstandsbereiche und Gesichtspunkte mit Bezug auf die Akzeptanz und die Möglichkeiten zu ihrer Steigerung lenken sollen. Wie dieser *akzeptanzorientierte Blick* sich konstituiert und beschaffen ist und wie sich in seiner systematischen Entfaltung eine ganze Reihe von Bias – auch mit Hinblick auf die partizipative Forschung – ergeben, ist bereits an anderer Stelle dargestellt worden.[8] Was dagegen im Folgenden untersucht werden soll, ist, inwiefern in dieser Rahmung bzw. in dem durch sie konstituierten Blick eine *Lenkung* der Forschung stattfindet oder – je nach dem, inwieweit diese Orientierung in der Forschungspraxis wirklich umgesetzt wird – zumindest stattzufinden droht.

Für eine ELSI-Forschung, die entsprechend der herkömmlichen Aufgabenstellung verfährt und sich auf die Untersuchung der Konsequenzen der Forschungsresultate bzw. Entwicklungsprodukte für die Gesellschaft konzentriert, liegt der hier vorgestellte Gesichtspunkt in ihrem blinden Fleck. Um ihn registrieren zu können, muss ihre Perspektive in doppelter Weise erweitert werden: erstens in der Hinsicht, dass in diesem Fall nicht Resultate, sondern Momente des zugrundeliegenden Forschungsprozesses selbst zum Gegenstand gemacht werden müssen; zweitens aber auch in der, dass es hier nicht nur die Forschung der „begleiteten" Disziplinen zu bedenken gilt, sondern die „begleitende" Forschung sich selbst reflektieren muss. Die Erkenntnis, dass die Rahmung durch Akzeptanzorientierung nicht nur die Naturwissenschaft und Technikentwicklung betrifft, sondern auch die ELSI-Forschung selbst, lässt für diese „Disziplin"

---

8 Der akzeptanzorientierte Blick selbst und die darin eingeschlossenen Bias werden am Beispiel der partizipativen Forschung begrifflich-systematisch entwickelt in Hagen et al. (2018).

dabei näher die Notwendigkeit kenntlich werden, auch ihre eigenen Prämissen und Konstitutionsbedingungen in ihre Reflexion einzuholen.

Nach den bisherigen Ausführungen ist klar, dass (Post-)ELSI-Forschung der Gefahr ausgesetzt ist, unreflektiert durch Prämissen gerahmt zu werden, die ihrerseits fraglich scheinen und erst zu überprüfen wären. Durch diese könnte sie, die unter anderem eine potenzielle *Lenkung* durch Technik *reflektieren* soll, aber auch unbemerkt selbst in ihrer *Reflexion gelenkt* werden – in Richtungen, die den politisch, ökonomisch und akademisch konstituierten Strukturen, Interessen und Diskursen entsprechen, in die sie eingebettet ist. Hierdurch würde sie womöglich beliebig im Sinne entsprechender Governance-Strategien einsetzbar (vgl. Rehmann-Sutter 2011, 59–62). – Muss also jene „Elsi", von der Jeremias Gotthelf in seiner eingangs zitierten Novelle berichtet, gewissermaßen als Sinnbild für die gleichnamige Forschung verstanden werden? Handelt es sich also auch bei dieser „ELSI" um eine sehr „seltsame[n] Magd", deren Eigenschaften mit der ihr praktisch zugeschriebenen Rolle in einem merkwürdigen Kontrast stehen?[9]

Prima facie könnte es scheinen, dass die Lenkung des forschenden Blicks, der sich im Programm der Akzeptanzorientierung ankündigt, der ELSI-Forschung einfach äußerlich ist. Eine Anforderung, die an die beteiligten Disziplinen von außen herangetragen wird und ihnen bei der Kommunikation ihrer Ergebnisse im Projekt und darüber hinaus begegnet: Wurde beispielsweise irgendein ethisches oder soziales ‚Implikat' oder ein entsprechender ‚Aspekt' ohne Bezug zur Akzeptanzfrage untersucht, so ist es nicht unüblich, dass dem Beitrag nur dann Bedeutung zugemessen wird, „when reframed within promises of [...] a contribution to [...] acceptance"; Gesichtspunkte dagegen, die aus diesem Rahmen zu fallen scheinen, „are not taken up" (Balmer et al. 2015, 14). Zumindest was ihre Resultate betrifft, wird die ELSI-Forschung in diesem Fall ihr äußerlichen Aspekten untergeordnet. Es ist andererseits aber nicht zu übersehen, dass auch in der begleitenden oder integrierten ELSI-Forschung selbst immer wieder Gesichtspunkte vertreten werden, die sich letztlich dem „instrumental aim of ensuring a successful – commercial – outcome" (ebd.) verschreiben. Wie also ist diese Lenkung des forschenden Blicks in Bezug auf die ELSI-Forschung theoretisch zu fassen?

Aus den bereits festgehaltenen Aspekten ergeben sich drei systematisch relevante Punkte für die Theoriebildung: Zunächst ist zu klären, was es heißt, dass der forschende Blick eine nicht durch Sachfragen, sondern durch *subjektive* und zwar insbesondere praktische Aspekte bestimmte *Lenkung* erfährt. Zweitens ist

9 Wie übrigens die sozialen Zuschreibungen und Praxen in Bezug auf „Elsi" eine kritikable geschlechtliche Dimension haben, so auch in Bezug auf die gleichnamige Forschung (vgl. Balmer et al. 2015, 10ff.).

zu untersuchen, wie eine solche Lenkung gedacht werden kann, wenn sie *von außen* und damit eingebettet in Machtrelationen erfolgt. Und schließlich bleibt drittens eine Form von Lenkung zu analysieren, bei der die Forschenden ihren Blick *von selbst* so lenken, dass er den an sie herangetragenen Anforderungen entspricht.

Um diesen Fragen nachzugehen, werden im Folgenden drei wissenschaftsgeschichtlich bekannte Positionen als Modelle für die Lenkung des forschenden Blicks herangezogen. Sie entstammen – ganz im Sinne der trans- und interdisziplinären Herangehensweise der ELSI-Forschung – drei verschiedenen Disziplinen. Als erstes Modell, das zur Erklärung der subjektiven Lenkung des forschenden Blicks im Allgemeinen dienen soll, wird auf die heutzutage in der Geschichte der Chemie behandelte *Alchemie* rekurriert. Zweitens wird die Lenkung einer Wissenschaft von außen anhand der Philosophie des europäischen Mittelalters bzw. genauer anhand von Hegels geschichtsphilosophischer Analyse der *Scholastik* vorgestellt. Drittens werden schließlich die aus dem aufklärerischen Denken hervorgegangenen *modernen Wissenschaften* und das Phänomen der Selbstlenkung unter Zuhilfenahme eines sozialwissenschaftlichen Modells untersucht, das sich aus Adornos und Horkheimers Konzeption einer „Dialektik der Aufklärung" entwickeln lässt.[10]

Durch die drei Modelle, die hier zur Orientierung herangezogen – aber in diesem Rahmen nicht ihrerseits diskutiert – werden können, wird insgesamt, soweit hier möglich, eine Darstellung angestrebt, welche sowohl dem begrifflichen Gehalt der Fragestellung als auch genealogischen Aspekten in Bezug auf die modernen Wissenschaften Rechnung trägt. Daran anschließend werden in einem letzten Punkt einige Überlegungen dazu angestellt, welche Konsequenzen sich aus dieser Analyse für Sozialwissenschaften und Philosophie im Rahmen der Technikentwicklung ziehen lassen. Insofern hierbei an die Idee einer „reflexiven" (Post-)ELSI-Forschung angeknüpft werden kann, wird diese hier entsprechend der sich ergebenden Desiderata weiterentwickelt. In diesem Kontext wird abschließend erneut zu der für die (Post-)ELSI-Diskussion zentralen Frage zurückzukehren sein, wie das Anliegen, dass die in ihr engagierten Wissenschaften ihre Funktion als bloßes Add-on der Technikentwicklung überwinden, stringenter als bisher konzipiert werden könnte.

10 Es geht bei diesem Modell also nicht um die von Adorno und Horkheimer herausgearbeitete „Dialektik der Aufklärung" als ganze, sondern allein um die Entwicklung einiger Aspekte des darin enthaltenen Gedankens einer Dialektik der aufgeklärten Wissenschaften.

2 Die Lenkung des forschenden Blicks: Drei Modelle

2.1 Die Alchemie der Akzeptanz – oder: Wie lassen sich Technologien in Erfolge verwandeln?

Die Alchemie war historisch neben der Naturphilosophie eine der maßgeblichen Wissensformen, aus denen die moderne Naturwissenschaft der Chemie hervorgegangen ist. Bekannt ist die Alchemie noch heute für ihr Anliegen, unedle Metalle in Gold zu verwandeln – die sogenannte „Transmutation". Sie nahm an, dass es dafür ein Mittel gebe, das sie als „Stein der Weisen" bezeichnete. Dieser sollte allerdings „den leidenden Menschenleib ebenso veredeln wie ein unvollkommenes [...] Metall" (Priesner 2011, 42) und so auch ein „Elixier" für die Verlängerung des Lebens oder gar ein Allheilmittel („Panacee") darstellen. Es ging ihr bei der für sie zentralen „Kunst, gewisse Materialien zu höherem Sein zu veredeln", also zugleich darum, „dass mit der Manipulation der Materie auch der um ihr Geheimnis ringende Mensch in einen höheren Seinszustand versetzt" (Schütt 2000, 12) werde – und zwar nicht nur in körperlicher, sondern ebenso in geistig-seelischer Hinsicht. In der Alchemie spielten daher nicht ausschließlich „materielle" *Interessen* wie die Herstellung von Gold oder die Verlängerung des Lebens eine Rolle, sondern darin erblickte sie zugleich ein *„höheres Sein"*: Im Sinne von „moralische[n] Implikationen" (ebd., 529) und einem „über die Natur hinausweisenden transzendenten Sinnbezug" (Priesner 2011, 101). Im alchemistischen Labor zum Beispiel bei Transmutationsversuchen gemachte Beobachtungen flossen so „mit Phantasien" zusammen und wurden im Sinne eines „Symbolhaften" gedeutet, das auf „einen in der Natur verborgenen Sinn" (Fierz-David 2014, 5) verweisen sollte.[11]

Modell für die Lenkung des forschenden Blicks ist die Alchemie damit insofern, als der „suchende Blick auf ihr Gegenüber, also auf die Natur, [...] subjektiv" (Schütt 2000, 529) geleitet ist: Nicht in dem Sinne wie jedes Erkennen subjektive Betätigung ist und ein „Blick" vom Subjekt auf etwas „geworfen" wird, sondern in dem, dass hier subjektive Anliegen das inhaltlich Bestimmende sind: So verweist etwa der „zentrale Leitgedanke" (Schummer 1996, 109) der Goldherstellung überaus deutlich auf den praktischen Bedarf an Gold als der Geldmaterie; aber auch die Moral und das Bedürfnis nach Sinn spielen hier ihre Rolle. Die alchemistische Forschung dient unmittelbar einem „außerhalb ihrer selbst liegenden Zweck" (Priesner 2011, 101). Bei ihrer Theoriebildung, etwa zur Metallgenese, kam es dementsprechend darauf an, dass sie „einen praktisch gangbaren Weg zu diesem Ziel wies" (ebd., 21). Die Alchemie bezog

11 Daher spielen auch Ähnlichkeiten und Analogien eine bedeutende Rolle, näher dazu Foucault (1980, 46ff.).

sich also auf die ihr passend erscheinenden antiken philosophischen Schriften als Grundlage. So konnte beispielsweise der „Glaube an die Transmutation der Metalle […] auf der Aristotelischen Lehre von der Umwandelbarkeit der Elemente aufbauen" (Schummer 1996, 109). Mit der Zeit wurden verschiedene Lehren vertreten, in der „Elemente" oder „Prinzipien […] zu Erklärungszwecken gewissermaßen durch Abstraktion aus stofflichen Erscheinungen gewonnen wurden" (ebd., 127), indem eine „Substantialisierung bestimmter stofflicher Dispositionseigenschaften zu sog. Prinzipien" vorgenommen wurde. Brennen und Schmelzen etwa sollten so durch „Prinzipien der Brennbarkeit und Schmelzbarkeit" (ebd., 111) – ihrerseits symbolisiert durch Schwefel und Quecksilber – erklärt werden.[12]

Das Ende der Alchemie wird durch die sukzessive Entwicklung des aufklärerischen Denkens eingeläutet, so dass sie heutzutage nur noch in esoterischen Zirkeln anzutreffen ist. Schon Francis Bacon (1561–1626), der der Aufklärung in der Theoriebildung den Weg bereitete, setzte sich explizit mit der Alchemie auseinander. Ihm zufolge fehlt es dieser – wie anderen damals etablierten Formen des Wissens auch – an „Gehorsam" (Bacon 1999, I, 3)[13] gegenüber der Natur: Anstatt sich in ihrem Denken nach diesem ihrem Gegenstand zu richten, folgt sie den eigenen Interessen an ihm. Sie springt – etwa bei ihren „Prinzipien" – von den sie interessierenden empirischen Qualitäten sogleich zu „abstrakten […] Verallgemeinerungen" (I, 22), die folglich nicht „von den Dingen her bestimmt" (I, 26) sind. Zur „unerschütterlichen Wahrheit" (I, 19) erklärt, baut sie die Erfassung alles Konkreteren darauf auf (ebd.) – und verfehlt es so. Der praktische Erfolg der Alchemie fällt daher notwendigerweise gering aus (I, 5): Wenn sie wirkliche Entdeckungen macht, so kommen die mehr oder minder zufällig, mehr wegen ihrer Erfahrungen, aber nicht ihrer „Theorie" zustande (I, 8; vgl. auch I, 85). Gleichzeitig ist für einen „Fortschritt in den Wissenschaften" ein viel größeres empirisches Wissen vonnöten – und daher, was die Natur betrifft, Versuche, die nicht bestrebt sind, ein praktisches Ziel wie die Herstellung von Gold umzusetzen, sondern „für die Erforschung der Ursachen und der Gesetze von großem Wert sind" (I, 99). Anstatt also auf einen „unmittelbaren Nutzen" (ebd.) zu drängen und die Natur in „Unkenntnis der Ursache" (I, 3) beherrschen zu wollen, müssen vielmehr die eigenen Interessen im Denken zurücktreten und sich dasselbe zunächst ganz nach der Sache selbst richten. Das so gewonnene Wissen um die Ursachen – bzw. das Naturgesetz –

12 Ein Fortschritt der Forschung besteht dann im alchemistischen Verständnis z. B. darin, dass der als Paracelsus bekannte Theophrastus Aureolus Bombastus von Hohenheim (1493–1541) zu diesen Prinzipien „das Prinzip der Feuerfestigkeit, symbolisiert durch das Salz" (Schummer 1996, 111), hinzufügt.

13 Die Zitation gibt hier und im Folgenden das Buch mit römischer und die Nummer der Aphorismen mit arabischer Ziffer an.

kann dann „bei der Arbeit als Regel" (ebd., Übersetzung durch die Autor*innen[14]) berücksichtigt werden – und die praktischen Interessen dadurch eine adäquate Umsetzung erfahren. Im 17. Jahrhundert beginnt sich schließlich als Konsequenz solchen Aufklärungsdenkens die *Chemie* als moderne *Wissenschaft* von der Alchemie zu unterscheiden und abzulösen (vgl. Weyer 2018, 362; Priesner 2011, 95).

> „Der Chemiker forscht nicht, um Eisen in Gold zu verwandeln, sich auf dem Weg dahin innerlich zu verändern und näher zu Gott und zu sich selbst zu gelangen; er forscht, weil er eine bestimmte Frage klären will – nicht mehr und nicht weniger." (Priesner 2011, 101)

Ob sich Eisen in Gold verwandeln lässt, lässt sich erst sagen, wenn erforscht ist, was diese Stoffe sind und wie sie sich dementsprechend verhalten. Soll die Forschung die Sache treffen, muss sie vom praktischen Interesse an Gold Abstand nehmen und sich an ihr Wissen über die Stoffe und Reaktionen selbst halten. Die Chemie ist so von „keiner Nutzanwendung abhängig" (Weyer 2018, 365): Sie „dient nicht mehr einem außerhalb ihrer selbst liegenden Zweck, sondern nur sich selbst" (Priesner 2011, 101) – und ist daher dem Anspruch nach in ihrem Denken rein „auf theoretischen Fundamenten" (Weyer 2018, 365) aufgebaut. An diesem Maßstab bemessen, können die Annahmen der Alchemie nicht überzeugen und werden so im Verlaufe dieses Wandlungsprozesses sukzessive fallengelassen.[15]

Zur Übertragung dieses Modells auf die Akzeptanzorientierung in der ELSI-Forschung kann an den letztgenannten Punkt angeknüpft werden: Es ist die Differenz zu dieser von der modernen Wissenschaft reklamierten, nur auf die (Er-)Klärung der Sache abzielenden und insofern selbstbezüglichen Theoriebil-

---

14 In der hier ansonsten zitierten Ausgabe übersetzt Krohn „in operatione" mit „bei der Ausführung".

15 Einer der maßgeblichen Umbrüche in einer bereits fortgeschrittenen Phase dieses längeren historischen Prozesses stellt der Übergang von der Phlogistontheorie Georg Ernst Stahls (1660–1734) zur Oxidationstheorie Antoine Laurent de Lavoisiers (1743–1794) dar. Erstgenannter entwickelte schon nicht mehr eine „Theorie zur Erreichung eines hypothetischen Zieles wie des Steines der Weisen", sondern „er beschrieb einen sehr gut beobachtbaren, alltäglichen Vorgang mit dem einzigen Ziel, ihn zu verstehen" (Priesner 2011, 101). Andererseits folgte die Phlogistontheorie bei der Erklärung ihrer Experimente noch ganz der Logik der Alchemie, indem die zu erforschende Qualität theoretisch in eine zugrundeliegende abstrakte Allgemeinheit – das Phlogiston als ‚Feuerprinzip' bzw. ‚Feuerstoff' – verwandelt wurde (vgl. ebd., 97f.; Pyle 2000, 105). Die bekannte Kuhn'sche Analyse dieses theoriegeschichtlichen Übergangs als „Paradigmenwechsel" (Kuhn 1970, 85) trägt übrigens dem angesprochenen Wandel im grundlegenden Gesichtspunkt der Theoriebildung so wenig Rechnung wie dem inhaltlich-argumentativen Austausch zwischen den unterschiedlichen „Paradigmen" (vgl. Pyle 2000).

dung, die in Bezug auf die Akzeptanzorientierung zunächst auffallen kann. Der Vergleich zur vorwissenschaftlichen Alchemie liegt insofern nahe, als alle Momente im Zusammenhang der technischen Innovationen – von ihrer eigenen Beschaffenheit bis zu den sozialen Verhältnissen und moralischen Positionen der potenziellen Kundschaft – gedanklich darauf bezogen werden, was sie zur *praktisch erwünschten* Steigerung der Akzeptanz beitragen: Gleicht daher nicht die alles dominierende Frage, wie Akzeptanz zu erreichen ist, was also alles zusammenkommen muss, damit sie – und damit letztlich der Erfolg auf dem Markt – sich einstellt, dem in der Alchemie herrschenden Interesse an der Goldherstellung? So wenig sich dieses davon abhängig macht, wie Gold und die verwendeten Ausgangsstoffe selbst bestimmt sind und nach welchen Gesetzen sie sich verhalten, so wenig scheint die Akzeptanzorientierung sich beispielsweise für das Bewusstsein der in Anspruch genommenen „User*innen"' zu interessieren: Das „Akzeptanzparadigma" muss mit einer „Vernachlässigung von Widerständen und Gründen der Ablehnung" (Königstorfer 2008, 68) einhergehen, insofern diese von ihm aus betrachtet allenfalls als „Barrieren" für eine eigentlich zu erwartende Akzeptanz gelten können. Es geht damit im Prinzip davon aus, „dass die in Betracht gezogene Innovation von Konsumenten an sich als vorteilhaft eingestuft wird, d. h. beispielsweise auch dann, wenn sich Konsumenten noch gar nicht mit einer Innovation auseinandergesetzt haben" (ebd.). Die Alchemie als Modell genommen, käme der ELSI-Forschung also gewissermaßen die Rolle zu, jene Zutaten zu erforschen und in einem zu erfindenden Rezept zu verbinden, aus denen sich das Gold namens Akzeptanz herstellen lässt. Vielleicht gleicht sie dabei auch der Suche nach dem „Stein der Weisen", der in diesem Fall zwar nicht unedle Metalle, wohl aber Technologien auf dem Markt zu „Gold" werden zu lassen verspricht…

Aus der Perspektive des Modells der Alchemie und ihrer Auflösung durch die Aufklärung betrachtet, scheint also die Lenkung des forschenden Blicks durch den subjektiven Aspekt der Akzeptanz hinter die immanenten Konstitutionsbedingungen der modernen Wissenschaften zurückzufallen: Eine solche Lenkung durch ein praktisches Interesse ist mit dem Anspruch moderner Wissenschaften, sich nicht nach äußerlichen, subjektiven Gesichtspunkten, sondern nach der Objektivität, d. h. nach dem Wissen um die Sache selbst zu richten, unvereinbar. – Und doch ist ganz klar festzustellen, dass die Akzeptanzorientierung keine vorwissenschaftliche Wissensformation darstellt. Sie ist vielmehr ein Ansatz innerhalb der bzw. eine Orientierung für die etablierten Wissenschaften: So sind es in der ELSI-Forschung die Sozialwissenschaften, die Rechtswissenschaft und die Philosophie, die akzeptanzorientiert betrieben werden sollen. Es stellt sich damit die Frage, wie ein akzeptanzorientierter Wissenschaftsansatz sowohl wissenschaftliche als auch außerwissenschaftliche Züge tragen kann.

Die Auflösung dieses Widerspruchs kann nur darin liegen, die Lenkung des forschenden Blickes in der Akzeptanzorientierung unter Voraussetzung ihres *wissenschaftlichen Charakters* zu erklären. Handelt es sich aber um eine Form von Wissenschaft, so stellt sich eine solche Lenkung als etwas Äußerliches dar. Es bedarf also eines Modells der Lenkung des forschenden Blicks *von außen.*

2.2 Ancilla technologiae – oder: Forschung im Dienst des Technizismus?

Als ein Modell für die Lenkung des forschenden Blicks von außen kann die Stellung der Philosophie im europäischen Mittelalter herangezogen werden, insoweit sie in Anschluss an den Benediktinermönch, Bischof und Kirchenlehrer Petrus Damiani (1006–1072) als *ancilla theologiae*, d. h. als Magd der Theologie galt: Sie habe sich nicht das Recht zur Belehrung der Theologie anzumaßen, sondern dieser als ihrer Herrin gehorsam zu dienen (vgl. Reindel 1989, Nr. 119, 354). Unter „Theologie" ist dabei an dieser Stelle nicht etwa eine philosophische Lehre über ein absolutes Wesen, wie sie sich etwa bei Aristoteles findet, zu verstehen, sondern eine Wissenschaft vom christlichen Glauben, die von diesem selbst ausgeht. Soll die Philosophie also letztlich diesem dienen, kann ihre Rolle auch allgemeiner als *ancilla fidei*, als Magd des Glaubens gekennzeichnet werden. Da es sich um eine kirchlich definierte Lehre handelt, ist darin schließlich auch eine dienende Position gegenüber der Institution Kirche eingeschlossen *(ancilla Ecclesiae).*

Die Philosophie des europäischen Mittelalters gehörte Hegel zufolge dem Denken dieser Zeit an, so dass die *christliche Glaubenswelt* für sie ein als „Wirklichkeit geltendes System" war: Sie lebte geistig in dieser „vorgestellten christlichen Wirklichkeit" (HW 19, 546f.). Die sogenannte Scholastik ging von Fragen aus, die sich im Rahmen des christlichen Glaubens aufwarfen. Vor allem sollte „die Glaubenslehre der christlichen Kirche auf metaphysische Gründe" (HW 19, 553) gebaut, also *rationell begründet* werden. In diesem Sinne lässt etwa Anselm von Canterbury (um 1033–1109) in seiner Schrift „Cur Deus homo" eine Figur programmatisch bekunden: „Es scheint mir eine Nachlässigkeit zu sein, wenn wir im Glauben fest sind und nicht suchen, das, was wir glauben, auch zu begreifen" (HW 19, 554)[16]. Die Philosophie hatte somit einen gegebenen Inhalt und das Anliegen war, „diesen Inhalt zu beweisen" (HW 12, 476), wie Hegel resümiert. In diesem Sinne befasste sich die Philosophie als christliche Theologie systematisch mit den kirchlichen Lehren.

Die Formel von der „philosophia ancilla theologiae" diente zur Zurechtweisung der durch den christlichen Glauben und die Theologie gerahmten Philo-

---

16 Hier zitiert in der Übersetzung von G.W.F. Hegel, denn die Übersetzung von „intelligere" mit „begreifen" scheint in diesem Zusammenhang passender als „verstehen" (Anselm 1956, 13), was Schmitt vorschlägt.

sophie (vgl. Kluxen 1971).[17] Die oben zunächst festgehaltene Rolle als christliche Theologie bzw. ihre Subordination unter und Funktionalisierung für dieselbe bedeutete nämlich keineswegs, dass sie in dieser Identität aufging. Zum einen gab es, wie Hegel resümiert, Bestandteile der christlichen Lehre, „die durch den Lehrbegriff nicht entschieden waren“ (HW 19, 553), zum anderen führte das Denken auch „auf eine Menge Bestimmungen, die nicht unmittelbar im Dogma ausgebildet waren“ – und in beiden Fällen galt: „insofern die Kirche nichts darüber festgesetzt hatte, war es erlaubt, darüber zu streiten“ (HW 12, 476). Die philosophische Reflexion und Auseinandersetzung führte so zu einer „formelle[n] Bildung des Geistes“ (HW 20, 11), die im Zuge der scholastischen Lehrtätigkeit eine gewisse Verbreitung fand (vgl. ebd.). Gerade weil also für den christlichen Glauben das philosophische Denken ausgebildet wurde, „musste“ durch dessen Entwicklung allerdings „auch der Gegensatz zwischen Denken und Glauben sich auftun“ (HW 12, 477).

Das *‚selbstbewusst‘ gewordene Denken* stellte so Hegel zufolge schließlich die Voraussetzungen, denen es „unterworfen“ (ebd.) war, in Frage und trat in „Gegensatz gegen das Positive überhaupt“ (HW 20, 12): Alles bloß autoritär (Vor-)Gegebene wurde mehr und mehr in Zweifel gezogen. Zum „Kriterium gegen alle Autorität des religiösen Glaubens, der positiven Gesetze des Rechts, insbesondere des Staatsrechts“ wurde dabei, dass „der Inhalt vom Geiste selbst [...] eingesehen werde“ (HW 12, 523). Es galt also, „sich seines Verstandes ohne Leitung eines anderen zu bedienen“ (Kant 1784, 481). In diesem Sinne war es „eines der großen Anliegen der *Aufklärung*, den überlieferten Superioritätsanspruch der Theologie über die Philosophie zu überwinden“ (Seckler 1991, 162; Hervorhebung im Original), ebenso wie die damit verbundenen „alten Institutionen, die in dem entwickelten Gefühle selbstbewusster Freiheit und Menschheit keinen Platz mehr hatten“ (HW 20, 295).

Inwiefern lässt sich dieses Modell eines von außen gelenkten forschenden Blickes nun auf die akzeptanzorientierte ELSI-Forschung übertragen? Hier ist sicherlich – wie auch im Falle der Alchemie – grundsätzlich ein *Caveat* geboten: Eine Warnung in der Hinsicht, die aufgeklärte Gedankenwelt moderner Gesellschaften allzu unmittelbar mit dem in einer religiösen Lebenswelt sich bewegenden Denken früherer Zeiten zu analogisieren und darüber zu identifizieren. Nichtsdestotrotz entsteht die Aufklärung in und aus der religiösen Welt, so dass beide Denkweisen nicht vollständig disparat und inkommensurabel sein können – kenntlich werdende Analogien gilt es also ihrem Gehalt nach zu prüfen.

Die an der ELSI-Forschung beteiligten Disziplinen sind etablierte Wissenschaften. Es liegt im Prinzip der Wissenschaft, dass sie die Prämissen, von denen sie zunächst ausgeht, im Zuge ihres Erkenntnisprozesses in ihre Reflexion

---

17 Eine ausführlichere historische Darlegung gibt Seckler (1991).

einholt: Einen Gegenstand wissenschaftlich zu durchdenken, heißt, das bestehende Wissen über ihn in Frage zu stellen – insofern sich im Reflexionsprozess theoretische Widersprüche einstellen, die es fraglich erscheinen lassen. Dass Ansichten in der Wissenschaft getrennt von der weiteren Reflexion von vornherein feststehen – wie es sowohl in der Scholastik mit dem christlichen Glauben als auch in der Akzeptanzorientierung mit dem „Akzeptanzparadigma" der Fall ist –, und damit zu *„absoluten Voraussetzungen"* (HW 19, 547, Hervorhebung durch Autor*innen) werden, stellt einen Widerspruch, genauer eine *contradictio in adiecto* dar. Eine Loslösung der Prämissen von und ihre Fixierung gegen die Reflexion verweist auf ein der Wissenschaft selbst äußerliches Moment in ihr.

Woher stammt dieses äußerliche Moment in der Akzeptanzorientierung? In gewisser Weise scheint sich auch hier ein „Glaube" geltend zu machen. Ist die Aufmerksamkeit nämlich angesichts der Entwicklung neuer Technologien auf die Akzeptanz gerichtet, die ihnen zuteilwird, so ist die Voraussetzung, dass sie Erfolg haben, dass also technische Lösungen sich durchsetzen sollten. Diese in modernen Gesellschaften „dominant geworden[e]" Position, die „von dem Glauben getragen ist, dass *alle Lebensprobleme durch die wissenschaftlich-technische Veränderung der Welt zu lösen sind*" (Sachsse 1978, 180; Hervorhebung im Original), wird „ ‚Technizismus' " genannt.

Indem das akzeptanzorientierte Forschen auf diesem technizistischen „Glauben" basiert, ist es also – wie das Denken der Scholastik – „mit absoluten Voraussetzungen behaftet" (HW 19, 547): Wie bei diesem die kirchliche Lehre einen Kreis von Prämissen bildete, der nicht in die Reflexion eingeholt, d. h. selbst zu ihrem Gegenstand gemacht und damit einer Prüfung unterzogen wurde, so bei der akzeptanzorientierten Forschung der Technizismus: Während sich die Frage, ob eine technische Lösung sinnvoll ist, nur am konkreten Problem entscheiden kann, um das es jeweils geht, wird das Denken in technischen Lösungsansätzen hier zum *Prinzip* – daher die Bezeichnung als „-ismus" – verallgemeinert und allem Weiteren vorausgesetzt. Durch diese Gleichgültigkeit gegen die Spezifität der Sachlage und Problemkonstellation ist der Technizismus „a state of mind that rests on an act of conceptual misuses [...] of scientific and technological modes of reasoning" (Stanley 1978, 12). Beansprucht und in der Moderne auch in gewissem Maß erlangt wird dabei eine Art „imperial dominance" (ebd.) in Fragen der theoretischen und praktischen Befassung mit den gesellschaftlichen „Problemen". Eine Forschung, die darin ihren Ausgangspunkt hat, ist daher, ebenso wie die Scholastik, „nicht frei von sich ausgehend und in sich gründend, sondern abhängig von einem gegebenen Inhalt" (HW 19, 547): Das Resultat der Theoriebildung ist so mit ihrem Ausgangspunkt bereits in gewisser Weise vorgegeben.

Die Wissenschaft mag dabei vom eigenen Glauben getragen sein: Da ihr selbst dessen Maßstäbe äußerlich sind, handelt es sich um ein Unterordnungsverhältnis, das die Frage der *Macht* aufwirft. So war die Auseinandersetzung von Philosophie und Glauben im europäischen Mittelalter durchwaltet von Machtverhältnissen, die in der Kirche ihre zentrale Institution hatten. Hier stößt die Erklärungsleistung des Modells für unseren Fall sowohl formal als auch inhaltlich an ihre Grenzen: Formal, insofern Hegels immanent philosophiehistorische Analyse den spezifischen sozialen „Kontext" der Scholastik weitgehend außer Acht lässt, und inhaltlich, weil sich mit dem Einbezug dieses Gesichtspunkts sogleich wesentliche Differenzen auftun. Anders als im Falle der Scholastik beruht die auf die modernen Wissenschaften bezogene Rollen- und Identitätszuweisung durch die Akzeptanzorientierung nämlich nicht auf so etwas wie einer für das geistige Leben der Gesellschaft zuständigen Machtinstanz. Das bedeutet freilich nicht, dass Machtrelationen keine Rolle spielten. Auch in der Diskussion um die (Post-)ELSI-Forschung wird regelmäßig auf sie verwiesen:

> „Far too often those conducting ELSI research are beholden to others. One common concern is that ELSI is often a small portion of a larger basic research grant. In some instances the ELSI component of the grant comes at the unfortunate expense of independent and free expression, particularly when that independent and free expression could run counter to goals of the co-PI's on the grant. ELSI researchers have spoken of the often subtle pressure to come to the right conclusions, toe the line" (Greenbaum 2013, o.S.; vgl. z.B. auch Manzeschke 2015, 326).

An diesem Beispiel, das die Abhängigkeit der Wissenschaft von den Instanzen der Forschungsfinanzierung problematisiert, zeigt sich allerdings, dass sowohl die Macht, um die es hier geht, als auch ihre Relationen anderer Art sind. Die Vorstellung, dass die moderne Macht des Geldes die mittelalterlichen Machtinstanzen einfach ersetzt hätte, wäre zu kurz gegriffen. Eine solche Auffassung würde wesentliche Differenzen wie etwa diese verkennen: Während vormoderne Machtverhältnisse vorrangig ‚persönlich', d.h. an die beteiligten ‚Personen' gebunden waren,[18] sind die *Individuen* der Moderne in die *Freiheit* entlassen und auf dieser Basis mit der *versachlichten Macht* des Geldes konfrontiert (vgl. Simmel 1989, 375–403). Bei aller Unterordnung in Form von Geldverhältnissen ist daher stets auch die Freiheit mit zu reflektieren – die schließlich in spezifischer Form auch der Wissenschaft zuteilwird.

Der Verweis auf die Institutionen der Forschungsfinanzierung zeigt aber noch etwas anderes: Der Technizismus geht offenbar nicht darin auf, ein bloßer

18 Genau genommen ist diese herkömmliche Bezeichnung freilich nicht haltbar, denn die „Person" ist selbst ein Phänomen moderner Gesellschaften.

„Glaube“ bzw. eine Weltanschauung zu sein. Everett M. Rogers, der ihn in der Diffusionstheorie in der etwas allgemeineren Fassung als Innovationspositivismus[19] diskutiert – die wiederum recht „prinzipielle“ Annahme, dass gesellschaftliche Probleme durch „Innovationen“ jeglicher Art zu lösen seien –, verweist darauf, dass es sich bei diesem „pro-innovation bias“ (Rogers 2003, 106) nicht einfach um eine Denkweise handelt. Jenseits von Wissenschaft und Weltanschauung existieren in der Praxis „change agencies“, d. h. gesellschaftliche Instanzen, die ein *praktisches Interesse* an Innovationen haben: „*They* have a pro-innovation bias [...] since their very purpose is to promote innovations“ (ebd., 110; Hervorhebung im Original). Angesprochen sind damit verschiedene Organisationen aus der wirtschaftlichen und politischen Sphäre, die sich auch im Falle der ELSI-Forschung von deren Einbindung einen größeren Erfolg vermittels gestiegener Akzeptanz versprechen.[20] Ihre praktischen Positionen sind es demnach, die die Forschung – auch auf der Grundlage, dass „research is funded by change agencies“ (ebd.) – in der abstrakt verallgemeinerten Form von theoretischen Prinzipien wie Innovationspositivismus, Technizismus und Akzeptanzorientierung übernommen hat.

Damit wirft sich allerdings die weitere Frage auf, wie es dazu kommt, dass diese Übernahme sich in der Regel nicht vermittels des oben angesprochenen, mehr oder minder subtilen „Drucks“ („pressure“) zu vollziehen, sondern in erster Linie auf eigener Überzeugung zu beruhen scheint. Für die weitere Analyse bedarf es daher eines theoretischen Modells, das die *Freiheit der Wissenschaft* ebenso berücksichtigt wie die moderne *gesellschaftliche Praxis*, zu der sie im Verhältnis steht, und das die ihr entsprechende Lenkung des forschenden Blicks somit als *selbständige Leistung der Forschung* zu begreifen gestattet.

2.3 Dialektik der Aufklärung – oder: Vom Nutzen der Wissenschaft

Der Erfolg der Aufklärung, die sich als Stimme der Vernunft versteht und alle Aspekte des menschlichen Lebens durch die Wissenschaften erhellen und ihnen eine vernünftige Form geben möchte, führt nicht zu dem von ihr angestrebten Resultat. Die „vollends aufgeklärte Erde“ (AGS 3, 20) erstrahlt nicht im Licht klarer und den Menschen selbst durchsichtiger Verhältnisse, sondern wirkt nach wie vor – in gewisser Weise vielleicht sogar umso mehr – so, als ob „die Beziehungen der Menschen selber verhext“ (ebd., 45) seien. In den periodischen Wirtschaftskrisen etwa wird auf drastische Weise offenbar, dass die Men-

---

19 Der hier angesprochene Innovationspositivismus ist es übrigens auch, der dem in der ELSI-Forschung verbreiteten „linear model of innovation“ (Balmer et al. 2015, 7) zugrunde liegt.

20 „The integration of social sciences into science and engineering research is often understood to be important to ensuring national economic impact and successful innovation“ (Balmer et al. 2016, 76).

schen das gesellschaftliche Leben und Arbeiten „nicht mit der gleichen Rationalität [haben] ordnen können, mit der sie Produktions-, Konsum- und Vernichtungsgüter herstellen“ (AGS 8, 491). Die Aufklärung mag dafür gesorgt haben, dass „Weltliches“ nicht mehr mit Religiösem „vermischt“ wird – aber es scheint doch in vielerlei Hinsicht, als ob der aus seiner Position „gestürzte Gott in einem härteren Götzen wiederkehrt“ (AGS 3, 138): So sollten wir etwa Simmel zufolge „nicht achtlos an jener häufigen Klage vorbeigehen, dass das Geld der Gott unserer Zeit“ (Simmel 1995, 90) sei; wo „Arbeit“ etwas ist, von dem es allem Anschein nach nicht genug geben kann, und wo der gesellschaftliche Reichtum um jeden Preis ein „Wachstum“ verzeichnen muss, da macht die Kritische Theorie eine „Fetischisierung des Produktionsvorgangs“ aus, in der dieser als „Selbstzweck“ (AGS 6, 301f.) figuriert. Aber auch Phänomene wie Rassismus, Antisemitismus, Sexismus etc. zeugen zweifellos von der perennierenden „Unvernunft“ der wissenschaftlich aufgeklärten Gesellschaft – die im Falle des Faschismus endgültig „im Zeichen triumphalen Unheils“ (AGS 3, 19) erstrahlt.

Die „vollends aufgeklärte Erde“ ist also keineswegs eine Welt, die vollends durch den aufklärerischen Geist bestimmt ist.[21] Um zu begreifen, wie die Aufklärung und insbesondere die von ihr ausgehenden Wissenschaften zu diesem Resultat beigetragen haben und womöglich noch immer beitragen, muss daher „der Begriff eben dieses Denkens“ Thema sein – jedoch „nicht weniger als die konkreten historischen Formen, die Institutionen der Gesellschaft, in die es verflochten ist“ (AGS 3, 13), und so ist insgesamt eben diese „Verflechtung von Rationalität und gesellschaftlicher Wirklichkeit […] dem Verständnis näherzubringen“ (ebd., 16). Dieses Thema der erstmals 1947 in Buchform erschienenen „Dialektik der Aufklärung“[22] von Horkheimer und Adorno kann hier freilich nur angedeutet werden und soll im Folgenden lediglich in einigen Aspekten und allein unter dem Fokus auf die hier zu behandelnde Frage nach der praktischen Lenkung des forschenden Blicks verfolgt werden.

Es bietet sich an, hierfür zunächst auf die Position Francis Bacons zurückzukommen, denn wenngleich dieser nicht der historischen Philosophie der Aufklärung zuzurechnen ist, sondern ihr zeitlich vorangeht, so sind doch bei ihm – zumindest in großen Teilen – ihre „Motive schon versammelt“ (ebd., 19).

---

21 „Soziologie ist keine Geisteswissenschaft. Die Fragen, mit denen sie sich zu beschäftigen hat, […] beziehen sich vorab […] auf objektive Formen der Vergesellschaftung, die sich auf den Geist im Sinne einer inwendigen Verfassung der Menschen keineswegs zurückführen lassen“ (AGS 8, 481f.).

22 Horkheimer, Max/Adorno, Theodor W. (1947): Dialektik der Aufklärung. Philosophische Fragmente. Amsterdam: Querido. Hier zitiert nach Band 3 der von Rolf Tiedemann 1970ff. bei Suhrkamp herausgegebenen „Gesammelte[n] Schriften“ Theodor W. Adornos.

Er wendet sich nicht nur gegen die durch verschiedene subjektive Gesichtspunkte geleitete und damit „vorwissenschaftliche“ alchemistische Forschung, sondern auch gegen die Lenkung der als Wissenschaft etablierten Philosophie durch Kirche und Glauben – das Ansinnen, „die christliche Religion [...] abzuleiten“, vermischt ihm zufolge „Göttliches und Menschliches, was sich nicht verträgt“ (Bacon 1999, I, 89)[23]. Bacon stellt fest, dass der Philosophie durch die Theologie ein inhaltlicher angemessener „Zugang [...] verschlossen“ (ebd.) werde.[24] Eine „verbesserte[n] Philosophie“ habe vor allem eine von der Beobachtung ausgehende „tiefere Erforschung der Natur“ (ebd.) zu leisten, um so durch deren Erkenntnis der „Menschen Herrschaft [...] über die Dinge“ (I, 129) die notwendige theoretische Grundlage zu liefern.

Damit wendet sich Bacon nicht nur gegen kirchliche, sondern zugleich gegen „weltliche“ Vorgaben für die Wissenschaft. Obgleich er selbst sich eher für das Wohl des „Menschengeschlechtes“ (ebd.) einsetzen wolle, zollt er dem Anliegen Respekt, „des Vaterlandes Macht und Herrschaft über das menschliche Geschlecht zu erweitern“ (ebd.) und unterwirft deshalb gewisse Ansätze zur herrschaftlichen Mittelbeschaffung einer Kritik: War es doch der mit Beginn der Neuzeit – auf Basis der zunehmenden Ausdehnung der Geldwirtschaft – steigende Goldbedarf der Herrschaftshäuser, welcher der Alchemie erst zur vollen Blüte verhalf.[25] Bacon stellte klar, dass die durch ihr Interesse an Gold bestimmte alchemistische „Auftragsforschung“ gerade aufgrund dieser praktischen Lenkung des forschenden Blicks von vornherein zum Scheitern verurteilt war: „Es darf nicht wundernehmen, dass gerade die Absicht, reich zu werden, die Ursache der Armut gewesen ist“ (I, 85). Demnach müssen auch die „Könige“ lernen, dass in der Forschung „ihr Befehl nicht gebietet“ (AGS 3, 19)[26], wenn wissenschaftliche Resultate erzielt werden sollen. Und an diesen können sie nach Bacon ein substantielles Interesse haben: Selbst ein vergleichsweise einfacher technischer Fortschritt wie die Erfindung des Kompasses habe zu einer großen Förderung „der Schifffahrt“ sowie „des Handels“ und damit auch „der Finanzen“ (ebd.) des Staates geführt.

---

23 Die Zitation gibt hier und im Folgenden das Buch mit römischer und die Nummer der Aphorismen mit arabischer Ziffer an.

24 Mit Foucault gefasst, stößt er sich gewissermaßen an einem „Tabu des Gegenstands“ und der Einschränkung des „Rechts des sprechenden Subjekts“ (Foucault 1991, 11).

25 „Während sich im Mittelalter Reichtum und Macht für den Adel im Besitz von Land und Gefolgsleuten manifestierte, ändert sich diese Situation in der Zeit des Frühkapitalismus mit der zunehmenden Bedeutung der Waren- und Geldwirtschaft. Das Geld in Form der beiden Edelmetalle Gold und Silber wurde jetzt zu einem neuen Wertmesser. Die Fürsten benötigten für den Bau von großen Schlössern oder eine aufwendige Hofhaltung viel Geld. Sie glaubten, die Alchemie könne ihnen die hierfür erforderlichen finanziellen Mittel liefern“ (Weyer 2018, 357).

26 Bacon (1884), hier zitiert in der Übersetzung von Adorno und Horkheimer.

Dieser erste Vorstoß zur „Entwicklung der Industrie durch Verbesserung der Produktionsmittel“ (Röd 1978, 21) ist wegweisend für die Aufklärung geworden. So empfiehlt der Begründer der klassischen Nationalökonomie, Adam Smith (1723–1790), in der „Frage, wie man Wohlstand und Reichtum des Volkes und [damit] des Staates erhöhen kann“ (Smith 1996, 347), gewissermaßen auf die reale Alchemie des Marktes zu setzen, auf dem sich alles Mögliche in Gold bzw. Geld verwandelt,[27] und „Geld zu machen“, indem Geld verausgabt wird: für die Produktion von Waren, die mit Gewinn verkauft werden können. Und er schließt auch darin noch an Bacon an, dass er die *Steigerung der Produktivität* als einen entscheidenden Faktor für den finanziellen Erfolg der Unternehmen und damit des Staates hervorhebt.[28] Produktivitätssteigerung aber beruht ihrerseits schon damals mehr und mehr auf „Wissenschaft und Forschung“ (ebd., 14). Wenn also „deren Aufgabe es weniger ist, die Dinge zu verändern als sie zu beobachten“ (ebd.) oder vielmehr zu erklären, so muss ihnen das auch möglich gemacht werden: Um überhaupt zu *verwertbaren* Erkenntnissen zu gelangen, müssen die gegebenen praktischen Anliegen zurücktreten und der Wissenschaft das Recht gewährt werden, ihren eigenen, *sachgemäßen* Gang zu gehen. Nur so, weiß das aufklärerische Denken, kann der „gesellschaftliche Fortschritt“ gewährleistet werden, den schon Bacon im Sinne hatte und der spätestens seit der französischen Aufklärung auch die emphatische Idee einer „vernünftigen Einrichtung der Gesellschaft“ (AGS 6, 39f.) einschließt. Die moderne Freiheit der Wissenschaft[29] geht so ideengeschichtlich im Wesentlichen auf die Aufklärung zurück,[30] die gegenüber inhaltlichen Vorgaben durch außerwissenschaftliche Autoritäten „unüberwindlich ihre absolute Autonomie behauptete“ (HW 2, 287).

Historisch lässt sich nun feststellen, dass gleichzeitig mit der „sukzessiven Realisierung des schon in der Renaissance aufgestellten Autonomiepostulats in Philosophie und Wissenschaft [...] schrittweise die Verselbständigung des öko-

27 Marx vergleicht die Warenzirkulation mit der „Alchemie“, insofern in den Markt als die „große gesellschaftliche Retorte [...] alles“ – ungeachtet aller Unterschiede der konkreten Reichtümer – „hineinfliegt, um als Geldkristall wieder herauszukommen“ (Marx 1962, 146).

28 Investitionen in „Fabrik[en] mit den besten Maschinen [...] zahlen sich immer mit großem Gewinn aus. [...] [Und] deswegen sind diese technischen Verbesserungen von großem Vorteil für ein Land“ (Smith 1996, 236f.).

29 Die in einem längeren Prozess erreichte und rechtlich kodifizierte systematische Wissenschaftsfreiheit moderner Gesellschaften ist zu unterscheiden von einzelnen Freiheitsaspekten und -graden, die, wie oben angedeutet, etwa auch der mittelalterlichen Philosophie in der subordinierten Rolle als *ancilla theologiae* zukamen.

30 „Die geistigen Wurzeln der Wissenschaftsfreiheit gehen auf Humanismus und Aufklärung zurück. Sie befreiten das wissenschaftliche, rationale, voraussetzungslos der Wahrheitssuche verpflichtete Denken von den Bindungen theologischer Dogmatik“ (Oppermann 2007, § 145 Rn. 2, 810).

nomischen Bereichs" (Röd 1978, 11)[31] erfolgte. Mit der Entwicklung der modernen Gesellschaften trennt sich die „ökonomische" von der nunmehr „politischen" Sphäre – und beiden „praktischen" Sphären steht schließlich die „theoretische" *Sphäre der Wissenschaft* gegenüber: „Die Autonomie der Politik oder der Wirtschaft gegenüber Wissenschaft ist so alt wie dieses Verhältnis selbst" (Beck 1986, 275). Das ist nun kein historischer Zufall, sondern liegt in der Sache selbst. Wenn etwa Niklas Luhmann in Bezug auf die politische Sphäre konstatiert, dass mit „der Freiheit der Wissenschaft [...] zugleich die Autonomie der Politik gesichert" (Luhmann 2015, 348) wird, so gilt dies ebenso für die ökonomische Sphäre und die gesellschaftliche Praxis insgesamt: Die Freisetzung der Wissenschaft von praktischen Gesichtspunkten ist umgekehrt zugleich die „Abtrennung der theoretischen Einsicht von der Praxis" (AGS 8, 491), wie Adorno bemerkt.

Handelt es sich also einerseits bei Wissenschaft und gesellschaftlicher Praxis um „getrennte Eigenbereiche" (Karpen 1990, 72), so besteht andererseits aber auch ein Zusammenhang zwischen ihnen. Die in der Wissenschaft Tätigen erhalten ihre Mittel nicht nur aus den – gegebenenfalls staatlich akquirierten – Resultaten der ökonomischen Sphäre, sondern die Resultate der Wissenschaft finden umgekehrt auch in der gesellschaftlichen Praxis, in „Politik und Wirtschaft, Massenmedien und Alltag" (Beck 1986, 274) ihre Anwendung. Während in der Wissenschaftsfreiheit „Wissenschaft als Selbstzweck" behandelt wird, was die „Eigengesetzlichkeit der Forschung und ihrer Lehre, nach Inhalten und Methoden" gewährleistet, wird sie in der „*Wissenschaftsverwertung* [...] einem anderen, weitergehenden Zweck als Mittel dienstbar" (Karpen 1990, 71f.; Hervorhebung im Original) gemacht. Dass Anwendungsgesichtspunkte bereits in der Wissenschaft selbst zum Tragen kommen, liegt der Unterscheidung in „Grundlagenforschung" und „Angewandte Forschung" zugrunde. Mit der sogenannten „Drittmittelforschung" werden Teile der Forschung schließlich auch finanziell davon abhängig gemacht, dass sie die entsprechenden Gesichtspunkte verfolgen.

Während Wissenschaftsfreiheit und Wissenschaftsverwertung so einerseits funktional aufeinander abgestimmt scheinen – „die Autonomie der Wissenschaft [wird] häufig durch ihre Praxisrelevanz legitimiert und ihre Praxisrelevanz wiederum durch ihre Autonomie erklärt" (Kaldewey 2012, 411) –, wird andererseits aber auch oft ein „*Spannungsverhältnis*" (Karpen 1990, 72) zwischen beiden Seiten registriert. Während hier gemeinhin – Stichwort ‚Drittmittel' – vor allem an die Einflussnahme von Instanzen der gesellschaftlichen

31 In der Entwicklung der modernen Ökonomie fundiert, aber zugleich darüberhinausgehend, ist die in der frühen Neuzeit ebenfalls zu konstatierende „Verselbständigung des *Individuums*" (Röd 1978, 12; Hervorhebung im Original).

Praxis auf Basis der finanziellen Abhängigkeit der Forschenden gedacht wird, geht diese „Spannung" der „Dialektik der Aufklärung" zufolge jedoch tiefer. Es ist nämlich zu bedenken, dass „die Verwendung der Wissenschaft" aus einer ihr gegenüber, wie es bei Luhmann heißt, „inkongruenten Perspektive" heraus erfolgt, nämlich „für Zwecke, die nicht die ihren sind, und nicht wegen des Wahrheitsgehalts ihrer Aussagen, sondern [...] wegen der Möglichkeiten [...], die sie bietet" (Luhmann 2015, 347) – nämlich für die von ihr im Prinzip zunächst getrennten praktischen Anliegen, seien sie ökonomischer, politischer oder sonstiger Art. Aus der Perspektive des aufgeklärten Denkens muss dieser Zusammenhang, so scheint es, insofern problematisch sein, als sie nicht nur auf die Bereitstellung von Mitteln des technischen Fortschritts abzielt, sondern auch auf eine rationale Einrichtung der Gesellschaft überhaupt. Mit dem Erfolg ihres Kampfs um die Wissenschaftsfreiheit muss sie die historische Erfahrung machen, dass diese damit einhergeht, dass sie sich – zumindest, was ihre Resultate betrifft, wenn auch nicht ihren Forschungsprozess selbst – praktischen Anliegen zur Verfügung stellen muss, die ihrer Reflexion praktisch vorausgesetzt und damit unabhängig von ihren Erkenntnissen gültig sind.

Dieser hier für uns zutage getretene Widerspruch in den Forderungen des aufklärerischen Denkens scheint sich jedoch für dieses selbst so nicht zu offenbaren. Das erarbeitete Wissen wird in der Regel praktisch „allen Zwecken [...] zu Gebot" gestellt und so machen Adorno und Horkheimer im Effekt eine gewisse „Willfährigkeit gegen die Herren der Welt" (AGS 3, 20) aus. Dieses Verhalten verweist nach Adorno und Horkheimer auf den „Begriff eben dieses Denkens" (ebd., 13) selbst.

Die Aufklärung, die gegen den Glauben eine „diesseitige" Betrachtung des Lebens und der Welt setzt, stellt, wie schon Hegel analysierte, grundsätzlich die „Nützlichkeit" (ebd., 22) der Dinge in den Mittelpunkt ihrer Betrachtung. Dem Menschen ist in ihren Augen „alles nützlich": er geht in dieser Vorstellung „in der Welt als einem für ihn gepflanzten Garten umher" (HW 3, 415f.). So ist den Menschen auch die „Vernunft ein nützliches Mittel" (HW 3, 416) und was sie mit ihrer Hilfe „von der Natur lernen wollen, ist, sie [d. i. die Natur] anzuwenden" (AGS 3, 20). Dafür wird nun in der Tat, wie sich schon bei Bacon zeigte, das Interesse an der Anwendung zugunsten der Einsicht zurückgestellt. Die Pointe der Hegelschen Analyse, an die Adorno und Horkheimer hier anschließen, liegt aber darin, dass das praktische Anliegen trotz dieser Zurückstellung das Übergreifende bleibt: Indem auf die Nutzanwendung von vornherein abgezielt wird, steht sie im Prinzip *vor* der Erkenntnis fest und ist so der *vorausgesetzte Zweck*, dem die autonome Forschung dienen soll.[32]

---

32 Deswegen ist die Feststellung, dass die Aufklärung „nicht auf Begriffe und [...] Einsicht, sondern auf [...] Ausnutzung" (AGS 3, 20) ziele, in dieser Absolutheit übertrieben: Durch

In Bezug auf die betrachteten Gegenstände macht das aufklärerische Denken damit ungeachtet ihrer Spezifität zumindest implizit die Annahme: „Alles […] lässt sich […] gebrauchen" (HW 3, 415), hat also seine Bestimmung nicht in sich, sondern *außer sich* wie Natur. Es ist „das *Verhältnis*, […] was die Natur des Gegenstandes hier allein ausmacht" (ebd., 577; Hervorhebung im Original).[33] So wird auch der Mensch, in dessen Subjektivität liegt, dass er sich *selbst bestimmt*, als etwas Nützliches betrachtet: Nicht nur, was seine körperlichen und geistigen „Vermögen" betrifft, sondern auch mit Hinblick auf andere Menschen, d. h. die Gesellschaft; und so soll nach dieser Seite seine „Bestimmung" sein, „sich zum brauchbaren Mitgliede des Trupps zu machen" (ebd., 416). Es ist daher sowohl nach der Seite ihrer Wissenschaftsauffassung als auch nach der Seite ihres Verständnisses der Arbeitsteilung nur konsequent, dass der Aufklärung zufolge auch für die Wissenschaft gilt, dass sie sich für die in der Gesellschaft *gegebenen Anliegen nützlich machen* möge.[34]

In diesem Sinne „brauchbares" Wissen zu liefern, ist daher dem von der Aufklärung ausgehenden Diskurs der modernen Wissenschaften als „historisches Apriori" (Foucault 1981, 184) eingeschriebenes Anliegen. Indem die Wissenschaften mit dem in ihnen adressierten, gesellschaftlichen Praxis in Zusammenhang stehen und entsprechend rechtlich, organisatorisch und finanziell eingebettet werden, ist hier allerdings nicht mehr nur von einem Diskurs, sondern von einem *„Dispositiv"* zu sprechen (vgl. Foucault 2000, 119f.). In seinem Rahmen findet schließlich auch die *„Subjektivierung"*[35] der Forschenden statt: Die Ermächtigung zur Teilnahme am Diskurs hat zunächst die Unterwerfung unter die Regeln des Dispositivs zur Bedingung. Für die so etablierten Forschungssubjekte fallen daher ihre „subjectivity and […] subjection" (Fitzgerald/Callard 2014, o.S.)[36] zusammen.

---

die Theorie soll der Nutzen eintreten. Dafür kommt es ihr auf Theoriebildung an, die dann allerdings schon wegen der Subsumtion unter diesen Zweck problematisch werden muss.

33 „Bei den Naturwissenschaften wird eine solche Erkenntnisstruktur, außer in wenigen Gebieten, für selbstverständlich gehalten. In den Wissenschaften von den menschlichen Dingen scheint sie befremdlich" (AGS 8, 491).

34 Dass dies von Comte auch für die Sozialwissenschaften geltend gemacht wurde, indem sie es ermöglichen sollen, die Gesellschaft durch Kenntnis ihrer Gesetze besser zu beherrschen (vgl. Comte 1994, 19f.; siehe auch AGS 3, 12), ist in dieser Hinsicht nur konsequent. – Durch die dargestellte Äußerlichkeit der Betrachtung kennt sie „keine Schranken" (AGS 3, 20) in der Sache, so dass ihr Technologie und Sozialtechnologie in einander übergehen: Es geht darum, die erkannten Gesetze „anzuwenden, um sie [die Natur] und die Menschen vollends zu beherrschen. […] Macht und Erkenntnis sind synonym" (AGS 3, 20) in diesem Sinne.

35 Zum Begriff der Subjektivierung siehe Foucault (2005c, 871; 2005a, 275).

36 Während hier „Subjektivität" als die aus der Subjektion hervorgehende „Eigenschaft" eines dementsprechenden Subjekt-Seins verstanden wird, sprechen Fitzgerald und Callard an der oben angegebenen Stelle von einer „Konfusion" beider Aspekte, um auf die Differenz von Subjektion und Selbstbewusstsein abzuheben.

Während also im Modell der *ancilla theologiae* die Lenkung der Wissenschaft noch von außen erfolgte, ist das Äußere im Modell der „Dialektik der Aufklärung" zugleich nach innen eingewandert. Doch nicht in einfacher Identität, wie wir sie im Modell der Alchemie fanden, wo die Subjektivität den forschenden Blick noch unmittelbar lenkte, so dass er im Bereich des Vorwissenschaftlichen verblieb. Es ist vielmehr die Wissenschaft selbst, die nun ihren Blick in einer Weise lenkt, wie es der andererseits nunmehr als äußeren Macht und wie eine „zweite Natur" (HW 7, § 4, 46; siehe dazu auch AGS 6, 347ff.) auftretenden Gesellschaft entspricht.

Die Übertragung dieses Modells der „Dialektik der Aufklärung" ist nun insofern leicht möglich, als die in ihm behandelte Problemstellung die modernen Wissenschaften und ihr Verhältnis zur modernen Gesellschaft betrifft. Sie hängt von daher eng zusammen mit der hier verfolgten Fragestellung, wie es dazu kommt, dass die mit dem Akzeptanzparadigma verbundene Lenkung „creeps into […] research", so dass sie darin „implicit, latent, and largely unintentional" (Rogers 2003, 111) enthalten ist und dementsprechend vermittelt wird. Während der von Rogers und auch in der Diskussion um die (Post-)ELSI-Forschung oft gebrachte Hinweis auf die Abhängigkeit von entsprechend interessierten Finanzierungsquellen, wie sich zeigte, nicht hinreichte, um zu erklären, warum sich manche Forschung von den praktischen Gesichtspunkten aus eigener Überzeugung leiten lässt, ist diese Leerstelle nun mit Inhalt zu füllen: Technikakzeptanz und ihre Steigerung ist ein wichtiger Gesichtspunkt in der gesellschaftlichen Praxis, namentlich für die von Rogers angesprochenen auf Technikentwicklung ausgerichteten „Innovationsagenturen" in Wirtschaft und Politik. Für die damit zusammenhängenden praktischen Fragen und Probleme durch die Forschung Antworten und Lösungen zu finden, scheint daher ein Projekt zu sein, zu dem die aufgeklärte Wissenschaft – wie von ihr angestrebt – nützliche Beiträge leisten kann: „At an institutional level, they are often looked upon favourably because they show the ‚impact' of our social scientific research" (Balmer et al. 2015, 8; Hervorhebung im Original).

Sozialwissenschaften und Philosophie, welche die „Technik" und z. B. mögliche Lenkungseffekte untersuchen sollen, unterliegen demnach also in der Tat selbst der „Gefahr der Technifizierung" (AGS 8, 493) und Lenkung: Insoweit der Nutzen als Kriterium für die Wissenschaft fungiert und so etwa Forschung im Rahmen der Akzeptanzorientierung stattfindet, sind Lenkung und „Technik […] das Wesen dieses Wissens" (AGS 3, 20). Die hier mögliche „Verwandlung" von Philosophie und „Sozialwissenschaft in eine bloße Hilfsdisziplin von Wirtschaft und Verwaltung" geht dann allerdings nicht bloß mit einer gewissen „Oberflächlichkeit" (AGS 8, 484) einher. Durch die in den forschenden Blick eingegangenen praktischen Anliegen unterliegt dieser notwendig einer „Verzerrung" – im Fall der Akzeptanzorientierung unter anderem jenem darin eingeschlossenen „acceptance bias". Der aufgeklärten Wissenschaft droht es so nicht anders zu ergehen als nach Bacons Warnung der Alchemie: Ironischerweise lässt gerade die Lenkung des forschenden Blicks im Sinne der praktischen Anliegen aufgrund des implizierten Bias den intendierten Nutzen von vornherein fraglich werden.

Was dabei im Übrigen die Rede von einem „Bias" betrifft, so lässt sie sich nur in Bezug auf das letzte dieser drei Modelle halten. Im Fall der Alchemie kann davon noch nicht gesprochen werden, insofern in ihr noch keine „Objektivität" in dem Sinne angestrebt wird. Im Modell der *ancilla theologiae* soll eine solche zwar in der Philosophie bestimmt werden – dabei handelt es sich jedoch um die durch den christlichen Glauben vorab definierte Wirklichkeit. Im Modell der „Dialektik der Aufklärung" schließlich ist die Charakterisierung als „Bias" zwar in gewissem Sinne sinnvoll – wird aber von der Aufklärung selbst entsprechend ihrer technischen Denkweise so vorgestellt, dass es ein Problem mit der „Beeinträchtigung der unvoreingenommenen Forschung" (AGS 8, 211) durch das Subjekt und seine Erkenntnisinstrumente gebe und aus diesem Grund nicht zu der Erkenntnis der „reinen" Objektivität gelangt werden könne. Gegen dieses Verständnis kann zum einen mit Hegel festgehalten werden, dass die von der Subjektivität vermeintlich *getrennte* Objektivität selbst als solche *gedacht* ist (vgl. HW 8, § 60 Anm., 144). Zum anderen ist mit Adorno zu konstatieren, dass eine solche Residualtheorie der Wahrheit – „Wahrheit sei, was nach Abzug der vorgeblich bloßen subjektiven Zutat [...] übrigbleibt" – es noch nicht zu der Selbsterkenntnis gebracht hat, dass die Erkenntnis der Objektivität „mit dem Maß des subjektiven Anteils der Erkennenden steigt und nicht fällt" (AGS 8, 211) – selbst noch ihrer eigenen epistemischen Praxis zufolge. Auch ist dem aufgeklärten Denken nicht klar, dass jene Objektivität, der es sich erkenntnispraktisch zuwendet, für es durch seine Prämissen konstituiert[37] ist – die wiederum der Praxis entstammen und insofern auf die reale Vorausgesetztheit der *gesellschaftlichen* Objektivität verweisen. Zeigt sich insofern auch an diesem Erkenntnisideal, wie sich das „selbstherrliche Subjekt" der Aufklärung auf dem Boden der „Herrschaft des blind Objektiven" (AGS 3, 16) bewegt, so ist dagegen in der aufklärerischen Rede vom „Bias" die Objektivität eben als unproblematisches Jenseits des Subjekts vorausgesetzt. Aber selbst wenn dieser Ausdruck, wie hier, nicht im Sinne des angedeuteten epistemischen Ideals verstanden wird, so ist zumindest darauf aufmerksam zu machen, dass mit der darin thematischen Erkenntnisrelation nur ein Moment dieses Gesamtzusammenhangs adressiert ist.

---

37 In allen diesen Fällen lässt sich daher in gewisser Weise sagen, dass die Diskurse „systematisch die Gegenstände bilden, von denen sie sprechen" (Foucault 1981, 74).

Ist also gegen eine Wissenschaft, die „aus der Marktforschung hervorging" und die „weithin auf kommerzielle und administrative Zwecke zugeschnitten" (AGS 8, 491) ist – wie es bei der Forschung zwecks Akzeptanzsteigerung der Fall ist –, eine andere Tradition zu halten, die „in der alten universitas litterarum wurzelt" (ebd.) und, mit der Terminologie Schelers, gegenüber dem „Herrschaftswissen" das sogenannte „Bildungswissen" (Scheler 1960, 205ff.) in den Mittelpunkt stellt? Die also das Wissen nicht gesellschaftlichen Zwecken untergeordnet sehen will, sondern auf seiner absoluten Selbstzweckhaftigkeit beharrt?

Eine solche Opposition scheint ihrerseits fragwürdig. Zum einen konfrontiert sie die bestehende soziale Organisation der Wissenschaft, die sich sowohl durch autonome Erkenntnisproduktion als auch durch die dadurch erreichten nützliche Beiträge für die Gesellschaft, also durch „heteronome Struktur und [...] Verflechtungen mit dem Feld der Macht" (Kaldewey 2012, 414) auszeichnet, mit einem Kriterium, das dieser Organisation zwar entnommen ist, aber nur eine Seite derselben berücksichtigt und diese absolut setzt – und ihr so zur anderen Seite hin zugleich äußerlich bleiben muss.[38] Zum anderen scheint es sich dabei nur um eine „Verschiebung des blinden Flecks" (ebd., 413) zu handeln, indem hiermit anstatt des Nutzens nur die komplementäre Gegenseite desselben Verhältnisses zum Ideal oder „Idol" (ebd.) erklärt wird – denn warum sollte Wissen nicht von Nutzen sein? Desiderat muss also eine Position sein, die „sowohl den einen wie den anderen blinden Fleck vermeidet" (ebd.), indem sie diese Opposition überhaupt aufhebt.

Während die Betonung der Wissenschaft als Selbstzweck dem Aufklärungsdenken also nur den ihm immanenten anderen Gesichtspunkt entgegenhält – den dieses daher auch nicht zurückweisen kann –, so hebt die „Dialektik der Aufklärung" auf etwas anderes ab: Weil „der Begriff eben dieses Denkens, nicht weniger als [...] die Institutionen der Gesellschaft, in die es verflochten ist, schon den Keim zu jenem Rückschritt enthalten" (AGS 3, 13), der in unserem Fall in jener bereitwilligen Instrumentalisierung der Wissenschaft liegt, ist eine „Aufklärung" des Aufklärungsdenkens über sich selbst notwendig. „Nimmt Aufklärung die Reflexion auf dieses rückläufige Moment [...] in sich auf" (ebd., 13), so geht sie über sich, jene ihr immanente Opposition und ihre „Verstrickung in blinder Herrschaft" (ebd., 16) hinaus.[39] Als Formen der *wissenschaftli-*

38 So hält Honneth in Anschluss an Hegel fest: Werden „einfach externe Maßstäbe entgegengehalten", dann mögen sie „auf die gesellschaftliche Realität ‚angewendet' [...] werden" – es ist aber gar nicht abzusehen, warum sich an ihnen „gesellschaftliche[] Ordnung bemessen ließe" (Honneth 2013, 28, 14).

39 Auch Foucault zufolge ist es eine verkehrte Alternative, „dass man für oder gegen die *Aufklärung* sein muss. [...] Entweder Sie akzeptieren die *Aufklärung* und Sie bleiben in der

chen Selbstreflexion von Gesellschaft muss es Sozialwissenschaften und Philosophie darum gehen, nicht zuletzt die in Praxis und Theorie stets unreflektiert vorausgesetzten Momente theoretisch einzuholen und einer Prüfung zu unterziehen.

Wenn daher in der Diskussion um die (Post-)ELSI-Forschung immer wieder betont wird, dass es erforderlich ist, dass die Forschung sich „selbst bei der Arbeit und in ihrer Wirkung kritisch beobachtet", und der Übergang zu „reflexive ELSI" (Rehmann-Sutter 2011, 66), d. h. einer *(selbst-)reflexiven (Post-) ELSI-Forschung* als maßgebliches Desiderat festgehalten wird (vgl. z. B. auch Manzeschke 2015, 326; Kemper 2010, 25), so ist dem einerseits nur zuzustimmen. Andererseits bleibt die Forderung nach Reflexivität insofern noch zu formell, als sich die Selbstreflexion in ihrer unmittelbaren Form auf die gegebene Forschungspraxis anhand der ihr immanenten Kriterien bezieht und sich von daher nicht auf die Analyse der eigenen konstitutiven Prämissen erstreckt. Ebenso kommt es in Bezug auf das Vorhaben integrierter Forschung, „to increase social-ethical reflexivity within research practices" (Von Schomberg 2013, 27), darauf an, was Gegenstand dieser Reflexivität ist. Wenn die Reflexivität von den Forschenden, wie oben gesehen, nur insofern für sinnvoll erachtet wird, als sie einen Beitrag zur Akzeptanz darstellt, dann bleiben diese Prämissen nach wie vor das Konstituierende des selbstreflexiven Blicks und dieser verfällt den damit einhergehenden Bias. Wenngleich es also notwendig ist, dass ELSI-Forschung eine gesellschaftliche Reflexivität in den Projekten fördert, so muss diese sich sowohl auf die Prämissen der Forschungsprojekte als auch deren sozialen Kontext erstrecken und die Implikationen für sie selbst einschließen.

Für die Wissenschaft im Allgemeinen, insbesondere aber natürlich für die praxisnahe Forschung ergibt sich damit eine widersprüchliche „Anforderung". Steht auf der einen Seite die „gesellschaftliche Praxis, die die Wissenschaft mit Erwartungen nach nützlichem Wissen konfrontiert" (Kaldewey 2012, 413), so kann sie als Wissenschaft andererseits die darin enthaltenen Prämissen nicht ungeprüft akzeptieren. Sie ist daher in der widersprüchlichen Lage, die Praxis erst reflektieren zu müssen, der sie zugleich unbedingt dienlich sein soll. So wichtig es ist, „dass sich ELSI nicht blind in Steuerungsprozesse einbeziehen lässt, sondern ihre Rolle reflektiert spielt" (Rehmann-Sutter 2011, 62), so wenig kann diese Reflexion allerdings auf Dauer ausreichend sein. Spätestens an die-

Tradition ihres Rationalismus [...], oder Sie kritisieren die *Aufklärung* und versuchen daraufhin, diesen Rationalitätsprinzipien zu entgehen [...]. Wir müssen versuchen, die Analyse unserer selbst als geschichtlich zu einem gewissen Teil durch die *Aufklärung* bestimmter Wesen durchzuführen" (Foucault 2005b, 699; Hervorhebung im Original). Das würde unter anderem einschließen, in gewisser Weise die als solche geltende „Wahrheit auf ihre Machteffekte hin zu befragen und die Macht auf ihre Wahrheitsdiskurse hin" (Foucault 1992, 15).

ser Stelle wird deutlich, dass nicht nur die Wissenschaft, sondern ebenso die Gesellschaft – die sie mit entsprechenden Erwartungen konfrontiert und ihr mit der „ELSI-“ oder „integrierten Forschung“ bislang einen Rahmen bietet und nahelegt,[40] dem die Akzeptanzorientierung mehr oder minder implizit eingeschrieben ist[41] – einer ihre Prämissen einholenden Selbstreflexion bedarf.

Erst eine Forschung, die „dem Maß von Berechenbarkeit und Nützlichkeit sich nicht fügen will“ und insofern „der Aufklärung für verdächtig“ (AGS 3, 22) gilt, verschafft so den buchstäblich entscheidenden „Nutzen“ von Wissenschaft: Nicht nur zu wissen, *wie* gegebene Anliegen *umgesetzt* werden können, sondern zu begreifen, *was* diese überhaupt *sind*. Das gilt sowohl für die Wissenschaft selbst als auch für die Praxis. Was die Wissenschaft selbst betrifft, so werden ihr jene unreflektiert leitenden Prämissen erschlossen und durch diese Kritik die Korrektur der verfolgten Fragestellungen ermöglicht: „The progress of a scientific field is helped by realization of its own assumptions, biases, and weaknesses. Such self-assessment is greatly assisted by intellectual criticism“ (Rogers 2003, 106). Indem die der gesellschaftlichen Praxis entstammenden Prämissen die Reflexion nicht mehr leiten, sondern in sie eingeholt werden, fällt andererseits auch der „Nutzen“ für die Gesellschaft nicht fort, sondern tritt auf einer anderen Ebene ein. Die theoretische Selbstreflexion der gesellschaftlichen Praxis ermöglicht eine vernünftige Gestaltung dieser selbst – und damit wiederum der Art und Weise, in der sie die Wissenschaften wie etwa in Form der ELSI-Forschung organisiert. Die auch in der Post-ELSI-Debatte an der ELSI-Forschung kritisierte „distinction between ‚science‘ and ‚society‘ that it continues to embed“ (Balmer et al. 2015, 4) wäre so letztlich durch und nur durch den doppelten Wandel sowohl auf Seiten der (Post-)ELSI-Forschung als auch auf Seiten der sie organisierenden gesellschaftlichen Institutionen zu überwinden.

Wenn daher an dem „Begleitforschungscharakter“ der ELSI-Forschung die Kritik aufgekommen ist, dass dieselbe hier lediglich als „Add-on öffentlich geförderter Forschungs- und Entwicklungsprogramme“ figuriere und dagegen nun auf „enge Kollaboration“ (Kehl 2018, 150) gesetzt wird, so ist sicher zum einen festzustellen, dass mit der immer weitergehenden Integration die ELSI-Forschung auch noch weitergehend „in der Gefahr […] steht[,] ihre kritische Distanz zu verlieren“ (Manzeschke 2015, 326) – in Anlehnung an Adorno

40 Gegenüber Myskja/Nydal/Myhr (2014, siehe Fn. 1) ist so auch Balmer et al. zuzustimmen: „In this regard, ELSI has been both a set of practices used by social scientists but also a logic and political rhetoric […] to articulate the roles that social scientists can or should occupy within technoscience“ (Balmer et al. 2015, 7).

41 Klassisch: „In practice, institutional commitments to ELSI research also have been critical in consolidating research groupings in both the social science and humanities […] that generally take as their starting point the possible adverse ‚implications‘ of technology and the ameliorative role of ELSI approaches“ (Balmer et al. 2015, 6).

könnte gefragt werden, ob die „zunehmende Integrationstendenz" nicht auch in diesem Fall davon zeugt, dass die beteiligten Forschungsrichtungen zu einem „stets vollständigeren Funktionszusammenhang sich verschlingen" (AGS 6, 168). Zum anderen ist aber auch zu bezweifeln, dass die engere Einbindung der ELSI-Forschung überhaupt geeignet ist, sie in entscheidender Hinsicht aus der Rolle eines Add-ons zu befreien: Denn wenn es dabei lediglich darum gehen soll, „Akzeptanzaspekte" bereits in der Entwicklung zu berücksichtigen, ändert das nicht nur nichts an der programmatischen Voraussetzung, dass die jeweilige *Technologie entwickelt und verbreitet werden soll* – es ist vielmehr genau dieses innovationspositivistische Projekt, dem mit der Integration zum Erfolg verholfen werden soll. In einer akzeptanzorientierten Integration der ELSI-Forschung bleibt daher ihre Position, zu einer im Wesentlichen bereits feststehenden Entwicklung lediglich ergänzend hinzuzukommen, nach wie vor erhalten. Ein solcher „Fortschritt" jedoch, der einen quasi „automatischen Charakter hat", ist in sozialwissenschaftlicher und philosophischer Hinsicht gerade deswegen problematisch, wie Adorno im Gespräch mit Gehlen festhält, weil er „automatisch sich vollzieht": Das nämlich bedeutet, „dass die Menschen von ihm blind als diesem technologisch-wissenschaftlichen Fortschritt ergriffen werden, ohne als Subjekte dabei überhaupt sich recht zu konstituieren und ihrer mächtig zu werden" (Adorno/Gehlen 1975, 234).

Literatur und Siglen

AGS: Adorno, Theodor W. (1970ff.): Gesammelte Schriften. Hrsg. von Rolf Tiedemann. Frankfurt/Main: Suhrkamp.

- Bd. 3: Dialektik der Aufklärung. Philosophische Fragmente (zs. m. Max Horkheimer).
- Bd. 6: Negative Dialektik.
- Bd. 8: Soziologie und empirische Forschung, 196–216. Zur gegenwärtigen Stellung der empirischen Sozialforschung in Deutschland, 478–493.

HW: Hegel, Georg W. F. (1969ff.): Werke in 20 Bänden. Hrsg. von Eva Moldenhauer und Karl M. Michel. Frankfurt/Main: Suhrkamp.

- Bd. 2: Glauben und Wissen, 287–433.
- Bd. 3: Phänomenologie des Geistes.
- Bd. 8: Enzyklopädie der philosophischen Wissenschaften im Grundrisse. Erster Teil: Die Wissenschaft der Logik.
- Bd. 12: Vorlesungen über die Philosophie der Geschichte.
- Bd. 18–20: Vorlesungen über die Geschichte der Philosophie I–III.

Adorno, Theodor W./Gehlen, Arnold (1975): Ist die Soziologie eine Wissenschaft vom Menschen? Ein Streitgespräch. In: Grenz, Friedemann (Hrsg.): Adornos Philosophie in Grundbegriffen: Auflösung einiger Deutungsprobleme. Frankfurt/Main: Suhrkamp, 225–251.

Anselm von Canterbury (1956): Cur deus homo: Warum Gott Mensch geworden (hrsg. und übersetzt von Franciscus S. Schmitt). Darmstadt: Wissenschaftliche Buchgesellschaft (zitiert als: Anselm).

Bacon, Francis (1884): In Praise of Knowledge, in: The Works of Francis Bacon, hrsg. von Basil Montagu, Bd. 1., New York: R. Worthington. en.wikisource.org/wiki/The_Works_of_Francis_Bacon,_Volume_1/Miscellaneous_Tracts_I

Bacon, Francis (1999): Neues Organon: lateinisch-deutsch (hrsg. von Wolfgang Krohn). Teilband 1. Hamburg: Meiner.

Balmer, Andrew S./Calvert, Jane/Marris, Claire/Molyneux-Hodgson, Susan/Frow, Emma/Kearnes, Matthew/Bulpin, Kate/Schyfter, Pablo/Mackenzie, Adrian/Martin, Paul (2015): Taking Roles in Interdisciplinary Collaborations: Reflections on Working in Post-ELSI Spaces in the UK Synthetic Biology Community. In: Science & Technology Studies, H. 28 (3), 3–25.

Balmer, Andrew S./Calvert, Jane/Marris, Claire/Molyneux-Hodgson, Susan/Frow, Emma/Kearnes, Matthew/Bulpin, Kate/Schyfter, Pablo/Mackenzie, Adrian/Martin, Paul (2016): Five rules of thumb for post-ELSI interdisciplinary collaborations. In: Journal of Responsible Innovation, H. 3 (1), 73–80.

Beck, Ulrich (1986): Risikogesellschaft. Auf dem Weg in eine andere Moderne. Frankfurt/Main: Suhrkamp.

Brauer, Robert R./Fischer, Nele M./Grande, Gesine (2015): Akzeptanzorientierte Technikentwicklung. In: Weidner, Robert/Redlich, Tobias/Wulfsberg, Jens P. (Hrsg.): Technische Unterstützungssysteme. Berlin/Heidelberg: Springer Vieweg, 140–146.

Bundesministerium für Bildung und Forschung (BMBF) (Hrsg.) (2018): Technik zum Menschen bringen. Forschungsprogramm zur Mensch-Technik-Interaktion. www.bmbf.de/pub/Technik_zum_Menschen_bringen_Forschungsprogramm.pdf (Abfrage: 15.01.2019)

Comte, Auguste (1994): Rede über den Geist des Positivismus. Hamburg: Meiner.

Fierz-David, Hans E. (2014/1952): Die Entwicklungsgeschichte der Chemie. Basel: Springer Basel AG.

Fitzgerald, Des/Callard, Felicity (2014): Entangled in the collaborative turn: observations from the field. Somatosphere. somatosphere.net/2014/11/entangled.html (Abfrage: 15.01. 2019)

Foucault, Michel (1980/1971): Die Ordnung der Dinge. Frankfurt/Main: Suhrkamp.

Foucault, Michel (1981): Archäologie des Wissens. Frankfurt/Main: Suhrkamp.

Foucault, Michel (1991/1974): Die Ordnung des Diskurses. Frankfurt/Main: Fischer.

Foucault, Michel (1992): Was ist Kritik? Berlin: Merve.

Foucault, Michel (2000/1978): Dispositive der Macht. Über Sexualität, Wissen und Wahrheit. Berlin: Merve.

Foucault, Michel (2005a): Subjekt und Macht. In: ders. (2005): Schriften in vier Bänden. Dits et Ecrits, Bd. 4. Frankfurt/Main: Suhrkamp, 269–294.

Foucault, Michel (2005b): Was ist Aufklärung?. In: ders. (2005): Schriften in vier Bänden. Dits et Ecrits, Bd. 4. Frankfurt/Main: Suhrkamp, 687–707.

Foucault, Michel (2005c): Die Rückkehr der Moral. In: ders. (2005): Schriften in vier Bänden. Dits et Ecrits, Bd. 4. Frankfurt/Main: Suhrkamp, 859–873.

Greenbaum, Dov (2013): Grand Challenge: ELSI in a changing global environment. In: Frontiers in Genetics, H. 4. DOI: doi:10.3389/fgene.2013.00158

Grunwald, Armin (2003): Eine Stellungnahme aus Sicht der klassischen Technikfolgenabschätzung. In: Giesecke, Susanne (Hrsg.): Technikakzeptanz durch Nutzerintegration? Beiträge zur Innovations- und Technikanalyse. Teltow: VDI/VDE-Technologiezentrum Informationstechnik GmbH, 113–126.

Grunwald, Armin (2005): Zur Rolle von Akzeptanz und Akzeptabilität von Technik bei der Bewältigung von Technikkonflikten. In: Technikfolgenabschätzung – Theorie und Praxis, 3/14, 54–60.

Hagen, Holger/Nitschke, Michel/Schlindwein, Daniela/Goll, Sigrun (2018): Akzeptanz als Problem, Partizipation als Lösung? Zu Prämissen und Bias in der partizipativen Forschung. In: Weidner, Robert/Karafillidis, Athanasios (Hrsg.): Dritte Transdisziplinäre Konferenz: Technische Unterstützungssysteme, die die Menschen wirklich wollen. Konferenzband. ISBN: 978-3-86818-246-0 (Online-Ausgabe), 127–137.

Honneth, Axel (2013): Das Recht der Freiheit. Grundriß einer demokratischen Sittlichkeit. Frankfurt/Main: Suhrkamp.

Kaldewey, David (2012): Wahrheit und Nützlichkeit: Selbstbeschreibungen der Wissenschaft zwischen Autonomie und gesellschaftlicher Relevanz. Bielefeld: transcript.

Kant, Immanuel (1784): Beantwortung der Frage: Was ist Aufklärung?. In: Berlinische Monatsschrift, H. 12, 481–494. http://www.deutschestextarchiv.de/book/view/kant_aufklaerung_1784

Karpen, Ulrich (1990): Das Spannungsverhältnis zwischen Wissenschaftsfreiheit und Wissenschaftsverwertung. In: Schuster, Hermann J. (Hrsg.): Handbuch des Wissenschaftstransfers. Berlin u. a.: Springer, 71–88.

Kehl, Christoph (2018): Wege zu verantwortungsvoller Forschung und Entwicklung im Bereich der Pflegerobotik: Die ambivalente Rolle der Ethik. In: Bendel, Oliver (Hrsg.): Pflegeroboter. Wiesbaden: Springer Gabler, 141–160.

Kemper, Oliver (2010): ELSA in der Genomforschung – eine vorübergehende Erscheinung?. In: Grießler, Erich/Rohracher, Harald (Hrsg.): Genomforschung – Politik – Gesellschaft. Perspektiven auf ethische, rechtliche und soziale Aspekte der Genomforschung. Wiesbaden: Springer, 13–31.

Kluxen, Wolfgang (1971): Ancilla theologiae. In: Ritter, Joachim (Hrsg.): Historisches Wörterbuch der Philosophie. Bd. 1. Basel/Stuttgart: Schwabe & Co., Sp. 294f.

Kuhn, Thomas S. (1970; 2. Aufl.): The Structure of Scientific Revolutions. Chicago (Il): University of Chicago Press.

Luhmann, Niklas (2015): Politische Soziologie. Frankfurt/Main: Suhrkamp.

Manzeschke, Arne (2015): Angewandte Ethik organisieren: MEESTAR – ein Modell zur ethischen Deliberation in soziotechnischen Arrangements. In: Maring, Matthias (Hrsg.): Vom Praktisch-Werden der Ethik in interdisziplinärer Sicht: Ansätze und Beispiele der Institutionalisierung, Konkretisierung und Implementierung der Ethik (= Schriftenreihe des Zentrums für Technik- und Wirtschaftsethik am Karlsruher Institut für Technologie Bd. 7). Karlsruhe: KIT Scientific Publishing, 315–330.

Marx, Karl (1962): Das Kapital. Kritik der politischen Ökonomie. Erster Band. Buch I: Der Produktionsprozess des Kapitals (= Bd. 23 der Marx-Engels-Werkausgabe). Berlin: Dietz.

Myskja, Bjørn Kåre/Nydal, Rune/Myhr, Anne Ingeborg (2014): We have never been ELSI researchers – there is no need for a post-ELSI shift. In: Life Sciences, Society and Policy, 10:9. DOI: 10.1186/s40504-014-0009-4

Oppermann, Thomas (2007): Freiheit von Forschung und Lehre. In: Isensee, Josef/Kirchhoff, Paul (Hrsg.): Handbuch des Staatsrechts der Bundesrepublik Deutschland. Bd. 6: Freiheitsrechte. Heidelberg: Müller-Verlag, 809–847.

Petermann, Thomas/Scherz, Constanze (2005): TA und (Technik-)Akzeptanz(-forschung). In: Technikfolgenabschätzung – Theorie und Praxis 3/14, 45–53.

Priesner, Claus (2011): Geschichte der Alchemie. München: C.H. Beck.

Pyle, Andrew (2000): The Rationality of the Chemical Revolution. In: Nola, Robert/Sankey, Howard (Hrsg.): After Popper, Kuhn and Feyerabend. Recent Issues in Theories of Scientific Method. Dordrecht u. a.: Kluwer Academic Publishers, 99–124.

Rabinow, Paul/Bennett, Gaymon (2012): Designing Human Practices: An Experiment with Synthetic Biology. Chicago (Il.): University of Chicago Press.

Rehmann-Sutter, Christoph (2011): Gesellschaftliche, rechtliche und ethische Implikationen der Biomedizin. Zu der Rolle und den Aufgaben von ELSI-Begleitforschung. In: Dickel, Sascha/Franzen, Martina/Kehl, Christoph (Hrsg.): Herausforderung Biomedizin: Gesellschaftliche Bedeutung und soziale Praxis. Bielefeld: transcript, 149–166.

Reindel, Kurt (Hrsg.) (1989): Die Briefe des Petrus Damiani. Teil 3: Briefe 91–150 (= MGH, Die Briefe der Deutschen Kaiserzeit. Bd. 4.3). Hannover: Hahnsche Buchhandlung.

Röd, Wolfgang (1978): Die Philosophie der Neuzeit 1: Von Francis Bacon bis Spinoza (= Bd. 7 der von Wolfgang Röd hrsg. Geschichte der Philosophie). München: C.H. Beck.

Rogers, Everett M. (2003): The Diffusion of Innovations. New York: Free Press.

Sachsse, Hans (1978): Anthropologie der Technik: Ein Beitrag zur Stellung des Menschen in der Welt. Braunschweig: Vieweg.

Scheler, Max (1960), Die Wissensformen und die Gesellschaft (= Bd. 8 der von Maria Scheler hrsg. Gesammelten Werke), Bern/München: Francke.

Schummer, Joachim (1996): Realismus und Chemie: philosophische Untersuchungen der Wissenschaft von den Stoffen. Würzburg: Königshausen & Neumann.

Schütt, Hans-Werner (2000): Auf der Suche nach dem Stein der Weisen: die Geschichte der Alchemie. München: C.H. Beck.

Seckler, Max (1991): „Philosophia ancilla theologiae“: Über die Ursprünge und den Sinn einer anstößig gewordenen Formel. In: Theologische Quartalschrift (ThQ) 171, H. 3, 161–187.

Simmel, Georg (1989): Philosophie des Geldes (= Bd. 6 der von Otthein Rammstedt hrsg. Gesamtausgabe). Frankfurt/Main: Suhrkamp.

Simmel, Georg (1995): Das Geld in der modernen Kultur. In: ders. (1995): Schriften zur Soziologie. Eine Auswahl. Frankfurt/Main: Suhrkamp, 78–94.

Smith, Adam (1996): Der Wohlstand der Nationen. Eine Untersuchung seiner Natur und seiner Ursachen. München: dtv.

Stanley, Manfred (1978): The Technological Conscience: Survival and Dignity in an Age of Expertise. Chicago (Il.): University of Chicago Press.

Stockmann, Caroline (2018): Decoding Technology Acceptance in Education: A Cultural Studies Contribution. New York u. a.: Routledge.

Von Schomberg, Rene (2013): A vision of responsible research and innovation. In: Owen, Richard/Bessant, John/Heintz, Maggy (Hrsg.): Responsible innovation. Managing the Responsible emergence of Science and Innovation in Society. London: Wiley.

Weber, Karsten (2016): MEESTAR². Ein erweitertes Modell zur ethischen Evaluierung soziotechnischer Arrangements. In: Weidner, Robert (Hrsg.): Zweite Transdisziplinäre Konferenz. Technische Unterstützungssysteme, die die Menschen wirklich wollen. Konferenzband. Hamburg: o.V. ISBN: 978-3-86818-090-9 (Online-Version), 317–326.

Weyer, Jost (2018): Geschichte der Chemie Band 1 – Altertum, Mittelalter, 16. bis 18. Jahrhundert. Berlin u. a.: Springer Spektrum.

Zwart, Hub/Landeweerd, Laurens/van Rooij, Arjan (2014): Adapt or perish? Assessing the recent shift in the European research funding arena from „ELSA“ to „RRI“. In: Life Sciences, Society and Policy 10:11. DOI: 10.1186/s40504-014-0011-x

Die Autorinnen und Autoren

Peter Biniok, Dr., ist Freiberufler und wissenschaftlicher Mitarbeiter bei der Innung SHK Berlin. Aktuell beschäftigt er sich mit den Themen Digitalisierung und gesellschaftlicher Wandel, Duale Ausbildung und Handwerk, Assistenz und Technik.

Petra Gaugisch, Dipl.-Päd., ist als wissenschaftliche Mitarbeiterin seit 2003 am Fraunhofer-Institut für Arbeitswirtschaft und Organisation (IAO) für die Erforschung und Entwicklung von Versorgungskonzeptionen für ältere Menschen verantwortlich. Die ethisch-pflegefachlich reflektierte Implementierung und Evaluation von alltagsunterstützenden Assistenzsystemen bilden dabei einen Arbeitsschwerpunkt.

Sigrun Goll, Prof. Dr., lehrt und forscht seit 1997 an der Hochschule Hannover im Fachgebiet Sozialinformatik. Ihre Arbeits- und Forschungsschwerpunkte sind Alter und Technik, Mensch-Technik-Interaktion in der Sozialen Arbeit und der Pflege.

Gabriele Gramelsberger, Prof. Dr., ist Professorin für Wissenschaftstheorie und Technikphilosophie an der Rheinisch-Westfälischen Technischen Hochschule Aachen. Ihre Arbeits- und Forschungsschwerpunkte sind die Philosophie der Digitalen Wissenschaft, Wissenschafts- und Erkenntnistheorie und Technikphilosophie.

Holger Hagen, Prof. Dr., ist Professor für Kultur- und Sozialphilosophie an der Hochschule Merseburg. In Anknüpfung an den Deutschen Idealismus und die Kritische Theorie liegen seine Arbeits- und Forschungsschwerpunkte in den Themenbereichen moderne Gesellschaftlichkeit, Subjekt und Subjektkonstitution, technischer Wandel und Partizipation sowie Wissenschaftstheorie der Sozialwissenschaften und Psychologie.

Carmen Kaminsky, Prof. Dr., ist Professorin für Sozialphilosophie und Ethik an der Fakultät für Angewandte Sozialwissenschaften und Mitglied im Forschungsschwerpunkt „Digitale Technologien und Soziales“ (DITES) an der Technischen Hochschule Köln. Zudem ist sie Privatdozentin für Philosophie an der Heinrich-Heine-Universität Düsseldorf. Ihr Arbeitsschwerpunkt besteht in der Angewandten Ethik. Derzeit erforscht sie professionsethische Fragen der Sozialen Arbeit sowie ethische Fragen im Kontext der Digitalisierung.

Nadia Kutscher, Prof. Dr., ist Universitätsprofessorin für Erziehungshilfe und Soziale Arbeit am Department Heilpädagogik und Rehabilitation an der Humanwissenschaftlichen Fakultät der Universität zu Köln. Ihre Arbeits- und Forschungsschwerpunkte sind die Soziale Arbeit und Digitalisierung; Kindheit, Jugend, Familie und digitale Medien; Ethik und Soziale Arbeit; Bildung und soziale Ungleichheit; Jugendhilfeforschung.

Robert Lehmann, Prof. Dr., ist Professor für Theorien und Handlungslehre der Sozialen Arbeit an der Technischen Hochschule Nürnberg Georg Simon Ohm und Mitglied der akademischen Leitung des Instituts für E-Beratung. Seine Forschungsschwerpunkte liegen im Einsatz digitaler Technologien in der Sozialen Arbeit, insbesondere in den Bereichen Onlineberatung und E-Learning. Außerdem beschäftigt er sich mit Evaluation und Wirkungsforschung.

Annemarie Matthies, Dr., ist wissenschaftliche Mitarbeiterin am Institut für Soziologie/ Soziologie der Bildung, MLU Halle-Wittenberg. Zu ihren Arbeits- und Forschungsschwerpunkten gehören Bildung und Beruf sowie Theorie-Praxis-Transfer.

Michél Nitschke, Prof., lehrt und forscht an der Technischen Hochschule Nürnberg Georg Simon Ohm an der Fakultät für Sozialwissenschaften. Zu seinen Arbeits- und Forschungsschwerpunkten gehören Theorie und Handlungslehre in der Sozialen Arbeit, Altern in der modernen Gesellschaft sowie altersgerechte Assistenzsysteme und Beratung.

Philipp Schaer, Prof. Dr., ist Professor für Information Retrieval an der Technischen Hochschule Köln. Sein Forschungsschwerpunkt liegt auf der Evaluation von Suchsystemen, sowohl offline als auch online. Besonders beschäftigen ihn dabei die Reproduzierbarkeit von Forschungsdesigns und die Evaluation von Live-Systemen mit Hilfe von Living Labs.

Daniela Schlindwein, Dipl.-Päd., ist tätig als wissenschaftliche Mitarbeiterin im Rahmen der Forschungsstelle „Altersgerechte Assistenzsysteme und Beratung" an der Hochschule Hannover. Zu ihren Arbeitsschwerpunkten zählen qualitative Sozialforschung, differenzsensible Pädagogik und Beratung.

Udo Seelmeyer, Prof. Dr., hält eine Professur im Fachbereich Sozialwesen der FH Bielefeld und ist Sprecher von CareTech OWL – Zentrum für Gesundheit, Soziales und Technologie. Zu seinen Forschungsschwerpunkten gehören Digitalisierung und Soziale Arbeit, Assistenztechnologien, Integrierte Technikentwicklung und Mensch-Technik-Interaktion.

Scarlet Siebert, M.Sc., ist Doktorandin am Graduiertenkolleg NRW „Digitale Gesellschaft", wo sie aus techniksoziologischer Perspektive die Entwicklung und Erprobung sozialer Roboter für Bildungskontexte erforscht. Zu ihren Forschungsinteressen gehören Digitales und Gesundheit sowie partizipative Methoden der Technikentwicklung.

Thomas Voit, Prof. Dr., ist Professor an der Technischen Hochschule Nürnberg Georg Simon Ohm, Fakultät Informatik. Seine Arbeits- und Forschungsschwerpunkte sind die Wirtschaftsinformatik mit Fokus auf Geschäftsprozessmanagement und Gamification als Gestaltung motivierender Informationssysteme sowie die Entdeckung und Beschreibung motivierender Spielmechanismen auf Basis automatisierter Daten- und Textanalysen im Kontext von Brett- und Gesellschaftsspielen.

Petra Werner, Prof. Dr., ist Professorin für Journalistik am Institut für Informationswissenschaft und Mitglied im Forschungsschwerpunkt „Digitale Technologien und Soziales" (DITES) an der Technischen Hochschule Köln. In der Deutschen Gesellschaft für Publizistik und Kommunikationswissenschaft ist sie als stellvertretende Sprecherin der Fachgruppe Journalistik/Journalismusforschung aktiv.